目次

プロローグ　11

第一章　背中の傷と差別　19
酷使への批難
沖縄戦と米兵
スクラップ回収
三塁打がない
素手で食べろ、裸足でいろ

第二章　選手からの報復　55
選手との衝突
ロックアウト
モルモットの限界

第三章　狂気に満ちたスパルタ　79
豊見城赴任
負け犬根性
変態球児
豊見城旋風！
悲劇の東海大相模戦
第四章　女たらしの酒飲み教師　121
暴れん坊の女好き
バツ２
愛する我が子
第五章　極貧からの快進撃　141
沖縄の星　赤嶺賢勇

脱赤嶺　豪打豊見城復活
宮古島出身
甲子園での壁
豊見城終焉のとき
第六章　不可解なプロ入り、そして謹慎　189
グラウンド作り
宿　敵
初めての謹慎
裏切り者
第七章　荒くれ者の集まり　227
剛腕・上原晃
エースの矜持
悲願のベスト4

大型打線へのこだわり
第八章　準優勝の行く手には　263
デタラメで夜露死苦
甲子園決勝で逆神風
第九章　悲劇の裏側　283
犠牲となった大野倫
地獄の寮生活
決勝戦対時限爆弾
栽へのオマージュ
エピローグ　319
文庫版あとがき　339
解説　ゴリ（ガレッジセール）　345

本書は、二〇一二年七月、書き下ろし単行本として
ベースボール・マガジン社より刊行されました。

本文写真　吉見万喜子

沖縄を変えた男

栽弘義——高校野球に捧げた生涯

プロローグ

　普通に生きていれば、劇的に人生が変わることはそうそうない。だが稀《まれ》に、ほんの些《さ》細《さい》なことで大きく人生が変わる瞬間がある。それは何の前ぶれもなく突然やってくる。

　私のときもそうだった。

　一九九一年（平成三年）夏の甲子園決勝戦、大阪桐蔭対沖縄水産、肘痛でボロボロの沖縄水産高校のエース大野倫《おおのりん》がボコボコに打たれている。

「おいおい、代えてやれよ」

　大学生だった私はテレビを観《み》ながらこう叫んだ。ときおり画面に映る沖縄水産の栽弘《さいひろ》義《よし》監督を憤然たる思いで観ていたことを覚《おぼ》えている。

　結局、決勝までの六試合７７３球を投げ抜いた大野は、甲子園で投手生命を絶たれてしまった。それから十数年後、沖縄水産の悲劇の投手大野倫を漫画にしようと取材したのがことの始まりだ。

大野の取材を何回か重ねるうちに、栽についての話題が多く出るようになる。大学生のときに思った栽のイメージを頭の片隅に置きながら話を聞いていると、今だと事件になってしまうような荒唐無稽な練習方法、週刊誌がすぐ飛びつきそうな奇想天外な武勇伝の数々に、目を白黒させてしまった。非情で冷徹の名将というイメージが、ハチャメチャだけど人間味ある異端児へと一気に変わった。

「こりゃ、栽先生もおもしれ〜」と思っていた矢先、

「僕のことよりも栽先生のことを書いたほうが面白いですよ」

私の心を察知したように大野から言われ、なんだか背中をポンと押された気がした。大野と出会ったことで、ある意味、私の人生が大きく変わったのだ。

最初は東京に在住しながら月一ペースで沖縄に行き取材活動をしていたが、それではまったく意味をなさないと思うようになった。取材開始の第一声はだいたい「どこから来たね？」で始まる。沖縄人はいつでも優しく接してくれ、イメージ通りの沖縄の素敵な部分に触れることができた。だがそれは東京から来たゲストだからだと気付くのにそう時間はかからなかった。これではいくら取材を重ねても真の部分が見えてこない。ウチナンチュー（沖縄出身者）の本を書くためには、ウチナンチューの気持ちを知らなくては書くことができない。沖縄に腰を落ち着けないと見えないことがたくさんある。そ

う感じたからこそ迷いもなく沖縄に移り住むことを決断した。それだけ栽弘義という人物をもっと知りたいという異常な欲求があったからこそできたのだと思う。

もともと沖縄好きということもあって、住む以上は永住するつもりで沖縄に来た。書くだけ書いて三、四年でまた東京に帰るなんてことは逆に沖縄の地に失礼だと思ったからだ。沖縄の移住者は年間およそ二万人。半年から一年でUターンする若者も多く、住民票を移さない幽霊移住者を含めれば二万五千人いると言われている。勝手に来て勝手に荒らすだけ荒らして帰る。これだけは絶対にしたくない。

やはり、東京から来て取材するのと沖縄に住んで取材するのとでは人々の反応が大きく違う。話の流れで東京から永住するために覚悟を決めて来たことを告げると、「ほいじゃあ、ウチナンチューになるんだね」と言ってくれる人もいたりして、なんだかほんの少しだけ認められたような気がした。

栽について腰をすえて取材を始めると、なぜか顔が曇り出す人が続出する。

「栽先生ね〜……」と口ごもり、「あの人は大酒飲みで評判悪いから」「女好きで有名だからね」「飲み屋でよく暴れたりして大変だったよ」とマイナス的な話がどんどん出て来る。

二年連続甲子園準優勝の名将で沖縄の英雄かとおもいきや、あまりの敵の多さに逆にテンションが上がった。かと思えば、栽の教え子たちは栽野球に対し敬意を払い、「栽先生、栽先生」と奉る。あまりのギャップに違和感を覚え、なぜか親近感が湧いた。

どうでもいい私の基本スタイルなのだが、世間で認められた立志伝中の人物には興味がない。むしろ、天衣無縫で人間臭い人物のほうが興味をそそる。そういう点では、栽弘義という人物は実に魅力的に映った。

移住してからはますます栽の破天荒ぶりが明らかになった。

沖縄人の特徴として、一般的には横の繋《つな》がりが強く先祖崇拝、一族を大切にする。祭事など尋常ではない盛り上がりを見せるが、ウチナータイム（沖縄時間）といって時間にルーズでなかなか腰があがらないのんびりした性格である。

それに対し、行動力、決断力があって時間にはうるさかった栽は沖縄人らしくない沖縄人だった。そしてなによりも一番興味を惹《ひ》いたのがプライベートな部分。〝打つ〟はやらないが、〝飲む〟〝買う〟は平気でやる。狭い沖縄では誰が見ているかわからないのに周囲の目を気にしない豪放磊落《ごうほうらいらく》な行動。自分が聖職者であることを忘れているかのようなハジけっぷり。

一般的にはだらしないと見る者も多いかもしれない。私自身もかなりだらしないが、凡庸な人間のだらしなさと比べてはいけない。栽は高校野球で沖縄を変えるという信念のもと、人生のすべてを野球に捧《ささ》げた。家庭を顧みなかったかもしれないが全身全霊で打ち込み、数々の功績を残した。そして、一方では男の本能をむき出しにする。痛快だ。

仕事で結果を残せば、あとはよしといった無頼な生き方に憧れている私は、それを栽に重ね合わせて見ていたのかもしれない。だからといって栽はそう単純ではない。彼が成し遂げたことは企業で利益を上げるといったありふれた功績なんかではなく、高校野球で沖縄の子どもたちに勇気と自信を回復させ、沖縄の地位向上に努めたのだ。人を作り、新しい沖縄を作った。政治家以上のことを成し遂げた。そこに私の心は大きく揺れ動いたのだ。

栽の人生は、常に沖縄の歴史と深く関わっている。だが、栽自らは沖縄の歴史とリンクしているとは人前で絶対に言わなかった。

本土復帰前に内地（本土）へ留学した沖縄人は、ナイチャー（内地の人間）にこんなことをよく言われたという。

「日本語上手だね」（ナイチャー）

「日本語しか使ったことがないからね」（ウチナンチュー）

「箸の使い方上手だね」（ナイチャー）

「手で喰《く》うとでも思ったのかい？」（ウチナンチュー）

その都度うまく切り返せたのだが、ただひとつだけ押し黙ってしまう質問があった。

「ねえ、きみって日本人なの？」

日本人とは何か。沖縄人とは何か。

沖縄は、かつては日本史の外にあった地域であった。

一八五三年、ペリーが浦賀《うらが》に来航したことは教科書に書かれているが、浦賀の前に琉球を訪れ、日本との交渉が失敗した場合、琉球を占領する計画が練られていたことは書かれていない。

江戸中期から明治四十四年（一九一一年）まで道徳教育の教科書として幅広く普及した『六諭衍義《りくゆえんぎ》』。実は十八世紀初めに琉球人の程順則《ていじゅんそく》が中国から琉球に持ち帰って、薩摩《さつま》藩より幕府に献上し全国に広められたことも、ほとんどの人が知らない。

日本の歴史の授業ではけっして教わらない沖縄の史実がたくさんある。沖縄に住む人々は、日本の外にある歴史として教わった。これがどれだけ悔しかったことか。

南は八重山《やえやま》諸島の最南端波照間島《はてるまじま》の北緯二十四度から北は奄美大島《あまみおおしま》の喜界島《きかいじま》の北緯二十八度までを琉球列島と呼ぶ。この二〇〇〇年もの間、琉球列島は領土変更として何度も根っこを切られてきた。その度に琉球人は琉球人としての自尊と誇りを切られる思いがしたという。

沖縄人が習慣、文化、方言に対し自信が持てない時代に栽はいつも心の中に闘争心を宿していた。日本人とは何か、沖縄人とは何か、栽は心の奥底にひだを持ちながら半世紀以上もそのことを考えていたに違いない。

栽亡き後、沖縄水産の監督を引き継いだ宜保政則《ぎぼまさのり》が言う。

「栽先生のことを書くんだったら、関係した人をひとりも欠けさせてはならん」

この言葉がさらにモチベーションを高めてくれた。ナイチャーである自分が、沖縄人の中でも異質な栽のことを書くためにはどうすればいいか。沖縄関連本は山ほどあるが、どれだけ文献を読み漁《あさ》っても沖縄で生まれ育った人間の感情の機微まではわからない。栽のスピリッツは、やはりこの沖縄の島々にある。だからこそ、ただ単に多くの関係者と会うのではなく、沖縄の歴史、文化、方言を彼らから学ばせてもらうことを念頭に、取材というより交流を深める心構えで練り歩いた。栽を知るためには、まず沖縄のことを知らずしては何も始まらないからである。

栽がよく喩《たと》えで用いた孫子《そんし》の兵法《敵を知り己を知れば百戦危うからず》ではないが、私自身本当の意味でなぜ沖縄に、なぜ栽に惹かれたのかを知るためにも沖縄の人々の話に素直に耳を傾ける。ナイチャーだから、ウチナンチューだからではなく、ひとりの人間として栽を通じて触れ合い、そこで見たもの得たものを書き起こしたいという一心でこの取材は始まった……。

第一章　背中の傷と差別

酷使への批難

〝散華《さんげ》〟

他を守るために犠牲になるような形で戦死することを美化して使われた言葉。

この単語が新聞紙上で躍ったのは一九九一年（平成三年）夏の甲子園決勝。沖縄水産のエース大野倫の冠として堂々〝散華〟の二文字が当てはめられた。

この年、第七十三回夏の甲子園は、優勝した大阪桐蔭よりも準優勝の沖縄水産のピッチャー大野に衆目が集まった。沖縄水産を二年連続準優勝に導いた大野は、肘痛をおしながら三回戦からの四連投35イニング５４６球を含む決勝までの全六試合をたったひとりで７７３球を投げ抜く。

閉会式の挨拶の際、大会会長の中江利忠《なかえとしただ》は異例ともいえるコメントを出す。通常は個人名を出さないのだが、７７３球をひとりで投げ抜いた大野の健闘ぶりに感動し、実名をあげて讃《たた》えたのだ。敗れはしたものの、負傷を抱えながらひとりで投げ抜いた姿は高校野球が最も好む〝美しさ〟という単語に置き換えられ、公共の電波を使って高野連のお偉方は全国に誇示した。

だが、無類なき感動の裏には、ときに悲劇が隠されている。

アルプススタンドにいた大野の母良江が、息子の勇姿をしっかり見届けようとしたそのときだ。

「あ、あの子の肘が……」

泣き崩れてそのままうずくまってしまった。

大野は右肘がくの字に曲がったまま動かない状態で球場を行進していたのだ。

試合後、大野は病院に直行し、くの字に曲がった右肘は〝右肘剝離骨折〟、ピッチャー生命を断念せざるを得ないという診断が下った。野球における根性の代名詞「腕が折れても投げる」という表現があるが、大野はそれを実際に体現してしまった。

「大野はかわいそうな奴《やつ》です。監督にイジめられて、肘まで壊されて……。でも高校を卒業したらいい投手になりますよ」

沖縄水産の監督栽弘義はスポーツ紙にこうコメントするのだが、これが物議を醸した。大野の頑張りには拍手を惜しむものではないが、高校野球の爽やかな美学として片付けるにはあまりにも酷であり、指導者として栽は勝つために最大限の努力を払ったのかどうか疑問視された。

現に、決勝戦前のＮＨＫのインタビューを受けたときにも、栽はワザとなのかどうか無責任な発言をしている。

――大野投手がずっと連投ですけど……

「他にピッチャーいませんですから。ただ、ひとりじゃないですか、投手交代で失敗しない監督は……安心です」

――どこまでも大野くんの右腕に懸けるというか、

「いや、いないんですから、しょうがないです」

栽はインタビュアーの質問を遮るかのように答える。大野が肘痛で苦しんでいることは身近にいる栽が一番わかっている。控えピッチャーがいないと公言していたが、県大会では1イニングだけだが大野以外が投げている。投げさせようと思えば他の選手を投げさせられた。それでも大野ひとりに固執する栽。まるで甲子園で殉死させることが至上の美学だとしか考えていないかのような起用法。チームのために犠牲になるのはエースの宿命、大野の未来など知ったこっちゃないという無謀ともいえる決勝戦の大野先発。エースで負ければ、学校関係者、後援会等に格好がつくといった保身のための起用法とも映った。

《いつか監督を殺してやる。毎日、そればっかり考えていました。一日として監督を恨まない日はなかった。高校野球の思い出といっても辛《つら》いものばかり……。残念なことに三年間の高校野球生活で楽しいと思ったことは一度もなかったですね》（『Jリーグから

の風』集英社文庫）

沖縄水産を卒業し、九州共立大学二年生のときに大野はインタビューでこう答えている。投手を諦め野手として再出発しているのにもかかわらず、大野は沖縄水産時代の思い出をあまり語ろうとはしなかった。右肘の手術の傷跡もくっきり残っていたが、それよりも心の傷跡のほうが深かったのだ。

そもそも大野が肘を痛めたのは高校三年の春、薫風吹く五月中旬に行われた熊本県高野連主催の招待試合、熊本工業と鎮西《ちんぜい》のダブルヘッダー。二試合とも先発し十八回を完投、そして沖縄に戻って翌日ブルペンに入ったときだ。

「ボキッ！」

衝撃音が身体中《からだじゅう》に響きわたった。瞬間、「まずい」と思った。これまで足の疲労骨折、わき腹の筋肉挫傷、肘痛と三度の怪我《けが》から復活した大野だが、今回の肘痛は今までとは比べものにならないほどのヤバさを感じた。病院に行けば間違いなくドクターストップがかかると思い、誰にも公言しなかった。そんな状態で練習試合に投げれば打たれるの繰り返し。他の選手たちも大野の状態に首を捻《ひね》る。「おい、大丈夫かよ、あいつ」。疑念の目で見る仲間たち。

肘痛をひとりで抱える大野は悟られないよう誰とも話さず、隅っこで肘をかばいながらゆっくりアンダーシャツを着替える。それを見てサボっているようにとらえる者もいた。

「高二で甲子園に行っているから満足してるんじゃねえのか」「ときおり肘を気にしているけど、ありゃ、言い訳だろ」。仲間たちから白い目を向けられ、どんどん孤立する。大野は今更、実は肘が痛いんだ、と言って逃げ道を作りたくなかった。なによりも言ったところでどうにもならない。チームの士気を下げるだけだと勝手に判断した。

五月下旬、県大会直前の那覇商業との練習試合四連戦で四連敗した。途中まで大差をつけて勝っているにもかかわらず大野は終盤になると握力がなくなり抑えがきかず打たれて逆転負け。試合後のミーティングの途中で、栽は怒りにまかせて大野を殴りつける。

「ヤー、死なす！（きさま、死んでしまえ！）」

サンドバッグ状態で、栽は大野を殴り続ける。しまいには張り手から拳《こぶし》にかえて何発も殴る。県大会前なのに無様な投球しかできない大野を許せなかった。それでも怒りは収まらず、ミーティングが終わって一旦解散になっても、大野の胸ぐらを摑《つか》んでまた殴りつけた。

「中学の頃から沖縄水産で栽先生の下で野球をやると決めてましたから。中学三年のとき栽先生がダブルストッパーでバリバリ活躍中の中日の上原晃《うえはらあきら》さんをシーズンオフに実家へ連れて来てくれたんです。上原晃と言えば、沖縄の子どもたちの憧れだったから、その場で『沖水に行きます』って言いました。これも栽先生の戦略ですよ」

栽は、中学時代から一四〇キロ以上のボールを投げ、身長一八四センチの大型右腕の大野をスーパーエースにするために徹底的にスパルタでしごいた。

「栽先生には自分が一番殴られました。ビンタじゃなくてグーパンチです。マグカップは投げるし、イスは投げられるし、殴られるわ、大変でした」

大野は高校時代の良き思い出として何も意に介さず、あっけらかんとして話す。

栽は大野に対してこれで壊れるのなら全国制覇は到底無理という気概で、なにかにつけて殴って殴って殴り倒した。沖縄水産のグラウンドでの練習試合では平気で張り手をし、ときにはベンチ裏にある鉄格子の倉庫の中に入れて殴る蹴るの一方的な大乱闘が始まる。倉庫のドアが閉まり「ガラガラドカドカボカッボカッ」の音が聞こえる度に、選手たちは「また、ヤラれてる」と恐怖に戦《おのの》く。

監督である以上、主力選手の異変には気付くはずだ。ましてやエースで四番の大黒柱の調整には目を凝らしている。高校二年までに三度の大怪我に見舞われた大野だけに、指揮官としては故障を再発させてはいけないという懸念と配慮がある。それでも栽は、大野の肘痛に気付きながらも登板させた。

勝利至上主義。甲子園常連校では議論の余地もなく、当たり前の単語となっている。高校野球は〝教育の一環〟と謳《うた》いながらも、私立は県外からの野球留学生を入部させ、スポーツ科を設けることで午後からの授業を体育として練習にあてる。

沖縄水産は、県立でありながら水産高校という特性のため全島から選手を集めることができる。各強豪中学のエースと四番に声をかけ、沖縄水産はオール沖縄と揶揄《やゆ》されていた時期もあった。栽は勝つために選《え》りすぐりの選手を沖縄水産に集結させ、一時代を築く。一九八四年（昭和五十九年）から一九八八年まで夏の甲子園五年連続出場、さらに一九九〇、九一年と史上初の二年連続甲子園準優勝と栄華を誇った。栽は、この二年連続甲子園準優勝で沖縄の地位を盤石のものとし、沖縄高校野球界の天皇として堂々君臨する。

当時のライバル高校の野球部員によると、

「栽先生といったら、沖縄では雲の上の人ですから。球場ですれ違う度に挨拶したんですけど、まるっきり無視されました。ショックでしたね」

他校の選手が帽子を取って挨拶をしても、栽は悠然と構えているだけだった。

二年連続準優勝のため甲子園後は高校選抜のコーチとして同行する。これは甲子園優勝、準優勝監督だけに与えられる名誉でもある。沖縄に帰ってきてからも栽は高校選抜のＪＡＰＡＮの帽子をこれ見よがしに被《かぶ》って指揮をとるなど、我が世の春とばかりに得意満面だった。

だが、準優勝という栄光の代償として大野が大きな犠牲を払ったことを世論は見逃さなかった。日刊スポーツでは決勝戦の翌日の紙面に、『酷!? 連投　これでいいのか……甲子園日程』という大キャッチで一ページにわたり、大野の連投による故障、炎天下の甲子園の日程を議論するなど、大野の玉砕は民意を動かした。

この試合から四年後の一九九五年十二月、高校野球連盟は甲子園大会において投手の出場禁止規定を設ける。投手全員に肩および肘関節に関する検診、医師の許可のうえ出場することを義務付けさせた。大野の憤死のおかげで一九七〇年代から問題視されていた甲子園大会におけるピッチャーの規定が変わったのだ。さらに二〇一三年夏から準決勝の前に休養日が設けられることになった。大野は犬死にではなかった。だからといって大野が犠牲のうえで投手を断念せざるを得なかった事実は変わらない。類い稀なる才能を秘めたピッチャー大野を甲子園という大舞台で潰した罪は大きい。大野だけでない。表に出ないだけで今まで何人の選手が潰れていったかわからない。

栽は高校野球の悪《あ》しき伝統を悪びれることなく継承し、「教育」の名のもと暴力を正当化して指導し、ことあるごとに〝沖縄に優勝旗がこないうちは、戦後は終わらん〟と怪気炎を上げてきた。そんな栽を全国の高校野球ファンは、選手を駒としてしか扱わない甲子園常連校の名将もどきの悪辣な監督と捉えた。高野連のシステム的な問題点もあまり言及されないまま矛先はすべて栽に向けられ、悪の権化は栽ひとりとなってしまった。一旦定着したイメージはなかなか払拭することはできない。

栽弘義にとって四十三年間の高校野球指導者生活とは、一体なんだったのだろうか。

沖縄で生まれ育った栽が沖縄で見たものとは。子どもたちに何を求めたのか。

高校野球では不祥事があった場合、学校側は事実より理由を重んじる。体裁を取り繕うためだ。そんな作られた理由ではなく真実を知りたいがために、沖縄という歴史的にも特別な地であることを踏まえながら私は栽弘義の半生を追ってみた。

沖縄戦と米兵

那覇市中心部を通る国道58号線から331号線を南へ一二キロメートル、車でおよそ二十分走ったところに人口六万人の糸満《いとまん》市がある。

栽弘義の生まれ育った地域だ。「イトマン海人（ウミンチュ）」で有名な沖縄本島南部に位置する糸満市は、戦前漁師町として栄え沖縄一の大都市であった。と同時に沖縄戦で最も激戦地になった地域でもある。

栽は一九四一年五月十一日、沖縄県糸満市に生まれる。真珠湾攻撃の約七ヵ月前である。父吉秀と母カメの間に、女の子三人、そして最後にできた子が弘義。待望の長男誕生である。

もともと栽家のルーツは奄美大島にあり、本家は〝栽〟ではなく〝栽原〟姓を名乗っている。姓について少し触れると、一六二四年薩摩藩が琉球に対し、「大和《やまと》めきたる

（大和のような）名字は禁止」という布令を出した。前田は真栄田、福山は譜久山、船越は富名腰といった三文字の漢字に換えている。一六〇九年、薩摩藩が奄美大島を制圧したときにも薩摩本土と区別するよう奄美大島の住民に一文字姓を名乗らせる。

対外的には奄美大島は琉球王国の支配地という形をとり、薩摩藩が直轄していることを隠した。明《みん》、清《しん》が琉球との交易を断つのを恐れたためである。奄美大島は二重三重に統治された悲しい歴史がある島なのだ。

一文字姓は中華帝国圏の文化の象徴でもあり、一文字姓のほうが中国との交易には都合がよかった。明治政府になってから二文字姓に改正してもよくなり、戦後のアメリカ軍政時代（一九四五～五三年）は簡単な手続きですんだので、二文字姓が増えた。

父吉秀は与論島《よろんとう》で生まれ、石垣島《いしがきじま》で育った。そして小学生の頃、糸満へ売られた。いわゆる糸満売り（イトマンウィ）である。

「言うこと聞かないと糸満に売るぞ」。戦前の子どもたちへの脅し文句だった。

貧困にあえぐ農村地帯では、農家の子どもたちが借金のかたに糸満に売られる。雇われた十歳前後の子どもをヤトゥイングゥ（雇いん子）と呼び、糸満漁夫の下に前借金の代わりとして年季奉公に行かされる。そう言えば聞こえはいいが、とどのつまり〝人身売買〟。戦前の沖縄では糸満の漁業生産力の発展のため農村地からの労働力供給という大義名分のもと、堂々と糸満売りは慣習化していく。糸満売りでは、男子は漁業、女子は機織り、かまぼこ屋、漁家の炊事、子守り、魚売りが主な仕事。

糸満で行われるアギヤー（追込網漁）には優れた潜水技術が必要とされ、泳げない者は親方から凄惨なるシゴキを受ける。姿、格好は、坊主頭にふんどし一丁だけ。風呂にも入れず、皮膚は潮負けして、吹き出物が顔、頭と身体中にあった。臭くて汚くて、とても人間には見えなかった。

父吉秀は、若い頃はイトマン海人として漁師をやり大海原にも出ていたが、時代の移り変わりを見計らって養豚場を経営する。大量の豚の餌が必要なため近くの糸満高校の宿舎に残飯を貰《もら》いにいくが、ただでさえ食料が不足しているのに宿舎から残飯など出るはずもなかった。焼け野原からの復興の時期でいろいろと苦しかったが、なんとか細々と経営していく。

肩を寄せ合って生きていた沖縄県民。吉秀とカメの必死の働きにより、ひとり息子の弘義はすくすくと育つことができた。

「だめ、食べたら死ぬっ！」

母カメが咄嗟《とっさ》に払いのける。

米兵が差し出したドロップを栽が食べようと手に摑んだときのことだ。四角いアルミ缶から取り出されたドロップが木漏れ日でキラキラと光り輝くほど、死を誘う毒薬に見えた。

一九四五年六月、栽は四歳になったばかり。激化してきた南部前線。近隣の住民はガマ（自然洞窟）に避難するが食料はなく、飢えを耐えしのぎ、喉の渇きは雨水でやり過ごす。育ち盛りの栽は栄養失調となり、カメの腕の中でぐったりしている。すると、突然の爆音。手榴弾《しゅりゅうだん》が投げ込まれたのだ。米兵が投降を呼び掛けているが、誰も出て行こうとはしない。投降して捕虜になれば男は死ぬほど労働させられた後に撲殺、女は暴行後に惨殺という噂《うわさ》がたっていたからだ。このままガマの中にいても死ぬだけ。精も根も尽き果てた人々は殺される覚悟で投降する。

ぐったりした栽を背中におぶり、カメはみんなと一緒にゆっくりと歩く。すると、周りの人たちが「息子の背中が燃えとるぞ」と叫んだ。手榴弾が爆発したとき火の粉が栽の背中へと燃え移ったのだ。必死で火を消すカメ。栄養失調のためか自分の背中が燃えているのに声も出せなかった栽。幸い、糸満市大里に現存する湧水「嘉手志川（カデシガー）」の水で火を消しさることができ命に別状はなかった。これが元で、栽の背中には大きなヤケドの跡が残った。

ガマの外に出ても火炎放射器や銃を装備している米兵に囲まれ、恐怖と戦慄に襲われて身体が動かない。カメはいつ殺されるか気が気ではなかった。米兵が栽の背中のヤケドの手当をしながら、腹をすかせている栽にドロップをあげようとしたのだ。

沖縄戦で三人の姉を失った。きょうだいで生き残ったのは栽ひとり。十九歳の次女、十六歳の三女は戦時中の混乱で行方不明となり、二十三歳の長女は、ガマの上から落ちて来た石に当たって死んだと教えられてきた。

一九七九年十月二十三日、母カメが永眠。享年七十九歳。このとき息を引き取ったカメの枕元で母の友人がゆっくりと口を開いた。

「一番上のお姉さんは、実はお母さんの目の前で集団自決した。親として耐えられないわが子の最期だった。あの世に行くまで、真実を隠し続けたことを許してあげなさい」

日本軍の編成や動向、陣地などの軍事機密を知っている住民に対し、日本軍は自決命令を直接・間接に通達する。行き場を失った人々は山中や壕《ごう》の中で軍の命令を信じて自決を決行した。手榴弾で自爆する者、手榴弾がない者はカミソリ、鎌、包丁などで親子、兄弟がたがいに刺しあって絶命。慶良間《けらま》諸島では、渡嘉敷島《とかしきじま》三百二十九人、座間味島《ざまみじま》百七十一人、慶留間島《げるまじま》五十三人が集団自決している。

日本軍が自決を強要・強制したのかどうか教科書検定等で問題になっている集団自決。日本軍が命令しようとしなかろうと、集団自決をした史実はけっして書き換えることはできない。

衝撃の告白に栽は戦争の無情さを知り、今まで戦争に正面から向き合っていなかったことが恥ずかしく思えた。

一四二九年、この地が琉球王国に統治されてから四百五十年の間、島津《しまづ》侵攻（一六〇九年）を除けば、民族が一切武装せず自然とすべての生命と共生しながら生きてきた場所、それが沖縄である。

沖縄戦は、薩摩の島津家久《いえひさ》が琉球に侵入して以来の戦いであった。

そもそも日中戦争（一九三七年～）で長期戦の泥沼に入り込んでいた日本は、東南アジアを侵略して必要な資源を手に入れようとした。そのため、中国を援助するアメリカ、イギリスと対立し、ついに一九四一年十二月八日、アメリカ、イギリスに宣戦布告。

陸軍は、イギリス領マレー半島北部のコタバル、タイのシンゴラに奇襲上陸、海軍はハワイの真珠湾を攻撃。太平洋戦争の幕開けとなる。

一九四二年六月、ミッドウェー海戦で米軍に大敗し、転機を迎える。

一九四四年七月、サイパン島を占領した米軍は日本への空襲を開始。

同年十月十日、沖縄の那覇市を中心に南西諸島は、猛烈な空爆を受けた。那覇市にいたっては、市街地の90パーセントが燃失した。この日だけで、死者約六百人、負傷者約九百人、全壊・全焼家屋約一万千五百戸あまり。来襲した米軍機は延べ千四百機。二日間にわたって燃え続けた。この日の攻撃は〝十・十空襲〟と呼ばれ、沖縄県民にとって耐え難い日として深く胸に突き刺さる。

そして一九四五年三月二十六日、米軍が沖縄へ上陸。沖縄戦が開始された。米軍の攻撃はおよそ九十日間続き、「鉄の暴風」と形容するほど島全体を叩《たた》きのめした。大本営の方針により、来るべき本土決戦への時間稼ぎのため沖縄は本土の捨て石としか考えられておらず、一番戦争が長引きそうな南部地域へ戦場を移す。民間人がごっそりと残っている中で米軍に追われるという最悪の事態を引き起こしたのだ。堅牢《けんろう》な地下壕を作る間もなく、住民はガマに避難するしかなかった。米軍は新型の火炎放射器でガマの中や森の木々を焼き尽くし、さらにガマの上からドリルで穴を開け爆弾やガス弾を投げ込み、また土砂を崩して生き埋めにするなど、あらゆる攻撃でガマを破壊し避難民をいぶり出した。

沖縄南部全域が前線になり、多数の民間人がいきなり前線へと放り出されたことが史上最悪の惨劇を生んでしまった。

沖縄戦での戦没者数約二十万人。そのうち民間人が約九万四千人、当時の沖縄の人口の四人にひとりが死んだ計算となる。

戦後生まれの人に、戦争責任はない。だからといって、過去の出来事に無関心でいることは、今生きている現代までもきちんと見つめることができないのではないか。

旧西ドイツ大統領だったリヒャルト・フォン・ヴァイツゼッカーは、こう述べている。

「罪の有無、老若男女いずれを問わず、われわれ全員が過去の責任を引き受けねばなりません。全員が過去からの帰結に関わり合っており、過去に対する責任を負わされているのです」

生きるということは、過去・現在・未来すべてを背負い込むことである。眩《まばゆ》い光の裏にある深い闇にも目を向けねばならないのだ。

生かされた命に感謝しながらスクスクと育った栽は小学校に入ると、地域でウーマクー（やんちゃ）ぶりを発揮する。六年生のときに友だちと二人で壕の中に入ってはシャレコウベを見つけて外に吊《つ》るし、棒でカンカン鳴らして遊んだ。近所の人に見つかりこっぴどく叱られたが、懲りずにまた壕の中に入ってはシャレコウベを吊るして遊んだ。何事にも物怖《ものお》じしないガキ大将として栽は成長する。

栽のアダ名は「カンパー」。大きな傷のことをウチナーグチ（沖縄方言）で〝カンパチ〟と言い、それが訛《なま》ってカンパー、もしくはパチャー。栽の背中の火傷《やけど》をもじってつけられている。糸満の人間は口が悪く、肉体的弱点を平気でアダ名につけたりする。

中学生になると、栽は野球部に入り主力として頭角を現す。勉学にも勤《いそ》しみ成績は常に上位。学芸会ではロマン派の詩人・作家のヴィクトル・ユーゴー『レ・ミゼラブル』で主役のジャン・ヴァルジャンを演じた。学芸会のレベルをとうに超え、鬼気迫る演技で観る者を魅了する。あまりの演技の上手さに「俳優になれる」と女生徒から絶賛され、悪友たちからは、「ジャン・ヴァルジャンは牢獄に入れられるから、その顔でいいんだよな」と皮肉を言われるなど、学校内でも一、二を争う注目人物だった。

スクラップ回収

山中は、蒸すような暑さだった。

額から湯水のようにだらだらと噴き出す汗をぬぐいながらも、しっかり両手で持ったつるはしが勢いよく土にめり込む。

「デージアチサンドー（とても暑い）」

中学三年生の八月、栽は糸満の小高い山の中にいた。夥《おびただ》しいガレキの山。飛行機の残骸、砲弾の破片、手榴弾、薬莢《やっきょう》といった戦争のガレキをつるはしで掘り起こしては、それを麻袋に詰めた。野球道具はすべて米軍からの払い下げで、革製のグラブ八ドル五十セント、スパイク二ドル五十セント、一式買うためにスクラップ回収のアルバイトをしていた。

一九五〇年に勃発した朝鮮戦争は日本国内に金属需要をもたらし、沖縄戦の残骸がスクラップとして一九五三年頃から内地へ輸出され特需景気となる。鉄くずが金に換わると知り、子どもたちまでもがスクラップ拾いに駆り出された。一九五六年から五七年にかけてスクラップブームに湧いた沖縄では少年窃盗事件が多発。コンクリートで土台固めした鉄筋を狙っての犯行である。しかし、元手が掛からない金儲《かねもう》けとはいえ、常に死と隣り合わせだった。手榴弾の不発弾がそこらじゅうに残り、手足を吹っ飛ばされる人が続出した。一九五八年四月十七日には読谷村《よみたんそん》沖の海中で沈没船の解体中に砲弾が爆発し、四十人が即死するという大事故も発生。栽の叔父も不発弾が爆発して死んだ。

命がけのスクラップ回収のバイト。ガレキの山で足の踏み場もない光景が眼前に広がる。心が痛んだ。姉を奪い、自分もあと一歩で死に至るところだった戦争の残骸を集めては金に換え、野球のグラブを買う。惨めな気持ちになった。「ここまでしなきゃあかんのか」。苛立《いらだ》ちと焦燥が塊になって栽に襲いかかる。

焦土の地から立ち上がるために何でもやった時代。みんなが貧しく、生きるために必死だった。

母カメは弘義が命を落としかねないスクラップ回収のアルバイトをやることに猛反対だった。海で泳ぐことさえ許さず、野球をやると言うと「あんな野蛮なスポーツなんてするんじゃない」と激昂《げっこう》する。三人の娘を戦争で失い、ひとり生き残った弘義を危険な場所に近づけたくないという母心と、憎きアメリカが生んだスポーツに関わらせたくないという拒絶心もあった。

栽が野球の虜《とりこ》になったきっかけは、体育の授業でやったのがそもそもの始まり。米軍からボール、バット、グラブを一個ずつ支給され、子どもたちは無我夢中でボールを追いかけた。家に帰れば米軍のテントの切れ端を縫った手製の濃緑色のグラブでキャッチボールをする。

栽は新聞紙上でこうコメントしている。

「僕は戦争というものに何の行動も起こせなかった。力弱い部分かもしれない。もし、戦争に正面からぶつかっていたら、野球は続けることができなかった」

朝鮮戦争まっただ中、ベースキャンプで明日をも知れない命にもかかわらず、野球をやる米兵の姿は栽にはどう映ったのだろうか。野球にすがらないと正気を保っていられないかのようにボールを追いかける米兵。彼らは追い込まれた状態の中、ひたむきに野球をやった。晩年、栽弘義は、戦争と野球は別ものであると強調して言う。だが、あの日見た米兵たちの野球の裏側には戦争の影がしっかりと感じとれた。

栽の行動力は学校外でも噂のタネになった。

「栽の息子はフリムン（馬鹿者）じゃ！」

近所のおばあたちは栽をこう噂した。

「空き缶にセメントを入れて振り回している。フリムンだから近づかんほうがいい」

一心不乱にセメントを入れた空き缶を上下に持ち上げている。まだ若いのにとうとう頭にきてしまったか、おばあたちは不憫《ふびん》に思った。

一九四九年から始まった沖縄のチームと米軍のチームが対戦する〝米琉親善野球〟。米軍の陸海空軍、海兵隊いずれかの代表チームと職域野球のチームが対戦し、春から夏にかけて年二、三回行われ、普段は厳重な警戒体制だがこのときに限り基地は開放された。子どもたちも自由に基地に出入りし、米軍の野球チームとの試合を見て快哉《かいさい》を叫ぶ。丸太ん棒のような腕から放たれる打球は、ピンポン球のように沖縄の真っ青な空に吸い込まれていく。「どうしてあんなにボールが飛んで行くんだろう」、中学生の栽はいつも考えていた。ある日、米軍の練習風景を覗《のぞ》いた。その頃の米軍のチームには兵役のためにAAAやAAといったMLBのマイナーリーグの選手も加わっていた。そこでは見たこともないような光景を目の当たりにする。アメリカの選手たちがダンベルやバーベルといった器具を使ってウエイトトレーニングをしていたのだ。

「そうか、あれでパワーをつけてるんだ。俺もやらなくては」

純朴な栽は、さっそく手製のウエイトトレーニング器具を作り、ひとりせっせと家の隣の空き地でバーベルを上げていた。一九五五年、内地ではウエイトトレーニングで肉体を鍛えるボディービルがブームとなり、作家・三島由紀夫《みしまゆきお》がウエイトトレーニングにより肉体改造した姿がマスコミで大々的に取り上げられブームに拍車がかかった。残念ながら、沖縄まではボディービルブームの波が届かなかった。それなのに栽はひとりウエイトトレーニングで身体を鍛えた。パワーをつけて打球を遠くに飛ばすんだという思いを胸に手製のバーベルを上げ続ける。

母カメは近所の人たちにどんなにバカにされようが栽の行動について何も言わずただ黙って見守っていた。野球をやりたいと一度言い出したら聞かない栽にとうとう観念し、カメは米軍の払い下げのテントでグローブを縫う。前述したようにカメには三人の娘がいたが戦争で亡くなり、一番最後にできたひとり息子・弘義を大事に育てたのである。

カメは糸満高校のすぐ裏手で〝一銭マチヤグワー〟（駄菓子屋）を営んでいた。商店に遊びにきた子どもがお金を持っていなくても「お腹空《なか》いてるんでしょ？」と言っては飴玉《あめだま》やちぎったパンを分け与えた。糸満高校の生徒たちからも、〝サールおばあ〟と慕われ、彼らは昼休みや下校時間になると店に寄ってジュースやパンを買う。サルのような顔というより、オサルさんのように可愛《かわい》らしい雰囲気からつけられた愛称である。カメは凜《りん》とした顔立ちで糸満気質の美人だった。

泡盛で〝糸満美人〟という銘柄があるように昔から糸満は美人が多い地域と言われている。糸満は一九〇八年（明治四十一年）沖縄で初めて町になったほど、当時の沖縄では最も栄えていた。明治の中頃から大型の追込網漁の普及により、海外までその名を轟《とどろ》かせるほどの漁師町となる。美人が多いというのには諸説紛々あり、南洋あたりまで漁業に出ていた時代もあってか混血が多かったせいで南方系の美人が多いという説。

また一九六七年に、沖縄県島尻郡具志頭村港川《しまじりぐしかみそん》（現・八重瀬町字長毛《やえせながもう》）で発見された約一万八千年前の人骨化石〝港川人〟は、今まで発見された更新世人類化石の中で最も保存状態が良く、日本人の祖先がどのような姿形をしていたかが明らかになった。南方系の古モンゴロイドの一派と考えられ、このルーツにより彫りが深くはっきりした顔立ちなのではないかとも言われている。とにかく漁業の町なので商売人が多く、糸満の女性は働き者でハキハキして愛想もよく人情に厚い。

カメは沖縄の歴史にも深く関わっていた。戦後焦土の中で生きていくため密貿易の頭目となり激動の人生を歩み、『ナツコ――沖縄密貿易の女王――』（文藝春秋）で半生が記されている金城夏子《きんじようなつこ》に密貿易を薦めたのがカメと言われる。米軍の占領下になった沖縄で、沖縄人が生きていくことがどれだけ大変だったことか。とにかく、生き抜くためには綺麗《きれい》ごとなど言っていられないのが戦後の沖縄だった。

沖縄戦の傷跡が生々しく残る中、米軍による占領下にあった厳しい時代をあえて「ウチナー世（うちなーゆ）」というならば、この時代に沖縄人として逞《たくま》しさとしたたかさを見せつけた母・栽カメと、戦後復帰し「ヤマト世（やまとゆ）」となった時代に沖縄に自信と誇りを回復させた息子・栽弘義。時代が違えど、カメも弘義も沖縄が沖縄として生きるために人生を歩んできた。

三塁打がない

甲子園がどこにあるのかもわからず、沖縄の球児たちが漫然と野球をやっていた時代、栽だけが高い志を持っていた。勝ち続ければ甲子園に行ける。栽は甲子園を目指すため糸満高校に入学した。

入学当初のポジションはキャッチャーだったが、腰を痛めたため途中から外野へコンバート。打順は二年生まで五番、三年生からはキャプテンをまかされ、不動の四番バッターでチームの司令塔的存在だった。

監督は仲村朝徳《なかむらとものり》。中学の教諭であったため練習に来られるのは週に一回。ときには一ヵ月に一回も練習に来られない時期もあり、選手全員で指導してもらいにわざわざ中学校へ出向くこともあった。基本的には選手たち自身で練習をやるような時代だった。

当時の沖縄野球の安打は三つしかなかった。単打、二塁打、本塁打。

三塁打がなかったのだ。

沖縄で初めて本格的な球場ができたのが、一九六〇年に建設された奥武山《おうのやま》球場。それまで野球の公式会場に使われていたのが那覇高校のグラウンド。フェンスがないかわりに石灰でラインを引いて、それを直接越したら本塁打、ワンバウンドで越したらエンタ

高校時代（糸満）の栽弘義。3年生のときにはキャプテンで四番、チームの司令塔的役割を果たした

イトルツーベース、つまり三塁打はない。グラウンドも沖縄特有の硬い赤土に加え、一九四五年四月一日から六月二十三日までの沖縄戦で五十一万発の艦砲弾と百七十七万発の銃砲弾を浴びたせいで地形が変わるほど土がえぐれ、そうしたところに土を盛り直しているため小石や破片がたくさん散らばっていた。正直、グラウンドコンディションと呼べるほどの状態などキープしていなかった。

当時は、夏の甲子園は一県一校ではなく、各ブロックに一校という代表枠だったため、沖縄は県代表になると九州のブロックで九州勢と戦わなければならない。九州の壁は厚く、ことごとく負け続け甲子園など夢のまた夢。沖縄が甲子園に出場できるのは確率的に10パーセントにも満たなかった。そこで起死回生の出来事が起こる。

一九五八年第四十回全国高等学校選手権は記念大会として一県一校出場となる。すべては高校野球連盟の当時副会長の佐伯達夫《さえきたつお》（故人）のおかげである。佐伯達夫といえば、高校野球に罰則を設け、野球部員以外の不祥事に対しても連帯責任として厳しい処罰を与えることで、「佐伯天皇」と恐れられていた人物である。一方で高校野球連盟組織の樹立やレベルアップのため日本各地へ出向き、沖縄では「佐伯先生なくして沖縄高校野球の発展はなし」と言われるほど、佐伯は沖縄のことをいつも気にかけていた。沖縄の高校を甲子園に出場させたい一心で数年前から沖縄のために尽力し、第四十回を記念大会として一県一校出場にしたのだ。沖縄県高野連としては、まだ時期尚早のため甲子園を辞退するべきではないかと議論された。もっとレベルアップしてから出場という意見も出たが、甲子園に出てこそ沖縄高校野球のレベルを試すチャンスでもあり、よりレベルアップにも繋がるとの結論に達し、沖縄県高野連は代表校を甲子園に送り込むことを決意する。

糸満も県大会を勝ち抜きさえすれば甲子園に出られる。高校二年の栽は二度とないチャンスだと思い、練習に練習を重ねた。

優勝候補は、石川《いしかわ》、糸満、那覇商、那覇、首里《しゅり》の五校。好投手石川善一を擁する石川が最右翼。参加校十七校で大会が始まった。

強打の糸満は、二回戦前原《まえはら》13対0、準々決勝中部農林12対5と勝ち進み、そして準決勝で首里とあたる。糸満の強みはなんといっても積極的な打撃。3ボール後のボールは手を出さないというのが定石であったが、糸満は3ボール1ストライク後を積極的に打って行く姿勢を見せる。これが功を奏し、二試合とも大量点をあげて大差で勝った。地元紙『沖縄タイムス』では、この糸満の3ボール1ストライク後の積極性が沖縄高校野球の打撃に革新をもたらすものだと賛辞を送っている。

試合が始まると、両チームとも乱打戦となった。一九五八年七月十一日付けの『琉球新報』には、ホームランを打った栽がホームインする姿の写真が横位置で掲載されている。当時は、大会に一本か二本しか出なかったホームランだっただけに貴重なシーンとして掲載されたのだろう。さらに、この糸満対首里の試合は大会初の一試合2ホーマーというギャラリーには誠に喜ばしい試合でもあった。終わってみれば、糸満15安打、首里13安打で安打数では上回ったが、糸満は十個の失策を出し8対6で敗退。栽はこの試合センター五番で、3安打1ホームランだった。

　首里はこの勝利によって勢いがつき、決勝戦石川に6対0で勝ち沖縄初の甲子園出場を果たしている。

　この頃、沖縄高校野球ではプロ野球のように最優秀賞、打撃賞、殊勲賞、敢闘賞といった個人賞が設けられ、12打数6安打、打率五割の栽が打撃賞を獲得しトロフィーを貰っている。

　この首里戦が契機となって栽の人生を大きく変えたとも言われる。

「首里高校の福原朝悦《ふくはらちょうえつ》監督は学校の教諭で、毎日、授業と練習で生徒と接しながら鍛えてきたわけですよ。あの頃の沖縄には、そういう監督が少なくてね。監督と選手の距離というのは、ベンチを見ればわかります。だから、ホントうらやましかった。選手の個々の力は負けてないけど、ようするに自分たちの寂しさで負けたようなもんですよ。監督が毎日、指導してくれたら、僕たちのほうが勝ってたと思いましたからね。あの首里高校のベンチを見て、僕が教諭になって生徒を甲子園に連れていこうと思ったんです」(『琉球ボーイズ』小学館)

いくら規律正しく練習をやっても選手たちだけでは限界がある。監督からの個人ノックによって技術と精神を鍛えあげられ、チームとして成長していく。

高校二年の栽は首里高校を見て嫉妬を覚えた。負けたショックよりも自分たちのチームに監督がいない寂しさが募ってしまったことがどうにも許せなかった。あらためて野球というスポーツは、ひとりの監督と十数人の選手たちで戦うものだと知らされた一戦だった。

素手で食べろ、裸足でいろ

一九六〇年、青雲の志を抱きながら中京大学体育学部に入学。

中京大学は言わずと知れた愛知大学野球リーグの雄であり、二〇一六年現在、リーグ三十三回優勝、全日本大学野球選手権一回、明治神宮野球大会準優勝一回と、幾多のプロ野球選手を輩出した名門中の名門である。当時は中京、中京商業、三重高出身者、いわゆる中京ファミリーが中京大野球部を仕切っていた。

「体育学部の連中が野球部に入ってくるがじきに辞める。実技が一時間目にあるため授業に出ることがままならないためだ。体育学部でレギュラーに残った者はおらず、だいたい二年で野球部を辞めマネージャーで残ったりする」

当時の中京大監督の滝正男《たきまさお》（故人）が解説する。栽にとって唯一頭が上がらない野球の恩師であり、人生の師でもあった。

栽は地元新聞の沖縄タイムスに『オール沖縄の糸満高の栽選手、名古屋の中京大へ』と報じられるほど沖縄ではトップクラスの選手だったが、所詮沖縄でのレベル。中京大初日の練習で栽は愕然《がくぜん》とする。中京高校出身の甲子園出場組がウジャウジャいる中でスピード、パワー、技術、すべての面でレベルの差が歴然としていた。一八〇センチ前後の甲子園エリートたちは新調したグラブを手にし、ユニフォームもスタイリッシュにきめ風格が滲《にじ》み出ている。そんな中、一六〇センチあまりで不格好な栽は糸満高校で使い古されたボロボロのグラブを持って佇《たたず》む。色が黒く野性味溢《あふ》れる雰囲気を醸し出すが、野球の動きになると鍛え上げられた精鋭たちより一歩も二歩もスタートが遅い。バッティングには自信があった栽だが、内地のピッチャーのスピード、キレを見るととてもじゃないが太刀打ちできないと感じた。

「百年経《た》ってもレギュラーは無理だ」

選手としての夢が脆《もろ》くも崩れ去った瞬間だった。

内地の人間から見れば復帰前の沖縄はまだまだ蔑視する存在であり、沖縄人への差別は朝鮮人と同等で忌み嫌う対象でもあった。飲食店の求人の張り紙やアパートの空室ありの張り紙には堂々〝朝鮮人沖縄人おことわり〟と書かれていた。そのため出稼ぎのために沖縄の人々が内地へ渡りさまざまな職業に従事するとき、沖縄出身を隠すために名字を変えることもあった。

体育会特有の先輩からのイジメは当然あったが、沖縄から来たということでさらに陰湿なイジメの対象となった。

「沖縄では裸足《はだし》で歩いているんやろ、靴脱げ！」。スパイクを脱がされ裸足で練習をさせられる。

学校内でも偏見があった。教授が英語の授業に出ないでくれと言う。理由を聞くと、発音に自信がないから流暢《りゆうちよう》な英語を話す沖縄人には授業を受けてほしくないのだと言う。沖縄の日常は英語で会話をし、裸足で学校へ行く道すがらバナナを採って食べるというような生活をしていると本気で思われていたのだ。

沖縄から船に乗って鹿児島の税関を通るときも、沖縄人というだけでぞんざいな扱いを受けていた。あるとき、鹿児島の税関職員が沖縄出身の老人に対して乱暴な言葉遣いで扱う場面に遭遇し、大学生の栽は「おい、こっちはお年寄りだぞ。今の態度はなんだ？」と、職員に喰《く》ってかかって大立ち回りを演じた。権威主義の内地の役人たちは明らかに沖縄を下に見ていた。無下に扱われたことに苛立ちを覚え、栽は正義感からくる怒りが爆発したのだった。

野球部に栽を目の敵のようにしつこくイジめる先輩がひとりいた。

「服なんて着ないんだから脱げよ」「沖縄でやってるように手で食べろよ」「雄叫《おたけ》びを上げてみろ」。先輩の言うことには絶対服従だが、あまりにも非人間的な扱いをすることに尊厳をいたく傷つけられた栽は、このままでは引き下がれなかった。

その先輩はトイレで大をするたびにタバコを吸い、当時は汲《く》み取り式なので吸ったタバコをそのまま下に捨てるというのが日課だった。そこで栽は先輩がトイレに入る頃合いを見計らって、アルコールをたくさん便器に入れておく。先輩がトイレに入り、しばらくすると「熱っ！」と叫び出す。タバコの火でアルコールが発火し、その先輩は尻をヤケドしたのだ。

やられたらやり返す。元来、気性の激しい栽は差別や偏見に対し屈せず、持ち前のパワーで粉砕していく。

三年生になった四月上旬、栽は滝正男の研究室のドアを叩く。

「先生に二年間中京野球を教えて頂きました。いまだ沖縄の野球が弱いのはいい指導者がいないからです。僕は将来高校教師になって沖縄の野球のレベルを上げて行きたいと思います。そのためにも全国の野球の強い高校を廻《まわ》って練習を見たり、指導方法を監督に尋ねたりしたいので紹介状を書いて頂けませんでしょうか」

日に焼けた黒い顔に宿る眼差しは真剣そのものだった。滝は栽の決意に心打たれ、早稲田実業、東邦、県立岐阜商業、平安（現・龍谷大平安）、浪商（現・大阪体育大学浪商）、広島商業などといった二十あまりの全国の強豪校宛に紹介状を書き記して渡すと、栽は尋常ではない喜びようだった。

栽は在籍中の二年間、公式戦、オープン戦ともに出場ゼロ。打撃練習で一度もバットを振ることなく退部する。

夏休み、冬休み、春休みと長期の休みを利用して全国行脚をする栽。「同じような練習でも、伝統校には絶対に独自の練習方法がある。それを吸収して沖縄に持ち帰るんだ」。強い意志と希望を胸に汽車に飛び乗った。

中京野球と言えば、滝直伝の守りの野球。「守備を固めれば勝てなくても競ることはできる。1点差2点差で負けても次の練習に意欲が持てる」。中学野球に毛が生えたような沖縄高校野球に〝守りの野球〟を注入することが、レベルアップの近道だと栽は考えた。それと栽にはもうひとつ夢があった。プロ野球球団のキャンプを沖縄に誘致すること。トップレベルの技術を生で見て触れさせることで、沖縄野球全体の底上げになる。大学時代から栽は熱望していた。一九七八年に日本ハムが沖縄名護《なご》市にキャンプを張ったのが初めてであり、現在では十球団が沖縄でキャンプを張っている。多くの子どもたちがプロの一流選手のプレーを見て生で野球に触れ合うことができたからこそ、今日の沖縄野球の発展に繋がったのである。

栽の大学四年間は貧しさとの戦いでもあった。

仕送りなどなく、すべて自分で生活費を稼がなくてはならない。栽は大学四年間ほとんどバイトをしていないのにどうやって生活費を捻出してきたのか。それは、アメリカに統治されている沖縄の境遇を逆手にとったのだ。

栽は沖縄に帰郷するたびに、リュックサックに大量の食飲料品を詰め込む。ウイスキーのジョニ黒（ジョニー・ウォーカーの黒ラベル）三本、インスタントコーヒーとココアを四缶ずつ、〝ハーシー〟チョコレートとチューインガムを四箱。復帰前の沖縄から内地への持ち込みはジョニ黒三本、洋タバコ一カートンまでという税関による規制がかかっていたが、その他は自由に持ち込めた。

当時、内地では一本一万数千円という高級酒ジョニ黒が沖縄では格安で購入でき、年三、四回沖縄に戻って大量の食飲料品を持ってかえって内地の馴染《なじ》みのバーに卸せば、一年分の生活費を十分に稼ぐことができた。

酒を持ち込むたびに、少年の頃戦争の廃棄物を拾い集めていた思いが去来した。

「沖縄の誇りだけは捨ててはならん」

複雑な思いが交錯しながらも、生きるためにせっせと密輸じみたことをやり糊口《ここう》を凌《しの》いだ。

大学三年のときには琉球空手部を作り、ボディービルブームにあやかってバーベルやダンベルを使用したウエイトトレーニングを独自に研究していく。

名古屋市の八事《やごと》にある中京大グラウンド横の四十名収容の学生寮に入っていた栽。ときおり野球部の練習をグラウンド脇でひとりノート片手に見ている。荒廃した沖縄にとって野球こそが最後の〝希望〟と信じて疑わなかった栽が、内地のレベルの高さに舌を巻き、野球を断念せざるを得なかった。栽のアイデンティティーは粉々に砕かれたが、それでも野球から離れられない。人間は何を守るかによって人生が決まる。選手として限界を感じた栽だったが、指導者として沖縄を強くしていこうという野望に切り換える。常に栽は立ち止まらずに明日を見ていた。

恩師滝正男は、数ある教え子の中でも栽のバイタリティーに一目を置いた。

「沖縄の子はちょっとメンタルに弱く、一歩退く傾向がある。戦前、琉球王国として栄華を誇っていたのを薩摩藩に侵略されて支配下に置かれ、どうしても表面に出るより一歩下がってしまう。栽はサードでしたが、四、五名いる中で、四年までやっていたらお情けでユニフォームは着れたかもしれないがレギュラーはまず難しかった。もし選手として残っていたら教員採用試験は受からなかったかもしれない」

栽が野球部を辞めてからは滝とは接点がなくなった。再び交わるようになったのは、栽が大学を卒業してから三年後であった。

第二章　選手からの報復

選手との衝突

栽は中京大を卒業し、一九六四年（昭和三十九年）小禄《おろく》高校に赴任。ここから約半世紀にわたる栽の高校野球指導者としての艱難辛苦《かんなんしんく》の生活が始まる。

当時は一中の首里高校、二中の那覇高校が進学校として名を馳《は》せていた。前年度に新設された小禄高校は、一中、二中と同等の進学率を誇れるようにと優秀な教職員を集め、万全の体制で開校した。

第一次ベビーブーム世代のため一クラス五十三名で計十二クラスあり、二クラスは家政科、残りの十クラスは普通科。小禄の一、二期生は国費によって三百名近く大学に進学、そのうち八十名強が医学部へと進んだ。

国費とは、一般入試とは別に沖縄県出身者のためだけの定員枠を設けられ県の選抜試験に通ると国立大学へ行くことができ、さらに国から学費が支給される制度。沖縄の教育水準をあげるためにも特別な制度を設けて大学に進学させ、とくに、沖縄県の技術、医療の向上のために理数系、医学系に進学させたいという意向があった。

「俺たちはモルモットだったのか!?」

これが小禄OBたちからよく聞かれる言葉だ。

豊見城《とみしろ》、沖縄水産へと移った栽が甲子園で目覚ましい活躍をみせればみせるほど、私は甲子園に出ていない小禄時代が暗黒時代へと葬られている気がしてならなかった。

大学卒業後、二十三歳から二十九歳までの七年間小禄で指導した。中京大四年間で膨大な知識を得たかもしれないが、指導者としてはまだまだかけ出し。それでも卓越した理論と行動力で夏の県大会決勝進出三回は見事に尽きる。〝疑似〟という言葉を初めて使ってピックオフや高度なバントシフトを選手たちに教え、さらに全国一早くウエイトトレーニングを取り入れる。あまりに革新的な野球に選手たちがついていけなかったのは否めない。栽も若かったゆえに、ただ理論武装するだけで、選手たちの気持ちを汲《く》み取って教えるまでにはいたらなかった。

物がまだまだ不足している時代、環境を整えることがまず第一優先だったにもかかわらず、それに加えて、内地の練習方法、戦術、戦略を取り入れ、大正時代のレベルだった沖縄野球を戦後の昭和の野球に一気に引き上げたほどのインパクトを与えたのは間違いない。

一期生のキャプテンの金城達雄は昨日のことのように語り始める。

「新設したばっかりの職員室に行って『野球部を作ってください』と直談判して開校初

年度に野球部を作った。入学した男子の半分が野球部に入りました。一年目は沖縄工業に0対8でコールド負けです」

初年度は、沖縄高校野球連盟を創立するために尽力した佐敷興勇《さしきこうゆう》が臨時の監督として教えていたが、あくまでも臨時のため毎日練習をみることができなかった。そこで野球部長が「来年は毎日練習を見てくれる先生を連れて来るから待っていろ」と選手たちに声をかけてまわった。

そして、二年生にあがる前の春休みに野球部長がひとりの男を連れてきた。

「四月から我が校に赴任する栽先生だ。中京大で野球をやっていた」

豆タンクのような身体つきの男は威風堂々、選手たちの前で挨拶をした。

「栽弘義です。四月から野球部監督として君たちを鍛え直す」

選手たちは無反応。栽弘義と言われても選手たちはどこの馬の骨ともわからない栽を小バカにして見ていた。学校と同じで野球部ができてまだ一年。小禄野球部は指導者も練習方法も決められておらず中途半端な野球をやっていた。

四月から栽は野球部の監督に就任すると、闘志を前面に出してビシビシ指導した。選手たちは、二十三歳の若造の熱い闘志に苛ついた。中京大出身と謳う以上、相当野球に詳しいんだろうなと思ったキャプテンの金城は栽に言った。

「先生、インコースの打ち方のお手本を見せてくれませんか」

金城は「中京出といっても大学でいい成績を残しているわけじゃない、どうせしれているだろう」とタカをくくっていた。

「よし、わかった」

栽はバットを持って打席に向かう。自分が試されている。ここで失敗したらますますナメられる。栽は真剣に素振りを繰り返す。

ずんぐりむっくりで不格好な栽がひとたびバットを持って打席に立つと、ピタッと様相が決まる。冷ややかな目で見ていた選手たちもバッターボックスの栽の雰囲気が違うことに気付く。

金城はピッチャーに「アウトコースを投げろ」と指示する。

栽はアウトコースぎりぎりの球を思い切り踏み込んで見事流し打ちでライト前ヒット。ピッチャーはチェッと舌打ちして、今度はあらん限りの力でインコースに投げ込む。待ってましたとばかり腕をたたんでバットを振り抜いた打球は快音を残しレフトオーバー。フェンス向うにある青々した水を湛《たた》える漫湖に飛び込んだ。続けざまに三本連続レフトオーバー。

選手たちも〝これは本物だ〟と認めざるを得なかった。

後年、栽はこの場面をこう言った。

「あのとき打たなかったら、今の俺はないだろう」

ある意味、野球人生をかけた打席だったに違いない。

栽が小禄に赴任して最初に手掛けたことは、野球をするための環境整備だった。新設校ゆえにバックネットもなかったが、米軍の輸送部隊がバックネットをプレゼントしてくれた。まず那覇港でバックネットを組み立て、それをクレーンでグラウンドまで運び、備え付ける。まだ周辺の土を掘り起こすと、銃器や鉄クズが散乱し、人骨も埋まっている戦後の残骸が残っている時代である。

一～三期生の頃までは、放課後のグラウンド整備だけでは時間が足りないため、栽は体育の授業時間を使ってまでもグラウンド整備に精力を注いでいた。沖縄の新設校はどこもグラウンドが整備されておらず、デコボコの赤土だらけ。地元の土建屋に頼んで、土を掘り起こしてもらい、内野にだけは沖縄特有の赤土の粘土質ではないサラサラの砂を入れた。

あるとき、雨で水浸しになっているグラウンドの真ん中を在校生が歩いていると、栽が一目散にかけ寄り「ここはグラウンドだぞ！」とぶん殴った。

「沖縄の野球界は、不自由をなんとも思わないで野球をやっている。だから練習の成果がまったくわからない。ボールがなくても他もないからいいやと思っていたのでは効果は絶対に上がらない」

栽にとって環境作りこそ改革の一歩であり、グラウンド作りはまさに心血注いだ大仕事だった。

もともと進学校として開校された小禄高校、バンカラな気風も手伝ってか一期生には個性派揃《ぞろ》い、おまけに成績優秀な者が集まっていたせいか雄弁であった。栽は野球だけではなくプライベートにまで介入するため一期生とはよくぶつかった。二十三歳と若く血の気も多く、平気で正面衝突する。

そんな中、近隣にある小禄中が全島優勝し、バッテリーなど優勝メンバーがこぞって翌年小禄高二期生として入学してきた。

栽は新一年生を主体にチームを作ろうとするが、二年生が猛反発し全員退部してボイコットをする。結局、キャプテンの金城が全責任を背負って退部する代わりに、辞めた二年生が全員戻ることで治まった。

内地では一九六五年の慶応大学費闘争、六六年早大学費・学館闘争、同年の中央大学費闘争を前駆とした大学闘争の波が急速にひとつの統一的な高まりを見せ、一九六八、六九年には「大学解体」「自己否定」をスローガンとして全共闘運動へと発展していく。社会への反発を反抗という形で表すため、若人の血をふつふつと燃えたぎらせた。二十歳前後の若者の溜《た》まった鬱憤は目に見える形で吐き出されていき、皆が熱にうかされていた。

小禄高校では、辞めた元野球部員たちがジーパン姿でときおりグラウンドに現れ、勝手気ままにフリーバッティングをしたり、現役野球部員に難癖つけてイジメたりと荒れ放題の環境であり、部員も嫌気がさしてどんどん辞めていく。栽が情熱を持って接しても空回りするばかりで、選手たちとの溝は深まる一方だった。

ロックアウト

一九六四年、東京オリンピックを契機に東海道新幹線が開通した。栽は、この新幹線ができたとき「沖縄の野球もこれで終わった」と思った。沖縄には対応性がない。後ろを向いてから投げようが、下から投げようが、なにをやってもいいのが野球なのに、沖縄にはその発想がない。オーソドックスなオーバーハンドで投げ、それを打つ練習をすることが沖縄ではてっとり早い勝ち方。アンダースローや左のサイドが出て来たら、お手上げ状態。内地は新幹線で遠方の地まで行って日帰りで練習試合ができる。新幹線の登場によりさらにいろいろな対応性に富むことができるようになったのだ。情報もさることながら距離というハンディは、今も沖縄が抱えている切実な問題でもある。

やがて三期生が入学する。七年間小禄で指導した中で、この三期生が一番戦力的には充実していた。那覇地区のいい選手たちがこぞって集まったこともあって、栽は新たな闘志を漲《みなぎ》らせる。

「この一年生を中心に三年計画でチームを作ろう。今度は何があっても自分の信念は曲げない」

栽は揺るぎない決意をし、秋季大会の前に二年生を一人ひとり呼んで説得し、全員を辞めさせた。前年度入った中学優勝の上原バッテリーも然《しか》りだ。抜本的改革を断行せずして勝利は得られずだ。

オール一年生で秋季大会に出場する。このときから栽は中京で培った野球を期待の一年生にガンガン叩き込んでいく。まだ二十四歳。選手と八歳程度しか違わない栽は理論もへったくれもない。若さというパワーで厳しさを前面に押し出して鍛えていく。

三期生が二年生になった春季大会、予想だにしなかったことが起こった。

大会の二週間前、詰め襟を着た野球部員全員が物々しい様相で体育教官室に訪れる。

「栽先生、お話しがあります」

「どうした？」

即座にただならぬ雰囲気を感じとる栽。

「栽先生が監督として指揮するのなら、僕たちは試合に出場しません。栽先生がベンチに入らないというのであれば出場します」

「なんだと……」

栽は一瞬耳を疑ったが、選手たちを見ると思い詰めた眼差しでこっちを見ている。こいつら本気だ。

「わかった……」

一言だけ言い残し、栽は体育教官室を後にする。

　栽は選手たちにロックアウトされた。あまりに厳しい練習、野球観の食い違いに、選手たちが一致団結して監督である栽を公式戦のベンチから追い出したのだ。

春季大会、栽はベンチではなくスタンドでひとりスコアブックを持って観戦する。忸怩《じくじ》たる思いを隠しながら、ひとつひとつのプレーを逃さないように目を皿にしてみる。「なんでここはバントじゃないんだ」「バスターだろ」「タイムをとって一呼吸置け」。

自分が指揮官でない憤懣《ふんまん》が身体中を駆け巡るが、どうしようもない。ガムシャラにやることが勝利への近道だと信じていた栽は、その思いがどうして選手たちに届かないのかわからなかった。技術は体現して見せている。完全に理解できていないかもしれないが、選手たちは着実に進歩している。それでもことごとく選手たちと衝突する。いい知れぬ悔しさと焦りが感情を支配していくのであった。

衝突を何度も繰り返しながらも成果は三期生が二年生になった一九六六年の夏の県大会にさっそく現れる。一回戦辺士名《へんとな》10対0、二回戦沖縄工業11対3、準々決勝沖縄（現・沖縄尚学）4対1、準決勝首里6対4と勝ち、栽が就任して三年目、そしてオール二年生で初の決勝進出。

決勝の相手は興南。一回の表、興南の攻撃、先頭バッターのセンター前ヒットをセンターが痛恨のトンネルでランニングホームラン、そこから5四球とガタガタと崩れて一挙5失点。勝負あったかに見えたが、その裏2死から3連打で1点。四回にも長短打で3点返し1点差まで追い詰めたが、興南が中盤に1点を追加し、4対6で敗退。

この頃から小禄高校がどの大会でもダークホース的な存在として県下にその名を知らしめる。

小禄が琉球親善野球大会に参加できたことも後の躍進に大きく影響した。この時代、沖縄はまだアメリカ施政下。琉球親善野球とは、一九四九年に沖縄タイムスに勤める沖縄野球連盟理事長でもあった国場幸輝《こくばこうき》が米軍側に話を持ちかけて始まり、年に二〜三回春から夏にかけて開催し、米軍代表チームと職域野球チームが対戦した。もちろんそれ以外の対戦もあり、沖縄の高校のチームとアメリカンハイスクールとでリーグ戦を行うこともあった。

小禄は、知念、読谷、アメリカンハイスクールとの四チームのリーグ戦に参加し、現在は、約三八ヘクタール（東京ドーム八個分）を沖縄中部の北谷町《ちゃたんちょう》に返還したキャンプ桑江《くわえ》のボールパークで行われたナイターゲームに参加した。小禄高校に幌《ほろ》カバーを付けた米軍の野戦用トラックが迎えに来て、選手たちはそれに乗り込む。車に揺られること四十分、基地のゲートをくぐり二基の照明が煌々《こうこう》と照らすボールパークへと選手たちは運ばれた。初めてのナイターに選手たちは胸を躍らせ喜び勇んだ。眩いカクテル光線を受けて、綺麗に整備された緑の芝生と赤土ではない砂の入ったグラウンドに、なんだか夢を見ているようだった。

小禄は読谷と知念には連勝したがアメリカンハイスクールに負け、惜しくも優勝はできなかった。アメリカンハイスクールは緻密な野球ではなかったが身体が大きく、ひとたびバットに当たると見たこともないような当たりを連発。完全に力負けだった。

三期生のエース安谷屋里吉《あだにやさときち》は懐かしく振り返る。

「ただボールを使ってやるだけでなく、スポーツとしてケアを含めて身体機能をどう高めるか、とにかく斬新な理論があった。一年生のときは、野球の神様に会ったような感じでした。それでも甲子園は遠かったです。当時、高野連副会長の佐伯達夫先生が沖縄の子どもたちに甲子園を見せてあげようと一九六七年のセンバツに三名招待してくれ、私がその三名の中に入ったんです。栽先生の推薦があったようです。甲子園の貴賓席から試合を見たのを覚えています。佐伯先生からは『小遣い持っているか？』と声をかけてもらいました。沖縄に戻ったらチームは春の大会で負けていましたね」

エース安谷屋が甲子園に行っている間、小禄のグラウンドで予期せぬ事態が起こった。

フリーバッティングの練習中にバッティングピッチャーをやっていた仲井真が打球を後頭部に当て救急車で運ばれる。意識不明の重体。練習中の事故であり、もしものことがあったらもう野球はできない、栽は最悪の場合を考えて辞任する覚悟でいた。意識が戻らず、四日間ずっと昏睡《こんすい》状態が続いた。五日目、看護師が身体を拭いていると股間が微《かす》かに反応する。奇跡的に回復した。栽は後年、このときのメンバーで集まると仲井真を見つけては「おい、後遺症、大丈夫か！」と声をかけて笑って泡盛を飲んでいた。

一九六七年中京大の恩師滝正男が、愛知大学野球連盟結成二十周年で沖縄遠征に来た。試合は奥武山球場で行われ、栽はネット裏でじっと観戦していた。

試合終了後、栽は宿舎を訪ねる。

「先生、ご無沙汰しております」

「おお、栽じゃないか」

「実は今、小禄高校で野球部の監督をしております。夕方まででいいので野球を見てもらえませんでしょうか？」

さっそく滝は、中京大四年のエースピッチャーを連れて小禄のグラウンドに行った。

「卒業以来会ってなかった栽に『おい、よう卒業できたな』と車の中で再会話に花を咲かしたものでした。小禄高校のグラウンドは広く、十七、八人ほどの部員がいました。レベルはそんなに高くなかった。こりゃ大変だな～と思ったものでした」

滝はバッティングや守備を一生懸命指導するが、中京大のエースはブルペンに行きしばらくじっと見て呟《つぶや》く。「こりゃあかん。教えるまでもない」。あまりのレベルの低さにお手上げ状態だった。

モルモットの限界

「カーン、カーン」

練習の度に棒にネットを括《くく》り付けて杭《くい》を打つ。ネットは栽がわざわざ読谷村まで行って米軍の野戦砲を囲っていたのを払い下げで貰ったものだ。それを金属の棒に括り付けて杭を打ち付け、鳥カゴ風にする。これで簡易式のバッティングゲージの完成だ。この頃、ゲージがあるのは首里と小禄の二校しかなかった。

就任三年目に決勝戦へ行けたことで栽は自信を持った。

練習はランナーを想定したノックを中心にやった。フリーバッティングは二ヵ所で、内野陣はずっとノック。栽はマシンガンのような早撃ちノックを平気で一時間、二時間やった。

また〝ピッチャーは箸より重いものを持つな〟と言われていた時代に、ピッチャー陣にウエイトトレーニングをやらせている。ただ、ウエイトトレーニングは定期的ではなくグラウンドコンディションが悪いときにやるだけで、当然現在のような本格的トレーニングではなかった。

「小禄時代にはまだ見たこともないような質・量・意識などで選手たちがギクシャクしてしまった感はありますね。栽先生は普通に教えたのかもしれないが僕たちには初めての体験であり、僕らを実験台にしたのかと思ったこともあります。沖縄で初めて取り入れる部分があまりに大きすぎて、未経験の僕たちが戸惑ってしまったんですね」

一九七〇年夏の県大会優勝メンバーの高良雅秀は語る。

ピッチャーに関しては走り込みを中心にやらせ、ピッチャーの生命線であるアウトコース低めを狙えるように徹底的に投げ込ませる。栽は絶えず「一球目で勝負が決まる」とピッチャー陣に助言する。

攻撃陣には一番打者の重要性を説く。

「最初から打っていくのか、ギリギリまで待球するのか、どっちかをチームに見せろ」

相手ピッチャーの調子が悪くない限り、チーム全体にファーストストライクウエイティングを浸透させ、相手ピッチャーに150から170球投げさせて中盤から終盤に勝負をかける。

スクイズ、バスターエンドラン、ツーランスクイズ、疑似バントと試合中よく動いた。たとえ試合中であろうともミスした選手をなぜあのプレーをやったのか確認させ理解させるためにその場で怒った。審判に対しても同じだ。当時は審判の技術もまだまだ低く、判定に対し確認するためキャプテンを何度も審判のところへ行かせた。あまりのしつこさに審判も嫌気がさし、ストライク気味の球をすべてボールと判定、十人目の敵と変わる。栽は審判のレベルの低さに業を煮やし、試合後に審判室に行っては「もっと勉強してください!」と所構わず叫んだ。

ピックオフプレー、状況に応じたバントシフトなどあまりに高度なプレーを栽が要求するため、選手たちは「うるせえな」「ここまで考えるか」と辟易《へきえき》した部分もあった。

ちょうどその頃、ベトナム撤退兵千三百人が勝連《かつれん》村のホワイト・ビーチに到着するという一報が入る。ベトナム戦争の泥や土をつけたままの軍装で沖縄入りし、戦禍の跡がありありとわかる。兵士たちはベトナムに通常十三ヵ月滞在を余儀なくされ、撤退兵は「朝起きると銃声も何も聞こえない、ここは沖縄なんだ、平和なんだと思い起こす」「沖縄もベトナムも同じ戦場としか思えない。早く祖国に帰りたい」と語り、くたびれた表情がベトナムの悲惨さを物語っていた。

内戦状態だったベトナムにアメリカが北ベトナム爆破(北爆)を開始したのが、一九六五年二月。これがベトナム戦争開始と言われている。ベトナム戦争が始まると、沖縄では日常生活のいたるところで戦時色が強くなっていく。幹線道路は軍事物資や兵隊を乗せた軍用トラックが何台も列を作り、牧港《まきみなと》補給基地ではベトナム向けの物資が山積みされて前線へ送り出される。読谷飛行場ではパラシュート、北部の山林ではサバイバル訓練、兵士たちは短期間で訓練を受けベトナムの最前線へと送られる。ベトナムを直接攻撃するＢ52爆撃機が嘉手納《かでな》基地から爆音を鳴らして飛び立つ。

当時のアメリカの高官が「沖縄なくしてベトナム戦争を続けることはできない」と表明したように、ベトナム戦争において沖縄そのものがアメリカの中継基地であり、非常に重要な役割を果たした。

沖縄では米兵の死傷者の受け入れも行われ、当時は毎日ドライアイス入りの遺体が三十体ほども病院に運ばれる状況だった。棺桶《かんおけ》が足りないためヤンバル（沖縄本島北部の山林地帯の名称）の山林から木を伐《き》って作らなければならないほど毎日毎日遺体が運ばれる。

このような状況を目の当たりにして沖縄県内では、ベトナム戦争に加担したくないという議論が湧き起こり、基地全面撤去を求める「反戦・平和」運動が大きなうねりとなる。民意の声が徐々に大きくなっていく発端となったのがこの頃である。

他校にはない合理的かつ緻密な練習が着実に実を結び、一九六九年、夏の県大会で再び決勝進出したが、首里に2対4で負ける。この時代の首里はセンバツ、神宮大会、二度の九州大会出場とキャリアがものをいい、また首里のエース謝敷宗光《じゃしきむねみつ》が準決勝までの四試合を40イニング無失点。打っても五割七分九厘と投打の中心選手として大活躍だった。しかし名門首里は、この年のセンバツを最後に甲子園には出ていない。

小禄高校は栽の革新的な野球に必死についていきながらも決勝で負けたことにより二

年生全員がいったん退部している。反発心もあってのことだが、選手たちは栽の指導方法に納得がいかず、不満分子が一気に爆発したのであった。

「悩んでいるとき、建築関係の本を読んでいたら、地震に強い建物を造るには、硬いものの間に軟らかいものを挟むといいと書いてありました。石垣なんかもそうですね。ぼくはは っとしました。ぼくと選手たちの間に女の子を挟んだらどうだろうと考えたんです。自分の性格は変えられないし、変えると勝てないと思っていました。たぶん、全国で初めてじゃないですか。高校野球で女子マネージャーを採用したのは」(『にっぽんの高校野球九州編Ⅱ』ベースボールマガジン社)

むさ苦しい男の世界に潤いを与える。それが女子マネージャーだった。女子マネージャーを入れることで栽と選手との緩衝となり、衝突も少なくなっていく。

小禄時代の後期にもなると物が充実してくる。試合前になると大量のバットを担いでスポーツ店員がやってきて三年生だけにバットを自由に選ばせてくれる。他校はバケツに練習用のボールが二、三個しかないのに比べ、小禄だけはふんだんにボールがある。選手も自分たちは他校とは違った練習をしているという自負が芽生え、県下一の練習量だと自認していた。

一九七〇年、二年後の本土復帰を前にして沖縄は不穏な空気に包まれる。そしてこの年十二月、住民による大規模な暴動事件が起こった。いわゆる〝コザ暴動〟である。べトナム戦争で不利な戦況の中、米兵たちは不安と焦燥に駆られ近隣住民を巻き込む事件が多発した。具志川村《ぐしかわそん》で下校中の女子高校生（十六歳）が米兵に襲われ、ナイフで刺されて重傷を負う事件と、糸満町で米兵が飲酒運転で主婦を撥《は》ね即死させた事件が発生したが、米軍の軍法会議でいずれも容疑者の米兵に無罪の判決が出た。沖縄の住民感情が悪化する中、十二月二十日未明、米兵が運転する車が道路を横断していた男性を撥ね、全治十日間のケガを負わせた。問題は事故現場の処理で、ＭＰ（米軍憲兵隊）が十分な現場検証をせず、加害者の米兵と被害者を強引に引き離そうとしたため、群衆による暴動が勃発。群衆は約五千人にも膨れ上がり、八十三台の米軍車両がガソリンで焼かれ、立ち入り禁止区域の嘉手納基地内の小学校に放火するなど、住民、米兵、警察など八十名以上が負傷し、暴動は朝方まで続いた。これまで米軍に対して無抵抗主義だった沖縄県民が決起という形で初めて抵抗を示した。沖縄県民をなめるなよ、と、意地と誇りを打ち表した行動でもあった。

県民一人ひとりの自立という意識が高まる中、前年県大会決勝で敗れた小禄は、翌年の七〇年には優勝候補の一角として破竹の快進撃。二回戦石川3対1、三回戦沖縄工業10対0、準々決勝コザ5対2、準決勝宜野座《ぎのざ》6対1と順当に勝ち進み、決勝戦進出。相手は興南。ちょうど二年前に甲子園ベスト4という興南旋風を巻き起こしていたが、まだまだ新興校というイメージが強かった。三度目の決勝戦ということで三度目の正直となるか二度あることは三度あるなのか、栽の手腕が問われる一戦となった。

一万人あまりの大応援団が駆けつけ、決勝戦のムードは最高潮に達した。シードの興南とダークホースの小禄との対決。序盤は興南が押せ押せムードで進めたが、中盤以降小禄が試合の流れをつかむ。

0対0のまま九回裏、小禄最後の攻撃、先頭打者が二塁打、一気にサヨナラといきたいところだが簡単に2アウトとなる。だがドラマはここで終わらない。興南のピッチャーはホッとしたのか、二者連続フォアボール。これで2アウト満塁。完全に流れは小禄。幕切れはあっけなかった。3ボール2ストライクから高めに外れたボールで押し出し、1対0のサヨラナ勝ち、就任七年目にして小禄は初優勝を飾った。

涙を流しながら監督インタビューに答える栽。

「ピッチャーは抑えてくれると信じていましたし、打線さえ爆発すれば勝つチャンスは十分と見ていました」

選手を信頼し切っていた様子を見せる。七年間、選手たちとの格闘の日々、ロックアウトやいろいろなことがあったが、すべて報われた。勝つ喜びがこんなにも素晴らしいものかと初めて知った瞬間でもあった。

当時はまだ一県一校ではなく南九州大会で宮崎代表と戦って一校を選出する方式であった。

小禄高校を率いて７年目、1970年沖縄県大会で初優勝を飾る

小禄はおとひめ丸で那覇港を出港し、決戦の地宮崎へと向かった。宮崎代表は都《みやこの》城《じょう》高校。レギュラー全員が十二秒台で走る俊足揃いだが、チーム打率が一割五分六厘という完全に守りのチーム。打力が弱いと言われて来た小禄が、下馬評では都城より打力が上で有利と評される。南九州大会を制して沖縄勢初の甲子園出場かと大きく期待された。

小禄はピッチャー平良《たいら》の立ち上がりの制球難でストライクを置きにいったところを狙われ、初回に2点献上。都城の足を警戒するあまりに単打を重ねられ被安打11。自慢の守備陣も浮き足だち、攻めてもチャンスにもう一本が出ず、1対3で惜しくも敗退。

都城は今では甲子園春夏通算九回出場の常連校となっているが、甲子園に出場したのはこの七〇年が初めてであった。

九州の壁は、沖縄にとってまだまだ遥《はる》かに高くそびえ立つ巨大なものだった。

「ここまで全ナインも頑張ってくれたが、また一から出直すつもりです。都城のピッチャーはあまりよいデキではなかったように思います」

試合後の栽のコメントだが、最後の最後までプライドを見せつける。

相手投手の立ち上がりが悪いのに、初回に緊張のせいかメンバー全員が浮き足立ってしまう。今まで甲子園がどこにあるのかもわからなかったのが、いざ甲子園出場が現実味を帯びてくると精神力の弱さが露呈されてくる。これを克服しない限り、甲子園なんか夢のまた夢。

課題がはっきりとわかり栽は次の目標を胸に掲げ、沖縄の地へと戻った。

第三章　狂気に満ちたスパルタ

豊見城赴任

内地より一時間ほど日が落ちるのが遅い沖縄の夕暮れ。突然携帯が鳴り「今日の夜どうですか？」と威勢のいい声がする。

沖縄に移住してから最初に取材をしたのが豊見城四期生（一九七三年度卒業）のメンバー。沖縄での取材はたいてい夜になることが多い。いわゆる飲みながらの取材だ。取材のアポも事前に決める場合もあれば、午後七時頃に「今からどうですか？」といきなり電話がかかってくることも日常茶飯事。重要なことではない限りあらかじめ事前の約束をきっちりとは決めない。例えば飲み会をやるにしても日にちだけ決めて、時間と場所は当日ギリギリになって決めることが多い。これこそ県民性。いい加減のように思われるかもしれないがそうではない。昔から台風や突然の豪雨によって人々の行動が突如変更されるからである。自然界の予定がわからない以上、自分たちの予定もたてられない。自由きままな感覚。これをウチナーグチで〝テーゲー〟と言う。〝テーゲー〟をよく〝適当〟〝いい加減〟と訳することが多いが、〝自由きまま〟という意味のほうがしっくりくる。

指定された店は首里石嶺町《しゆりいしみね》を抜けて西原方面に行った先の居酒屋。モノレール下の環状2号線を通り、鳥堀の交差点に近づく。この付近は隆起石灰岩を地層とする高台で、あちこちに名水が湧き、泡盛の産地になっている。交差点を左折し首里高校専用の石嶺球場を越してしばらくすると、指定された赤提灯《あかちようちん》の店が見えた。

暖簾《のれん》をくぐると「おお、こっちこっち」。初対面なのにまるで旧友に会ったかのような歓迎ぶり。赤ら顔の男たちが待ち構えたように出迎える。

「何飲む？」

「え〜、では同じのお願いします」

答える前に、すでに泡盛〝時雨〟を琉球グラスに注がれていた。そして乾杯の音頭。

「で、どうして栽先生のことを聞きたいと思ったの？」

玉城常二《たまきじようじ》は真っ赤な顔をして、こちらの顔をじっと覗き込んだ。

おそらく豊見城四期、五期生あたりが栽と一番深い関わりを持っているのかもしれない。それは監督、選手という間柄ではなく、親と子のような契りに似ているからだ。

一九七一年（昭和四十六年）、豊見城に赴任した栽はまず驚いた。

「こりゃ、すげえな」

体育の専任教師だった栽が体育の授業中に子どもたちの動きをみて、あまりの身体能力の高さに舌を巻いた。聞くと、動きのいい者はみな元野球部だという。

「こんな凄《すご》い奴らがいたら、目をつぶってても甲子園に行けるわ」

期待に胸を膨らませた。

当時野球部監督の上原善輝は糸満高校の五期先輩にあたる。上原は、七年間で小禄高校を夏の県大会決勝に三回進出させた栽の指導力を高く買っていた。

「おまえ、監督やってみろ」

栽は上原に言われるが、丁重に断っている。その頃、豊見城は練習試合で二十六連勝しており戦力的にも中学で全島優勝したバッテリーがいるなど好選手が多数集まっていた。先輩である上原がここまで育てたチームを、「はい、わかりました」と易々《やすやす》と引き受けるほど卑しくない。この二十六連勝中の四期生を栽が指導していたら、いきなり栽弘義の名を上げられたかもしれない。それほど充実した戦力が整っていた。でも栽は頑として監督を引き受けなかった。

ある日、三年生の玉城常二、金城孝夫《きんじょうたかお》（現・長崎日大監督）と二年生の仲里清《なかざときよし》（元・九州共立大監督）が体育教官室に来た。

「お願いがあります。夏の大会は栽先生が監督で、上原先生は部長として登録をしたいと考えています」

栽は、平然と頼みにくる三人に激しい怒りを覚える。

「たわけ！　おまえら、（上原）善輝先生の気持ちを考えたことがあるのか！　いくら善輝先生に頼まれたからといって『僕たちは善輝先生を監督として夏の大会を戦いたいんです』と言うのが野球人であり、義理人情じゃないのか！」

有無も言わせず頭ごなしに怒鳴られ、その迫力に三人はたじろぐしかなかった。

この四期生、五期生はそれぞれ高校三年、二年のときに栽が赴任してきたため、三年間みっちり教えられたわけではない。それでも栽のことになると、目の色を変えて話し出すのが四、五期生だ。年も十歳くらいしか離れておらず、兄貴のような感覚で接していた。

取材をしていくうちに、この豊見城四期生、五期生の栽に対する評価が他の世代と違っていることに気付いた。野球のことは誰よりも崇拝しているが私生活についてはボロクソに言う。しかし栽を愛してやまない気持ちは世代の中で一、二を争う。

「オヤジ、オヤジ」と慕い、年が近いせいか栽が不埒《ふらち》なことをすれば面と向かって意見し、返り討ちにあってボコボコに殴られる。それでも「オヤジ、オヤジ」と慕う。任《にん》侠《きょう》の世界ではないが、一度親と認めた以上、どんなことがあっても自分たちが盾になって守る覚悟を持っている。

この四、五期生は高校時代よりも卒業してからのほうが栽との結びつきが強い。中でも四期生の玉城常二、金城孝夫、識名研二《しきなけんじ》、五期生の仲里清の四人は栽と三十年以上深く関わっている。

少し星野仙一（元・楽天監督）を思い起こさせるような風貌、オーバーリアクションで話す大柄で陽気な四期生の玉城常二。

「高校よりも卒業してからのほうが栽先生とはいろいろなことがあった。大学卒業して、岐阜の美濃加茂《みのかも》高校に赴任して、どうしたら野球部を強くすることができるのかを相談しに行ったら『まず寮を作れ！』って言うんだ。それで寮を作る手はずを整えて設計図を見せると『風呂場を三倍の大きさにしろ。百名くらい入れる広さにしろ』と言うので『何でですか？』と聞いた。『一年から三年までみんなで風呂場に入れるんだ』って。そしたら強くなったのよ。監督の俺も一緒になって一年から三年までみんな入らせた。半分くらいはタオルで隠すから、『みんなタオルを取れ。そして隣近所を見ろ！』と。大きいのやら小さいのやらいろいろいて、先輩、後輩関係なく笑ったりするの。裸の付き合いね。野球の技術には直接関係ないかもしれないけど、こうやって肌と肌でスキンシップすると、グラウンドでは強固な先輩後輩の関係があるけど、風呂場では先輩後輩同士が笑ったりする。それがよかったんだと思う」

豪快に目を細めて高らかに笑う姿を見てこっちまで楽しい気分になってくる。玉城は栽の勧めで中京大に入り、練習初日「沖縄県の豊見城高校出身です」と自己紹介すると、野球部の先輩から「は!? どこ? おまえ明日から来るな」と言われ悔しい思いをした。まだその頃豊見城は全国的には無名中の無名。このとき勝負は勝たなければダメだと思った。卒業後、玉城は美濃加茂高校の監督になり、一九八〇年の夏の甲子園に出場している。栽の教え子で初めての甲子園監督でもある。

その後玉城が沖縄に戻ると、栽はひっきりなしに飲みに誘った。小禄では自身も若かったこともあり、教え子とは卒業後あまり良好な関係を保っていなかった。だが豊見城へ来て初めて指導者と選手の信頼関係を築けたことが嬉《うれ》しく、その第一号の教え子が玉城ということでことさら可愛がった。

「酒グセが悪いということではない。あまりに有名になってしまったため周りからのやっかみ。確かに評判悪かったけど、誰かとケンカしたことはない。神里原《かんざとばる》の小さい店に行くと、『おい、女たらしが来たぞ!』と酔っぱらいの客が言うさ。客も栽先生が手を出せないのを知ってて言うわけ。『おまえたち、汚いぞ。栽先生が何もできないこと知ってって。このヤロー』と俺が殴りかかろうとすると、『おい、やめろ!』と栽先生が止める。『栽の子分が手を出してきたぞー』と客がまた煽《あお》る。悔しかったね〜。とにかく栽先生とはよくケンカしたな〜。大学二年のとき大ゲンカした。先生の家に行っててたま一対一になったとき酔っぱらって『先生、こんなに評判悪かったらダメですよ!』って言うと、『おまえな、子どもが夫婦間の問題に口出しするな!』って怒鳴ったわけ。

俺も負けじと『二十歳なので子どもじゃないです』ってね。栽先生に唯一文句言えたのは俺だけ。五十を過ぎて今にして栽先生の気持ちがわかるな～」

男子たる者、飲む・打つ・買うは三大特権。栽は〝打つ〟は野球だけに留《とど》めたが、〝飲む〟〝買う〟は無鉄砲だった。

栽の女好きは有名だった。夜の酒場へ行って手当たり次第くどくというのではない。女性のほうから寄って来るのだ。サービス精神旺盛の栽は得意の話術を使って笑わせる。その姿がいかにも仲睦《なかむつ》まじいように見え、島の中では簡単に噂がひろまる。

「栽先生のことは好き。でも半分嫌い。夜中の二時に電話がきて『出て来い！』って言われて好きになるか？　がっはははは」

玉城は栽の破天荒な部分で迷惑を被ったかもしれないが、それでも栽のことを全部ひっくるめて好きで好きでたまらないのである。

負け犬根性

沖縄は内地から切り離された場所であり日本であって日本でない、かつてはこう思っている人がたくさんいた。沖縄人にとって、一九七二年に返還され今年（二〇一六年現在）で四十四年経とうとするが、今でも消し去ることができないものがある。日本から切り離されたからといって、卑屈になる必要はない。そう思っても沖縄は自然以外に内地に勝てる要素が思いつかない、そんな負け犬根性が戦後ずっと染み付いていた。そこに唯一の光を与えてくれたのが、高校野球だった。

一九五八年に首里高校が初出場するが、一県一校という記念大会のため招待されたようなもの。一九六八年に興南高校がベスト4に入り興南旋風を巻き起こすが、準決勝の負け方がいただけない。大阪代表の興国に0対14の惨敗でベスト4がフロック的な意味合いになる。この大会で興国は優勝するのだが、大都市圏の高校には歯が立たないことが実証された試合でもある。

「やっぱり、ダメか～」「勝てるわけないよな」

日本中が判官贔屓《はんがんびいき》で興南を応援していても、沖縄人はどこか冷めていた。

そこに初めて希望の灯火をつけたのが、豊見城高校である。

栽が豊見城に赴任した四、五期生の頃は、練習試合では連戦連勝で大会では圧倒的な優勝候補にあがるのだが、公式戦に入るとベスト8あたりでコロッと負けてしまうことが続いた。選手たちがまだまだ勝利に対して貪欲になれない時期でもあった。

豊見城就任三年目に、やっと蕾《つぼみ》が開くときがくる。一九七三年沖縄県春季大会で首里に2対1で勝ち、県内で初めての優勝を飾った。三年生が六期生にあたり、栽が豊見城に赴任したときに入学したということもあって、豊見城で初めて三年間指導した世代でもある。ピッチャーの国仲 靖《くになかやすし》は県下でも有数の本格派。平均身長は一六三センチ。一七〇センチを超える者はたった三人しかいない小粒のチームであった。ちなみに国仲の娘は、女優の国仲涼子である。

この豊見城六期生は、のちに豊見城快進撃となる重要な節目の世代でもある。小禄時代では七年間で県外の高校との試合は一回しかできなかったのが、この六期生は内地の高校と数試合対戦しているのだ。一九七二年十二月二十六日から二十八日の第一回沖縄県招待試合で鹿児島照国高校（現・鹿児島城西）と対戦し2対1で勝ったのをかわきりに、翌年春に兵庫遠征で三試合戦っている。どれだけ県内の強豪校と戦っても所詮井の中の蛙《かわず》。内地の高校と戦う機会がないために、自分たちの実力もわからずして甲子園のイメージができるはずがない。栽は晩年、この春季大会の優勝がなかったら監督業をここまで続けられなかったと言っていたほど、悲願の優勝であった。この六期生が新チームになった頃は部員が十九名しかおらず、サウスポーの国仲までもがキャッチャーをやらされるなど、練習するにも一苦労だった。

「男と男の戦いだから、意気に感じろ」と口酸っぱく言っていた栽はラフプレーまがいのことを選手たちに教えた。ファーストにはランナーが出て牽制《けんせい》でタッチするときには顔を引っぱたくよう指示したり、ピッチャーには内野ゴロを打たれたとき一塁カバーにいくふりをしてわざと一塁ラインをまたいでバッターランナーのスピードを緩めるなど、ギリギリのトリックプレーを教え込んだ。サッカーでいう〝マリーシア〟だ。反則すれすれのプレーをすることで、どんなことをしても勝利をもぎとる姿勢を栽は選手たちに伝えたかった。

春季大会を優勝し、夏の甲子園を期待された豊見城だったが、この夏の県大会はベスト４止まり。まだまだ甲子園への道のりは遠かった。

変態球児

豊見城高校に赴任して五年目、身震いするほどの感触を得る。

「こいつらだ！」那覇地区の有力選手たちがこぞって入学してきた。栽のノートには各中学校の有力選手の名前が記されており、そのうちの三分の二が赤丸で囲まれている。豊見城高校に合格した者である。

合格発表があったその日に、片っ端から電話をかけ、

「野球部の栽だけど、明日から練習に来なさい」

余計なことは言わず、ただ端的に用件だけを言う。ここから本格的な豊見城栽野球が始まる。

合格発表の翌日からまだ入学前のニキビ面の中坊たちが高校の練習に参加する。

「フリーバッティングのときにいきなり四月から入学する新一年生に打たせるんです。こっちは三年なんで、なんだこいつら!? とナメていたらバカスカ打つんですよ。凄いと思いましたね」

六期生の国仲がまたも目をまん丸くして話す。

沖縄の子どもらしからぬ体格に面構えであった。身長は一七〇センチ前後だがガッシリした胸板にどの面をみても一癖も二癖もありそうなヤンチャもんばかり。

「いい面してるな」

栽のアンテナは大きく揺れ動いた。内地と対等に戦うためには、最初から備わっている好素材を新たな気質に変えていくしかない。見た瞬間、勝負できると感じた。体格や素質もさることながらこの八期生が上の世代と根本的に異なる点は、すでに中学の頃から内地へ行って試合をしていることだった。彼らは中学野球を引退するとオール那覇というチームに所属して硬球を使って練習をし、東京、大阪遠征に行っている。上の世代は高校生になって初めて内地の野球に触れる者ばかりで、内地という言葉に過常反応する内地コンプレックスを身体に内包していた。だが八期生は〝内地〟と聞いても気後れしない図太さがあった。

栽は開口一番に言う。

「九州で戦えるチーム作りをする」

もちろん甲子園で勝つことが目標だが、いきなり〝甲子園〟と現実離れした言葉を出しても選手たちはピンとこない。まずは一歩ずつ一歩ずつ地均《じなら》しをしていく。

「野球は非絶対なんだ。正しいということが間違っていて、間違っているということが正しいときがある。だから野球は面白いんだ」

ある雑誌に載っていた栽の言葉である。栽弘義三十四歳の頃の野球観である。

亜熱帯気候の沖縄では内地とはまったく違う生活スタイルがあった。しのぎやすいときだけ働き、日差しが強くなれば休息し、食べていけるぶんの物さえ手に入ればよし。それ以上は望まない。自然に逆らわず生きてきたのだ。この土着性のスタイルが、沖縄人の県民性といってよい。絶対は太陽であり、その太陽の下で暮らす沖縄の人々。ここに栽の野球観とは大きな隔たりができる。県民性が邪魔をするのだ。そのためにも徹底したスパルタで殴って、殴って、殴って、張り倒した。暴力で、身体に染み込んでいる県民性を吐き出させてしまおうとした。内地の野球に追いつくには、沖縄の歴史とともにある県民性を子どもたちの身体から出してしまわなければならなかった。

一九七〇年代の高校野球は今のスマートな野球とはほど遠く、荒っぽさを前面に出した野武士野球だった。試合前の整列では審判に注意されるほど平気で両者ガンを飛ばし合う。ベンチからのヤジも聞くに堪えないもの。スパイクの歯を立てる殺人スライディングは日常茶飯事。やられたらやりかえす。そのくらいの意気込みがないと戦えないほどグラウンド内は殺気立っていた。
「セカンドベースに向かってスライディングをするのはアンポンタンがすること。ゲッツーを防ぐのなら相手に向かうか、投げてくるところの正面に向かっていく。守備側からみれば相手が自分めがけて突進してきたらそうそう投げられない。ビビったら負けだ」

栽は怒りを込めた目つきで選手たちを激しく叱咤《しった》する。走塁に関しては一九六〇年代、南海にいた元メジャーのドン・ブレイザーの走塁が日本のプロ野球界に衝撃を与えたのと同じように、栽もメジャーリーグばりの技術を叩き込む。走攻守の中で激突もありうる走塁を鍛えることで、激しい一面を見せられるからだ。子どもたちの中に潜む沖縄人特有の優しさを瓦解させるために栽は過酷な練習を繰り返しては殴り続けた。

試合中、消極的なプレーを見せれば、「あのバカヤロー、親が悪い」。ベンチで栽は意味不明なことをがなり立てる。

バント練習は投げてくるボールの真正面に立たせてバントさせる。バントが失敗すれば当然身体に当たる。それをクリアしたら今度はバットをボールが来る方向に拳銃を向けるように合わせ、ヘッドの先の小さい丸い部分に当てる練習。変形した練習用のボールのためストレートを投げても微妙に変化し簡単にバントできない。集中してやらないと身体に当たるのは必至。選手たちの身体はアザだらけになった。もうシゴキというより拷問である。

守備練習もポロポロ弾《はじ》く者に対し「グラブを取れ！」と叫び、素手で守らせる。三メートルの至近距離からライナー性のノック、だんだんと近づき二メートル付近になるとバットではなく今度は素手でボールを投げる。素手だからといって手加減するのではなく思い切り投げる。それもノールックでやるから顔にも平気で当たる。

「二、三メートルの至近距離でも平気で顔にめがけてライナーで打ってきましたからね。素手でやるときは絶対にゴロを打ちませんでした。指を突いてしまいますから。だから顔付近に打ったのかな」

八期生のショートストップの當間満はしみじみと語る。

「目でボールを追うんじゃなくて手首を見るんだ!!」

栽は大声で叫びながら左右にボールを投げる。この練習はボールに対する反射神経を養うという意味もあるが、手首に集中することでボールの行方を察知するという練習にもなり、それがバッティングにも繋がっていく。あたりが暗くなったら、かつて立教大学の砂押邦信《すなおしくにのぶ》監督が長嶋茂雄にしたようにボールに石灰をまぶしてノックする。だが、ノックするたびに石灰が飛び散るだけで肝心のボールがまったく見えない。さすがにこの練習は数日で止めた。毎日、試行錯誤の連続だった。

栽の鉄拳に耐えながらも練習の合間に黙々と手製のウエイト器具でトレーニングをす

る選手たち。なにくそと思う気持ちは反動のエネルギーとなり、やがては鋼《はがね》のような筋肉と強靭《きょうじん》な精神力を手に入れる。

栽はきつい練習を課すだけでなく、いかに合理的に練習ができるかを四六時中考えていた。

一番頭を悩ましていたのは突然の雨でグラウンドが使えなくなること。一年中温暖な気候の沖縄ではあるが、ときおり局地的にスコールが降ったりする。移住して感じたことは、一日中カラッと晴天の日が意外に少ないということである。内地のように一日中シトシト雨が降ることも少ないが、晴天だと思ったらいきなりジャングルのスコールのような大雨が降り、また晴れ間が出るといったように天候がコロコロと変わりやすい。

そこで発案したのが紙ボール。丸めた新聞紙をガムテープで固定してボールに見立てティーバッティングに使う。これなら体育館でもどこでもできる。当時にすれば画期的なアイデアだった。また、知り合いの大工に頼んでピッチングマシーンを作ってもらったりと、創意工夫をする人でもあった。栽のアイデアの元は月に五十冊以上読む書物からであり、常に最新の情報を得ていた。当時、どの高校もトレーニングの一環としてウサギ跳びは必須だったが、栽は絶対にやらせなかった。ウサギ跳びは足首、膝、股関節に負担がかかるということを医学トレーニング系の本から学び、代わりに足腰を深く曲げた状態から高く前方に飛び上がり各関節を伸ばすカエル跳び（豊見城での通称〝はね跳び〟をやらせる。トレーニングに関しては選手の能力、体力を加味しながらどう飛躍的に鍛え上げるかを常に研究していた。

小禄、豊見城の七期生までは独裁者栽の言うがままに練習をやっていたが、八期生は違った。自分たちで考えながら野球をやった。〝総意〟が〝創意〟となったのだ。例えば、あまりにも見逃しが多かったため選手同士で「ストライク」「ボール」を口に出して言う取り決めをする。コールする前に選手たちが「ボール」と言うものだから審判から何度も注意を受けた。

冬場になると選手たちはアルバイトに精を出す。当時、野球部の年間の予算は十七万円。これでは用具を新調することもできない。部費を稼ぐために冬場は選手全員でせっせとサトウキビの収穫などのアルバイトをする。バイト班、練習班、筋トレ班と三つのグループに分けてローテーションさせる。レギュラーも補欠も関係なくアルバイトをする。豊見城高校には二千坪の借地の畑があったため、選手たち全員でサトウキビを作って収穫し、市場に卸して金に換えた。他の農家のサトウキビ畑の収穫も手伝った。

建設会社、配送・引っ越し、ビルの窓ふき、電線の配線工事、ビラ配りとありとあらゆるバイトをして活動資金を貯めた。サトウキビの収穫のときだけは柔道着を着衣し絶対に利き腕で担がないように細心の注意を払った。指定された農家のサトウキビの収穫が終わっても近所のおばあたちが「こっちも手伝ってくんね」と言ってくるため、選手たちは夜遅くまで重労働であるサトウキビの収穫を手伝った。貧しさからのアルバイトだったが、選手たちは社会の荒波を経験したおかげで逞しさと頑健さを身に付けていった。一九七四年夏の県大会初戦、指導者としてあり得ないようなことをする。もしバレていたら前代未聞の大問題になっていたはずだ。なんと、公式戦で選手に酒を飲ませたのだ。あまりの緊張でガチガチのショートの高良栄（七期生）を見て栽は、「おまえ、これ飲め」とベンチ裏でボトルを渡す。

「栽先生からあがり性と思われていたので、ボトルを渡されたんです。あれは多分、ポートワインだったかな。アルコールという感覚じゃなくて養命酒という意味合いで飲んでました」

高良はちょっと気恥ずかしそうに言う。

二回戦以降も高良はポートワインのボトルを渡されたが自重して飲まないでいると、後輩の八期生たちが、「先輩、飲んでください。飲んだら大丈夫ですから」とけしかけ、八期生たちも嬉しそうに飲んでいた。指揮官が破天荒であれば、選手もかなりの破天荒ぶりだった。

一九七四年秋季沖縄県大会で優勝し、九州大会に出場した豊見城。この大会でベスト4に入れば悲願の甲子園出場が見えてくる。栽はかなりの手応えを感じ乗り込んでいく。九州大会は過去一度だけ行っているが、選手たちは九州の高校の練習を見るだけで「デージ（とても）すげえ〜」と驚嘆し、自分たちの実力を秤《はかり》にかけ試さずにすぐ諦めてしまう。だが、この八期生は九州の各代表校の練習を見てもどこ吹く風か、むしろたいしたことはないな、と見下ろしている。

「おまえら楽勝だと思っているだろ。そんなこと絶対に口に出すなよ！」

栽は不遜なまでの態度の選手たちを見て活を入れるが、実際は頼もしく思えた。自信に満ちた勢いは留まるところをしらない。

一回戦は不戦勝で次勝てばベスト4進出、甲子園が射程圏内に入る。都城との対戦では、序盤、浜川・仲里のホームランが出るなど豊見城打線が爆発。4対2で勝利を収める。栽にとって九州大会初勝利であった。準決勝の相手は門司工業（福岡）、ピッチャー赤嶺賢勇《あかみねけんゆう》の投球が冴《さ》え渡り、1対1の緊迫した投手戦のまま延長十一回、遂《つい》に赤嶺が力つき、スクイズを決められ1対2のサヨナラ負け。結局、門司工業が優勝し、準決勝で接戦を演じた豊見城が九州地区三つ目の春の選抜甲子園への切符を手にする。

栽弘義、監督生活十二年目にして初めての甲子園出場を果たす。

豊見城旋風！

沖縄県民の大きな期待を受け豊見城高校は意気揚々と甲子園に乗り込んだ。大阪在住の沖縄県人会も総出で出迎え、宿舎である「中寿美花壇《なかすみ》」のスタッフも優しく接し、選手たちも次第にテンションが上がる。臨戦態勢は整った。だが思いも寄らぬところで屈辱を浴びせられる。

抽選会場でのことだ。まず豊見城のキャプテン浜川太が四番の抽選カードを引き、初日の第二試合に決定。すると、「おおー」と後方の集団が大きく沸き、手を叩き出す。優勝候補筆頭の習志野《ならしの》高校（千葉）の選手たちだ。沖縄県のチームと当たることが決まり、習志野高校は大喜びしているのだ。〝やった！〟と聞こえるかのような拍手。

この光景を目にした豊見城ナインはとっさの出来事で意味がわからなかったが、すぐに理解できた。〝なめられてるな〟と。一方、栽は優勝候補との対戦に落胆するどころかむしろしてやったりと思った。優勝候補を初戦に叩けば一気に勢いに乗れる。センバツまでの調整は、沖縄の温暖な気候が手伝い他県の代表チームよりもうまく仕上がっている。問題は、大阪に来てからの選手のコンディションだ。

沖縄の冬の平均気温は二十度であり、内地だと十月頃の秋口の気温である。三月二十八日から始まる選抜高等学校野球大会。一週間前に大阪に乗り込んできた豊見城ナインは、生まれて初めての体験をする。雪を見たのだ。最初ちらついた雪を見て、近所でたき火をしている灰が舞って落ちてきたと勘違いし、さらにランニング途中の道端で残り雪が積もって固まっているのを見て、どこかの店が氷を捨てているのだと思ったという。

今までセンバツにきた沖縄県代表は必ずといっていいほど、敗退理由をコンディションの調整不足のせいにした。〝寒さ〟にやられたと。

栽は、沖縄県代表が惨敗する言い訳として内地の寒さのせいにすることが許せなかった。同じ条件下で戦うのに寒さもへったくれもあるか。単なる実力不足が露呈したのを〝寒さ〟といった外的要因のせいにすること自体、卑怯《ひきょう》に思えてならなかった。だからこそ、栽は甲子園出場が決まってからというもの内地の気候にどうやって慣れさせるべきか苦心した。その結果が、裸練習だ。三月上旬から選手たち全員を上半身だけ裸にさせて練習させたのだ。だが八期生の選手たちはこの裸練習について面白い反応を示す。みんな口々に「全然効果がなかった」と言う。むしろ裸になったくらいのほうがちょうどいい感じで気持ちよく練習ができたというのだ。「こんなんで大丈夫か!?」と思いながら気持ちよく練習をやっていたが、やることはすべてやったという揺るぎない自信はついた。

選手たちは大阪に着いて体験したことのない寒さを感じたが、異例とも言える毎日五時間以上の練習をしたことで徐々に気候に順応していく。沖縄では五時間も練習をすれば汗ばみ体力を消耗するものだが、大阪では最初は肌寒く感じていたが、汗をかくとちょうどよい気温に思えるようになった。

選抜出場校の中でも豊見城は注目度が高かった。沖縄県代表がどうのこうのというより、ひとりの少年のことで突如スポットライトを浴びたのだ。

亀谷（現・伊波）興勝。十九歳の現役高校生監督である。彼こそがある意味、全国に豊見城ありと知らしめたひとりだった。高校野球の規定により満十八歳までしか選手として登録できない。家庭の事情により小学校のときに二年遅れて入学したため、十九歳になる高校二年の九月三日以降は高校野球ではプレーすることが不可能になる。

高校二年の新チーム結成時に亀谷は栽に呼ばれる。

「十八歳までしか選手として登録できない規定になっている。来月の誕生日で十九歳になるおまえは出られない。どうだ、監督やらないか」

栽はなんとかして亀谷をベンチに入れたいと考え、彼を監督にすることを思いついたのだ。高校二年の秋季大会から亀谷が監督として指揮をとることになった。とはいっても実際の指揮官は栽であり、亀谷はただサインを出すというものであった。

選抜甲子園の開幕が近づくにつれ、この十九歳高校生監督が話題となり、各メディアにひっぱりだこになった。巷《ちまた》では、話題作りのために高校生に監督をやらせたんじゃないかと揶揄する声もあったが、初出場の豊見城にとって注目されることは悪いことではない。視線が集まることで畏縮するのでなく逆に力を発揮することがある。この機会を大いに利用しない手はないと栽は思っていた。

当時の出場校の大半がニットのユニフォームだったが、豊見城のみが麻のユニフォー

1975年、センバツに初出場した豊見城高。規定により登録できない19歳の現役高校生を栽は監督とした

ムであり、開会式のときに「おい、見ろよ、あのユニフォーム」と高知高校に笑われるほど、まだまだ沖縄はみすぼらしいイメージだった。

とにかく対戦相手が習志野に決まった以上、まずはデータ集めだ。携帯やインターネットなどの情報ツールがまったくない時代、偵察したくても習志野の練習会場さえもわからない。当時のマネージャー須貝（現・平良）清江が「小川の妹ですが、今日の練習はどこでやるのでしょうか」と習志野高校の宿舎に身内のふりをして電話をして情報を聞き出したり、新聞記者が集まっているところで聞き耳をたてたりする。小学生でも考えられるような古典的な情報収集しかできなかった。これが内地の強豪校や伝統校であればOBが協力態勢をとり情報を入手するのだが、豊見城は創立九年目の新設校。OB組織も弱く、ましてや内地の野球関係者にほとんど知り合いがいない。このとき栽は三男匡《きょう》の髄膜炎の手術のため、一時沖縄へ戻ることになった。データもなく指揮官不在のまま、豊見城は調整せねばならない。そんなときに、意外な人物が協力してくれたのだ。

比屋根吉信《ひやねよしのぶ》。興南高校の元監督であり、一九八〇年代前半、興南、沖縄水産の二強時代に栽と雌雄を決し、後に犬猿の仲と噂されたあの比屋根である。当時はまだ興南の監督ではなく報徳学園OBとして、練習グラウンドの手配や習志野高校を徹底的に視察し小川攻略のデータを集めてくれたのだ。

「栽先生は私にピッチャーのことはすべてまかせてくれた。赤嶺は頭の突っ込みが早いからフォームを直し、二段モーションにさせました。外角低めに球を集めればそうは打たれることはないとアドバイスしました」

比屋根は懐かしそうに語る。何の利権もなくただ沖縄のためにと皆が一丸になっていた時代だった。

習志野の身長一八三センチ、七六キロの堂々とした体格を誇る本格派右腕の小川淳《じゅん》司《じ》（元・ヤクルト監督）に対しては、ストレートが高めに浮くためカーブばかり練習しているというデータから前日練習では約二時間半小川攻略に没頭した。

選抜甲子園開会式当日のゲームというのは独特のムードの中、なかなかやりにくいものである。栽は、雰囲気に呑まれないようにと選手たちを鼓舞し続けた。

初日第二試合、午後一時四十九分プレーボール。

先発、赤嶺賢勇はストレートとカーブのコンビネーションで三者凡退に抑え絶好のスタート。

一回裏、豊見城の攻撃、先頭打者のショート當《とう》間《ま》満《みつる》。通常は五番だがトップバッターの仲田が風邪を引いたため急遽《きゅうきょ》一番に抜擢《ばってき》。小川の大きなモーションから初球、置きにいったストレート。

「小川の速球を想定して練習していたのに、初球にナメたボールがくるんです。もし初球を打っていたら引っ掛けたか、空振りです。二球目にも同じようなボールがきたので溜《た》めこんで『なめるなー』で打ちましたよ」

シャープに振り切った打球は左中間を深々と破る二塁打。鋭い打球が左中間最深部のフェンス近くまで行く。この会心の当たりこそが豊見城旋風の幕開けを示すものであった。いきなり得点チャンスを迎えたが、ピックオフプレーにまんまと引っかかって牽制アウト。當間は思い切りリードをとったわけでなく三塁方向に体重移動しただけだったが、戻ることができなかった。普段、沖縄の硬い赤土しか経験がないため帰塁の際、甲子園の柔らかい黒土にグサっと足をとられてしまったのだ。この場面を見て栽は走塁の練習もきちんとさせればよかったと後悔する。だがベンチのムードは明るい。選手たちの誰もが當間の打席を見てイケると確信したのだった。

三回、九番・仲里忠弘の二塁打の後、小川の暴投で生還、待望の先取点を挙げる。そして四回、一六六センチの小兵の平良益男が値千金の左翼ラッキーゾーンへのホームラン。平良はテキサスヒットの名人と言われ、ホームランを打ったことはなかった。沖縄県勢にとってセンバツでは初めての記念すべきホームラン第一号。実は、この四回ノーアウト一塁の場面で送りバントのサインが出ていたのだが牽制アウトになったため、1ボール1ストライクからストレートを思い切り打ってのホームラン。長打を期待していない選手のまさかのホームランで豊見城ベンチ内はカチャーシーを踊ったりのヤンヤヤンヤのお祭り騒ぎ。平良も二塁ベース上を回ったときに被っていたヘルメットを片手に掲げて喜びを爆発させる。ダイヤモンドを一周しベンチに還《かえ》ってきた平良を栽はベンチ裏に呼びつけた。

「益男、これでおまえ一生悪いことできないな！」

栽は喜びを表さず、じっと平良益男の目を見て言った。

「ベンチでは大騒ぎをして大興奮の中、三十四歳の若さであの言葉を言えるなんて、真の教育者だと今でも思う」

平良は感慨深く語り、栽から一生忘れられない言葉を貰った。

五回にも豊見城は1点追加。対して赤嶺はキレのあるストレートに小さく鋭いカーブとシュートをおりまぜながら、習志野打線を沈黙させる。結局、三、四番からはすべて空振りの5三振を奪う力投で強豪習志野に3対0、2安打シャットアウト。センバツで沖縄勢が完封勝ちするのは史上初めてのことであった。この試合は、沖縄県代表にとって初ものづくしとなる。

「試合前の甲陽グラウンドの練習で習志野と一緒になったとき、ウチが半分くらい仕上がっていたところ習志野さんはまだのんびりと腰かけていました。フリーバッティングのときも緩い球ばかり打っていましたので、赤嶺の調子からしてイケると思いました」

試合後、栽は記者団にこう話している。勝つべくして勝った試合といえるほど、会心の出来であった。

余談であるが、習志野はこの敗戦が尾を引き練習に身が入らない三年生全員を監督が一度退部させている。一種のショック療法である。そしてもう一度一から鍛え上げ、この年の夏に全国制覇を成し遂げるのである。

喜びを爆発させている選手たちに向かって栽はきつく注意を促す。

「おまえら勝ったからといって帰りの電車の中で絶対に笑うな。誰が見ているかわからない。負けたチームのこともあるのだから」

勝ったことで浮かれ気分になるんじゃない、沖縄のチームというだけで耳目を集める。ましてや優勝候補の習志野に勝ったのだから、なおさら注目度はあがる。些細なことで揚げ足をとられてこの勢いを壊したくない。沖縄のチームだからこそ慎重なまでに行動しなければならない。白い歯を出して笑顔で野球をやることが許されない時代でもあった。

この歴史的勝利を関西在住の沖縄県人会が黙っているわけがない。試合後、沖縄県人会を通して沖縄物産展をやっているスーパーから「ぜひ豊見城のメンバーに来て頂きたい」という依頼を受ける。世話になっている沖縄県人会の頼みを断れず、メンバー全員で沖縄物産展が催されているスーパーへ出向いた。拍手喝采のお出迎えで豊見城フィーバー炸裂《さくれつ》かと思いきや、ここは沖縄ではなく大阪だ。拍手も何もなく、ただおばちゃんたちが前を通り過ぎていくだけだった。豊見城のメンバーたちは「俺たち何しに来とるんやろ？」と摩訶不思議《まかふしぎ》な感覚に陥りながら「いらっしゃいませ〜」と慣れない言葉を発して頭を下げていた。もはや戦後の匂いも薄れかけた昭和五十年。経済大国へと地固めをする日本の中で一見取り残された感のある沖縄。後に、古き良き日本の原風景を残している沖縄こそ日本が失っていった大切なものがあると言われ、癒しの島と呼ばれるようになるのはまだまだ先のことだった。

習志野に勝った夜に数人の老人が宿舎に訪ねてきた。

「気後れせずに戦ってくれてありがとう……」

兵庫の尼崎《あまがさき》地区に住む沖縄出身の老人たちは言葉に詰まりながらも両手で選手たちと握手をする。次第に嗚咽《おえつ》が漏れ、最後は泣き崩れてしまった。戦後、沖縄人は関西を中心に出稼ぎ労働者として移住したが、労働者を募る張り紙やアパートの入居者募集の張り紙には「沖縄人はお断り」と書き添えられていた。そんな差別や迫害にあった人たちが嗚咽を漏らしながら涙を流している。

戦争を知らない、差別も受けたことのない選手たちは、親から聞いたり歴史の教科書で学んだりと、沖縄が受けた悲惨の実情はある程度知っていた。だが老人たちの涙を見て、沖縄戦の痛みがいまだ沖縄人を苦しめていることを肌で実感したのであった。

勢いに乗った豊見城の続く二回戦の相手は、日大山形。

気温七・四度に冷え込むなかゲームが始まった。赤嶺は肩を温めるためにプレーボール一時間前からブルペンで120球の全力投球を続ける。その疲労が出たのか中盤で2点失うも、序盤に豊見城打線が爆発し4点先取しており、結局4対2で沖縄初のベスト8入り。人口一万三千人（当時）の豊見城村では、この日気温二十五・六度の強い日差しの中、県花のデイゴが豊見城の勝利を祝うかのように真っ赤に咲き乱れていた。

悲劇の東海大相模戦

結末はなぜこうも無情なのか。

野球の神様がいるとしたら、沖縄だからドラマティックにするのか。単なる気まぐれやイタズラだったら、沖縄県民は黙っちゃいないだろう。

やっとここまできたのに……。

試合終了のサイレンが鳴り、マンモススタンドの歓声が悲鳴と嗚咽に変わった。

準々決勝第一試合、豊見城対東海大相模《さがみ》。これほど好対照なチーム対決は見たことがなかった。沖縄から来たチンチクリンな野武士集団対都会で洗練されたスマートなチーム。どこの馬の骨かわからないシーサーに似た沖縄顔の無名監督栽弘義、一方は一九六五年、三池《みいけ》工業（福岡）を率いて夏の甲子園で優勝、一九七〇年には東海大相模で優勝するなど高校野球界きっての名将原貢《はらみつぐ》（故人）。栄養失調のような華奢《きゃしゃ》な身体に麻のよれよれのユニフォームに対し、ガッチリした筋骨隆々の身体に最新鋭のメッシュのユニフォーム。移動は、初めての電車で乗り間違えてばかりでときどき遅刻する田舎者に対し、大型貸し切りバスもしくはタクシーで華麗に定刻通り登場する都会人。すべてにおいて対極にある。

当日は試合開始時刻の八時に合わせ、起床時間を午前四時に設定していた。人間は起床して三〜四時間後に脳が活発に動くと言われているからだ。だが沖縄は夜型の生活リズムのため、朝早く起きて何かをする習慣がない。甲子園に入ってからは、早く起きる習慣をつけるため毎朝五時起床を徹底するが、選手たちはなかなか起きられなかった。

この日も宿舎を出発したのが五時過ぎ。練習会場の甲陽高校のグラウンドには六時過ぎに到着した。東海大相模はすでにウォーミングアップも終わり、グラウンド一面を使ってフリーバッティングをガンガンやっていた。

「遅れて申し訳ありません。グラウンド半分使わせてもらってもよろしいでしょうか」

栽は気後れすることなく原貢監督に言う。

「ちょっと待っててください」

原貢監督はグラウンドに散らばっていた選手たちに声をかけ、半分を空けさせる。原貢はこの時点で勝負あったと思った。八時開始なのに十分な準備もできずにゲームに臨むこと自体、戦いを放棄しているのと一緒。所詮は沖縄の田舎チームだな。原貢は腹の中でほくそ笑んでいた。だが次の光景を見た瞬間、驚きの顔に変わる。

豊見城ナインがいきなりフリーバッティングを始め、ガンガンと柵越えを連発している。

「おい、すでにアップはできているのか!?」

原貢は即座に巌流島の宮本武蔵と佐々木小次郎を思い出した。ほんの少しでも慢心を持ったほうが負けだ。原貢はすぐに選手たちを呼び、

「沖縄のチームだからといって、絶対侮るな！　あのバッティングを見てみろ。少しでも気を緩めたほうが負けだからな」

選手たちに活を入れると同時に自分にも活を入れた。

豊見城は甲陽高校のグラウンドに来るまでの道のりの間にウォーミングアップを行っていた。宿舎から駅までの道のりをランニングとダッシュを繰り返し、電車の中では吊り革を駆使した筋トレで時間の許す限りアップに努めた。

沖縄県民が伝説のように語り継ぐ豊見城対東海大相模の試合をどうしても見たく、私は野球関係者に無理を言ってＤＶＤを借りて観てみた。

画像を観てすぐに気付いたことがあった。バッターボックスでの構えが、みんな腰を落としホームにかぶさっている。これで内角球がさばけるのかなと思ったが、綺麗に打

ち返している。投げられるボールに対し、真正面気味に顔を置くせいか球がよく見えている感じがする。一九七〇年代はこのフォームが主流だった。

ピッチャーの赤嶺賢勇は、外角いっぱいに決まるストレートと肩口から鋭く曲がるカーブで七回まで無四球、2安打、10三振を奪う好投。東海大相模は手も足も出なかった。七回に豊見城は虎の子の1点を取り、そして九回裏、1点ビハインドで東海大相模の攻撃。

二番・森がファーストゴロ、三番・原辰徳《たつのり》（元・巨人監督）が三振に倒れ、これで2アウト。〝野球は2アウトから〟といった常套句《じょうとうく》がよく使われるが、このときばかりは誰の目からみても豊見城の勝利を確信できた。勝負の見極めにおいては流れが重要視される。九回2アウトまでは確実に豊見城の勝利は揺るぎなかった。もし流れが変わるとするならば、それはフォアボールやエラーといった些細なミスから始まるもの。赤嶺の調子からして一発逆転というのは考えられない展開であった。

今なお沖縄県民の間で語り継がれる逆転サヨナラのシーン。アレヨアレヨと言う間に起こった白日夢のような出来事。時間にしてほんの五分程度である。四十一年経った今でも、当事者たちには永久に変えることができないシーンが頭の中に繰り返し流れている。

2アウトとなって豊見城ナイン誰しもが「この試合もらった」と感じる。栽も例外ではない。けっして気を緩めたわけではないが、この一瞬の隙に落とし穴が待ち受けていたのだ。

九回裏2アウトとなり、ホッとしたのか四番・津末《つすえ》（元・日本ハム）に一塁線を抜ける二塁打を打たれる。これで2アウト二塁。続く五番にセンター前に運ばれ同点。流れが変わった。六番のライト前ヒットで2アウト一、二塁。そして悪夢は起こる。七番が一塁後方にフラフラッと打ち上げた打球は、ファーストが懸命に差し出したミットからこぼれ落ち、二塁走者が一気に生還してサヨナラ逆転負け。寸前のところで球運の女神が逃げていった。沖縄県民にとって信じられない出来事だった。あと1アウトだった……高らかに優勝宣言している相手を断崖絶壁まで追い詰めたのに……、マンモススタンドは悔しさと悲しみにくれた。

沖縄人にとって高校野球の最高のゲームは、この豊見城対東海大相模だという人が圧倒的に多い。ゲームの内容うんぬんではない。何をやっても内地に勝てず、いつも虐げられてきた沖縄県民は高校野球も「どうせやっても内地の高校には勝てないだろう」とどこか冷めた目で見ていた。

それが選抜初出場の豊見城が優勝候補の習志野を撃破、そしてあの名門東海大相模をあと一歩まで追い詰めたのだ。今まで漆黒の暗闇状態だったのだが、一筋の光が差し込んだ。

「俺たちだってやれるじゃないか」

豊見城対東海大相模戦こそ沖縄人に失っていた希望を与え、自信を植え付けたのだ。

勝負事においては〝たられば〟を言ってはいけないという。でも、〝たられば〟を思うからこそ、無限の時間の中で勝者と敗者が入れ替わり、果てしない夢が広がっていく。でも所詮、夢は夢でしかない。

この逆転負けは沖縄県民に共通のトラウマを与えた。これ以降沖縄勢はベスト4をかけた試合で必ず逆転を喰らってしまう。このトラウマが払拭されるのは十三年後であった。


豊見城八期生は〝八峰会〟という名で毎月八日に模合《もあい》をやっている。模合とは、言うなれば金銭扶助の習慣の名称である。戦後、金融機関の整備が遅れ、商売を始めたり高価な物を購入したりするときにまとまったお金を用立てる術《すべ》がなかったため、お互いにお金を融通し合おうと生まれたシステムである。数人から数十人のグループで毎月一定の額を出し合い、順番に集まったお金を受け取る。模合を通して仕事探しや婚活、冠婚葬祭などの交流も行われ、沖縄にとってなくてはならない大切なネットワークである。

取材という名目で二回模合に参加させてもらったことがあり、その二回とも東海大相模戦の最終回のシーンの話で盛り上がった。

「津末に打たれたときにタイムを取ってワンクッションおけばよかった」「ホームで三度も捕殺されたのがまずい」「13安打でたった1点だもんな」……、四十一年経った今でも東海大相模戦の敗因を各自で分析する。そして最終的には「キャッチャーは最後の砦《とりで》なのに無理だと思うと諦めるからな。太の悪いクセかもしれない」キャッチャー浜川太の間に合わないと思うとブロックしない姿勢が悪いということで帰結して、豪快に笑って泡盛をガブ飲み。

酒の勢いも手伝ってか、各々のメンバーがそれぞれの見解を述べていくが、どんなに酩酊《めいてい》していても誰もサヨナラエラーの張本人であるファーストの砂川和男に対しては冗談でもなじらない。当の砂川自身もこのエラーのシーンを話しだすと少し顔が紅潮したように強張《こわば》り、口角に泡をためながら真剣に話す。ありありと後悔の念が見える顔だ。

過去、甲子園で活躍した幾多の強豪校のメンバーたちに聞いてみても、卒業後にメンバーが集まって飲んでも甲子園の話などほとんどしないという。八期生の場合も同様だが、この試合だけは別だ。以前は砂川自らが東海大相模戦の話題を振り、「俺が捕っていれば、俺が捕っていれば……」とボロボロ泣きながら酒を飲んでいた。

二〇一〇年（平成二十二年）興南高校が史上六校目の春夏連覇を達成した。夏の優勝は沖縄県勢初であり、決勝の相手は、奇《く》しくもあの東海大相模だった。

「あのファースト付近でエラーしたんだなぁ～と思って決勝戦をスタンドで見てまし

た」

砂川は四十一年もの間「あのとき俺がエラーをしなければ……」と心のどこかでずっと悔い続けていた。当時の仲間たちがどんなに「おまえのせいじゃない」と言ってくれても、けっして消すことのできない事実であり、沖縄県民が東海大相模戦の話題をするたびに砂川は申し訳なさでいっぱいだった。県民全員の希望を俺の手で打ち砕いてしまった、なぜ落としてしまったんだ、自責と後悔の念が身体中を圧迫する毎日だった。

「東海大相模にリベンジできましたよ」

砂川は興南高校の優勝を心から喜んだ。あのセンバツで大きな忘れ物をし、そのまま置いてきてしまったものを三十五年の時を経て次世代の子どもたちがきちんと片付けてくれた。

「興南が決勝で東海大相模と当たり勝ったことは、本当に嬉しかった。これは八期生みんなの思いです」

砂川は穏やかな顔をして言った。

この豊見城対東海大相模の一戦を終え、栽は沖縄の弱点を見出《みいだ》した。豊見城は一、三、七回と三度あった絶好の得点機会でことごとく捕殺になっている。栽は、これを〝沖縄感覚〟が染み付いているからだと考えた。つまり、沖縄県の高校との対戦だったら三度の好機はすべてセーフになっている。外野手の肩、連係プレーの速さ、チャージ&スピードがまだまだ内地の選手に追いついていない。さらに1点差勝負の緊迫感をどう打ち破るか。そのためには強いチームと数多く対外試合を経験するしかない。

「くそ〜、悔しくて仕方がない」

栽は吐き捨てるように言い、球場を後にした。

沖縄に帰ると熱烈な歓迎を受けた豊見城高校ナイン。

「沖縄のためによくやった」「夏の甲子園も頑張れー」「次は甲子園優勝だ」

逞しく成長した豊見城ナインに沖縄県民は自分たちの夢を重ねる。夏の甲子園優勝という夢を。過去の沖縄県代表とは比べものにならないほど、豊見城ナインの顔は自信と誇りに満ちあふれていた。

五月の招待野球では選抜ベスト4の堀越（東京）と対戦。奥武山球場は平日にもかかわらず一万七千人の観客を動員するなど、豊見城人気はすさまじかった。試合は投打とも絶好調で8対1の完勝。観客は奇声をあげての盛り上がりで豊見城ナインは球場から出られず足止めを喰らうほどのフィーバーぶりであった。

「センバツで東海大相模に勝っていたら次は堀越だったから、余裕で決勝行けてたな」

センバツで一皮も二皮も剝けた八期生たち。もはや県内では見下ろして戦えるまでになった。練習試合の申し込みが殺到し豊見城は他校へ出向く試合が増える。豊見城の野球バッグをかついで歩いていると道行く人々に「頑張れよ！」と声をかけられ、マチグワー（市場）を通るとおばあから「ちょっと飲んでいきなさい」とアイスコーヒーを御馳走《ちそう》してもらうことも度々あった。県内の高校では対等に戦えないとみて、大学や職域野球のチームと試合をしても連戦連勝。最高潮のまま、夏の県大会を迎える。

「栽先生と抽選会場に行ったとき他校の年配の監督から『あんまり練習するんじゃないよ。強くなりすぎるのも困りもんだからな』と嫌味を言われてました。栽先生はただ黙って頭を下げてましたけど。帰り道に、『おい、浜川。さっきのことは気にするな。ガンガン練習するからな』。まだ三十四歳の栽先生は組織に潰されることなく、我が道を行ったんだと思います」

キャプテン浜川は、当時栽が県立高校を強豪にしたことで周囲からいろいろなやっかみや嫉妬を言われたことを赤裸々に語ってくれた。それでも栽は周りに迎合せず、自分の信念のもと突き進んで行く。

断トツの優勝候補で死角がないと評される豊見城高校は、一回戦那覇工業10対0、二回戦小禄8対1、三回戦真和志《まわし》6対0、準々決勝前原6対1と順当に準決勝へとコマを進める。

準決勝の相手はコザ高校。過去の練習試合で一度も負けたことがない相手。だが結果は3対4で負けた。準々決勝まで完璧に抑えていたピッチャー赤嶺賢勇。準決勝に限りなぜ打たれてしまったのか。八期生によれば準々決勝の雨の中断で肩が冷え痛めてしまったのではないかと考察する。

「今だから言いますが、豊見城の一年生がグラウンド整備をしたんですが、水を撒《ま》きすぎて左足を踏み出すところがビチャビチャだったんです。それで踏ん張りがきかなくて四回まで4点取られてメロメロ。でもコザの気迫は凄かったです。五回頃からやっとマウンドが乾きだして、それ以降はヒット1本、あとは三振か凡打です。もし、最初からグラウンドコンディションがよければ打たれてませんよ」

高校時代の話になるといつでも強気の姿勢になるピッチャー赤嶺賢勇。

コザ高校が目の色を変えて闘志むき出しで戦ってきたのにはわけがある。実はコザ高校が県大会直前に練習試合を申し込んだときに、コザは上にあがってこないだろうと栽は思い、「その日は確か真和志との試合が入っていますので」と断った。その後、コザ高校の大城監督が偶然にも真和志高校関係者に会い、豊見城との練習試合のことを尋ねると「入ってませんよ」と言われる。大城監督はあまりの悔しさに選手たちを集めてこう言った。

「おまえら、こんな思いをして悔しくないか。勝ち進んでいけばベスト4で豊見城に当たる。勝って見返してやろう」

感情をあまり露《あらわ》にしない赤嶺賢勇が悔しそうに話す。

「三回甲子園に出ていますが高校二年のチームが総合力的に断トツに強かったです。打つし、守りも鉄壁でした。夏の甲子園に出ていたら優勝したかもしれません。ただ、県外のチームと対戦する機会がほとんどなかった。センバツで活躍し、練習試合でも連戦連勝、どこかで慢心があったのかもしれません。もし今の時代にあのチームがいたら、興南の春夏連覇したチームに匹敵するんじゃないですか。それくらい強かったです」

いいピッチャーになればなるほど、過去の成績に拘《こだわ》らない性質を持つ。甲子園で活躍しプロにまでなった赤嶺賢勇も然《しか》り。その赤嶺賢勇が高校二年時のチームを二〇一〇年春夏連覇の興南に匹敵すると褒め称え、そして夏の甲子園に出られなかったことに人目を憚《はばか》らず口惜しがる。どんなクールな選手であろうと〝高校野球〟での熱い思いはいつまでも忘れずにいるものだ。

栽は晩年、親しい人にこう言っていた。自分が育てたチームの中で最も理想に近かったのが、豊見城八期生のチームだったと。

第四章　女たらしの酒飲み教師

暴れん坊の女好き

栽の周りに十人いたら七人は敵だと言われる。

あれほど沖縄高校野球に貢献した立志伝中の人物なのに、地元沖縄でなぜこうも嫌われるのだろうか。頂点に立った者は叩かれるという沖縄特有の特性を差し引いても、あまりにも評判が悪すぎる。取材すればするほど、栽の人物像にズレが生じてくる。ある面では鬼のような仕打ちをする栽もいれば、仏のような慈悲深い栽もいる。あまりの両極端ぶりにどっちが本当の栽なのか、わからなくなった。

「あれだけ凄いことをやると、悪いことを言う奴がたくさん出てくる。悪いことを言うのは私生活のことばかりだから。元来、私生活なんて関係ないからね。まともな世界で勝てないと、裏で揚げ足を取るしかない。上に立つ者の宿命ですね」

糸満高校からの親友で栽と五十年以上の付き合いだった末吉浩は栽に同情する。

栽は自分に対しての誹謗《ひぼう》中傷がいたる所で流れていることは当然知っていた。沖縄には古くから〝ゆいまーる〟という言葉がある。〝ゆい（結）〟とは、労働力を対等に交換しあって田植えや稲刈りなど農の営みや、住居などの生活の営みを維持していくため共同作業を行うことを意味し、〝まーる〟は順番を表す。つまり、ゆいまーるは助け合いの精神なのである。同じ立場である人たち同士、互いに仲良く協力し合う。これは現代の沖縄にも十分に通じるところであり、公園に寝泊まりしているホームレスに誰かしらが食べ物を分け与えている場面を何度も見たことがある。まさに、ゆいまーるの精神である。貧しい中、みんなで仲良く楽しくだ。だが、一方では少しでも目立った動きをする者に対して嫉妬し、集団攻撃するという特異な面も持ち合わせている。栽は、沖縄の県民性を熟知していたため他人が言うことを完全無視することに決めた。気にしないでいることが自己防衛だと考え、あっけらかんと毅然《きぜん》とした態度でいた。

「栽先生と松山で飲んでいて先に帰ろうとタクシーを呼ぶと、運転手が『あれ有名な栽先生だよな、これ（小指を立てて）好きなんだよな。あちこち聞くよ』と言ったのを後日栽先生に話すと、『おまえ、女嫌いか？　男だろ。だったらいいんだよ。人から何を言われようが関係ないんだよ。言わしとけ！』ですから」

栽と旧知の仲である真栄城《まえしろ》博《ひろし》は、栽の潔い男っぷりに感心する。

栽はとにかく誤解を受けやすい人間だった。言葉尻が強くシニカルな口調は栽流の愛情表現なのだが、当然、万人に通用するわけがない。栽のことをよく知らない人から見れば栽の表現は無礼千万な奴として認識されてしまうケースが多々あった。

「栽先生はまあ、口が悪い人でした。甲子園に行ったときに僕を含めた独身の関係者に『おまえたち結婚できるか？』とか『章《あきら》、子どもの作り方わかるか？　俺が教えようか？』と高野連の関係者の前で言うんですから。人によっては怒る人もいるでしょうね」

豊見城時代から懇意にしていた地元放送局ＲＢＣ（琉球放送）の垣花《かきのはな》章アナウンサーは、笑みをこぼしながら語る。

栽は、飲み屋でもワザと横暴な態度をとり相手の反応を見て楽しむ。ときには衆目を集めるために過激な発言をしてみんなを騒がし惑わす。

「俺が沖縄水産の栽だからといって、真面目な教師だと思うなよ！」

そう言ってギャラリーを沸かせ、周りの反応を見てひとり楽しんでいる。

栽は指導者生活四十三年間一貫して〝国語力〟が必要と説き、〝言葉を大事にしろ〟とどの世代の選手たちにも指導してきた。人間は言葉によって感情を表し人間関係を形成する。と同時に言葉によって人間は縛られてしまう。だからこそ、〝言葉を大事にしろ〟と言い続けてきた。社会にはマイナスの言葉がたくさん満ち溢れているからこそ、指導者としてマイナスの言葉からプラスを生み出すようなコーチングを心がけていかなければならない。それなのに、自分自身がその言葉で失敗している。あれほど洞察力に優れ先々を読むのが得意なのに、自分と接する人間に対しては独特の距離感でモノを言ってしまう傾向がある。

沖縄高校野球の基礎を作り数々の功績を作った栽に対し、野球関係者を含めた有象無象のやっかみが絡み合い、栽の人間関係を複雑化させたのは事実である。だが栽はそれを逆手にとってあえてオープンにし、来る者を拒まなかった。栽は、飾らない言葉をかけることであえて人との距離感を計っていた。その結果、辛辣、毒舌家の栽になっていったのだ。

栽は未熟な選手たちをきちんと育てるために心理学も学んだ。そして、すべての生活面で野球とリンクできるように心がけていた。飲み会の席でも同じだ。相手が何を思い、どう動くか、常に心理探究をしていた。それもこれも野球に繋げるためだ。

昭和の名優・勝新太郎が常に演技に生かせるように私生活を過ごしていたのと同様に、栽もまた野球に生かせるように人間心理を探っていた。勝も栽もどちらも破天荒な生き方の最たるものだった。

〝女たらし〟

プライベートでの栽の風評の中で一番多く言われていた代名詞。

確かに栽は女好きだった。毎晩のように飲みに行っていたが、別に愛人と寄り添って飲んでいたわけではない。栽は自ら女をたらしてなんかいない。女のほうから寄ってくるのだ。

ずんぐりむっくりで顔はシーサー似、または沖縄の妖怪キジムナーにもそっくりで、お世辞にも美男子とはいえない。それでも、なんともいえない独特の存在感がある。博学であるためなんでも知っており話上手。飲み屋に行っても誰もが聞き惚《ほ》れてしまう。

ある飲み屋でのこと。若いホステスが席について栽を見るなりこう言った。

「この人が栽先生なの？　やっぱりオサルさんに似てますね～」

お付きの人たちは凍り付き、恐る恐る栽を見る。栽は何もなかったようにニコニコしながら、

「そうね～、僕はオサルに似た人間、きみは人間に似たオサルか？」

凍り付いた雰囲気が一気に和んだ。機転を利かした返しが空気を一変させる。

例えば他人が間違って〝栽〟の字を〝裁〟と書いてしまっても、「僕の人生は裁かれる人生かもしれないが、名字は〝裁く〟ほうではなく〝栽〟育てるほう」。

こんな調子で話すものだから一緒にいて楽しいし、教訓的な会話はもちろん、ウィットの利いた会話もお手のもの。栽の女性ファンがどんどん増える。でも栽は見向きもしなかった。自分のほうから誘って来る女にはまったく興味を示さなかった。元来、男は狩猟本能が備わっている生き物。狙った獲物を仕留めてこそ、男だと思っていた。そうとは知らず、袖にされた女たちが輪をかけて栽の悪口を言いふらすようになったことも、

評判を落とす要因のひとつであった。

「女性に優しく気遣いができる。『家庭を壊さないで遊べないのか』と言ったら『そんな器用なことができるか』ですよ。女に対して遊びができない。マジメなんだよ。その人を好きになったら真剣に付き合わなければ気がすまない」（級友・井下哲明）

栽は高校野球の監督であり教職員でありながら、人目を気にせずあけっぴろげな性格で内外ともに豪快に振る舞う。酒場に行けば知らず知らずと栽の周りに女性が集まり、人を喜ばすことが好きな栽はリップサービス満点なトークでいつも華やかに賑《にぎ》わっていた。そんな光景によって過度の〝女好き〟というレッテルを貼られてしまう。

級友たちと飲んでいるとき、栽がふとこんなことを言った。

「なあ、女に捨てられない方法はあるか。あったら教えてくれよ」

初めは冗談かと思ったが、今考えると本気だったのではないかと級友たちは考える。

「普通の女性では、弘義を制御できない。それに気付いたときには女性がかわいそう。表向きは円満な家庭を持ち、裏では愛人を囲っている奴なんてごまんといる。それに比べれば、弘義はマジメで純粋だ。弘義は、愛した女性を徹底して愛しただけだ」

糸満高校の同級生で開業医の兼島恵義は栽の復権のためにと語気を荒らげて言った。

栽は不器用がゆえに、遊びができなかった。普通の人よりちょっと多く女性を愛してしまったからこそ二度の離婚、三度の結婚をした。

酒豪のように思われている栽だが、実は三十過ぎるまではまったく飲んでいない。小禄高校時代は先輩教師たちの送り迎えのため一滴も酒を飲まず待機していた。豊見城の初期の頃は、祝勝会でもひとりコーラを飲んでいたくらいだ。目上の人がいる公の場所では、アルコールを自重して絶えず凜と構えていた。

酒を飲むようになると自ら野球の話はせず、場を盛り上げるバカ話に徹していた。ただ親しい仲間内では聞かれれば野球の話をし、酔いが回ると県内の他の監督について毒舌を吐くことも度々あった。

敬愛してやまない徳島県立池田高校の蔦文也《つたふみや》（故人）監督と、酒が強いのはどっちなのかと話題になったとき、「いや、飲むものが違う。蔦先生は日本酒でこっちは泡盛」。栽は同じ高校野球の監督の中で蔦だけにはまったく頭が上がらず、どんなに酔っぱらっていても心から慕う姿勢は崩さなかった。

根も葉もない噂は本当に怖い。遠征で全国各地を飛び廻る栽に対し、行く先々に愛人がいるという噂が流れた。港々に女がいる、だ。これが実業家だったら〝英雄色を好む〟で済むこともあるかもしれない。だが聖職者にとっては命取り。事実ではないにしても、公序良俗に反する噂が流れること自体に問題がある。当時の沖縄県教育委員会の中でも「教師のくせに何やってんだ」と反栽がたくさんおり、隙あらば引きずり落とそうとしていた。

確かに他の教師とは一風変わったスタイルだった。

授業をやらない教師。仮にも高校野球の名将と呼ばれた男が教師なのに授業をやらず、学校にも来ない。教師兼監督である高校野球の名将に何人か取材したが、全員が教育者として真面目に授業をこなし、いち教師としても有能な方ばかりだったのに対し、栽は授業をしない教師。前代未聞である。年度の最初の授業だけ出てあとは自習。教育実習生が来れば彼らに授業をすべてまかせ、二週間の実習期間を延長させ一学期が終わるまで授業をやらせる。その間、自分は本を読んだりして研究に没頭する。沖縄水産時代は学校で栽を見かけると、「おい、今日学校にいたぞ」と選手たちにＵＭＡ（未確認動物）を見たかのように驚かれる始末。

授業をしない型破りな教師だけに、堅物ではなかった。卒業間近、女子生徒が居酒屋でバイトしていたところ、偶然飲みに来た栽と出くわした。アルバイトは校則違反だったが、栽は「しー！」と指で口を抑えてそのまま黙って奥へと行ってしまった。

「監督も人を育てる。校長、教頭も人を育てる。でも、俺はどちらにもなれない。だからいち教師、いち指導者で終わる」

栽は無謀なことをやっているのはわかっていた。だが無謀なことをやらない限り勝ち続けることはできないし、また勝ち続けることで外野の声を黙らせたかった。

「授業もろくにやってない、学校にも来ていない、と言う人がいたけど、そういうことではない。書物から知識や情報を得て判断基準にし、いろいろなところにアンテナを張り巡らせて直感で動く。行動するのが遅いウチナンチューにとって行動力、決断力が早い栽先生は貴重な存在であり、見習うべきだったんです」

小禄時代の教え子で、沖縄水産の元校長だった新崎直は教育者として栽を擁護する。小禄、豊見城、沖縄水産と三校とも埋め立て地で、グラウンドを作るところから始まり、沖縄のために野球のために自分の生活をすべて犠牲にし、レギュラーから補欠までの全選手の卒業後の進路を面倒見る。そんなことを三十年以上続けた栽に新崎は心から敬服していた。

教え子たちから見ると、栽は教育者だったのか、はたまた勝負師だったのか、いつも議論される。だがその答えはどちらとは決められない。自由闊達《じゆうかったつ》な栽だったからこそ、各々が思う栽であればいいと思う。栽もそれを望んでいるはずだ。

バツ2

「俺は二回離婚してふしだらだけど、おまえらは凜としろ！」

栽がことさら可愛がっていた教え子の沖縄水産元監督の宜保政則《ぎぼまさのり》に当てた言葉だ。バツ2。芸能人ならまだしも仮にも聖職者だ。世間体はよくない。

卒業して社会人になりたての教え子たちと酒を酌み交わすときに栽は言うことがある。

「二十五までには必ず愛する人ができる。俺は愛する人を守れなかったんだよな。俺ができなかったからおまえたちだけは守ってやれる男になってほしい」

自分が反面教師だったために教え子たちには同じ過ちを犯してほしくないという自戒を込めた言葉だ。

栽は四人の子に恵まれた。

最初の妻との間に二人の男の子で琢《たくま》と珠《たまき》、二人目の妻との間に女の子の志織《しおり》と男の子の匡。

「栽弘義を男としてみたら最悪。監督としてみたら尊敬に値し、父親としてみたら最高です」

長女の志織は栽のことを三つの側面から見てこう言った。

栽にとって初めての女の子ということもあり、目に入れても痛くないほど可愛がった。豊見城高校時代にはまだ三歳の志織を練習前によく連れて来てはじゃれ合っていた。よちよち歩きのときから野球に慣れ親しんだ生活をしていた志織は、小学校に入ると自ら毎日のように沖縄水産の監督室に遊びに行く。

「私にはあまり勉強のことは言いませんでした。勉強のことより社会面のことを教えてくれました。礼儀、作法、挨拶、他人への気配り、電話の取り次ぎ方等、もう厳しかったです」

箸の持ち方が悪いとギプスをつけて矯正したり、ピーマンが食べられないと毎日ピーマンばかり二時間食べさせたりと、栽は徹底して教育した。

志織は両親の離婚もあって小学校六年の頃から合宿所の選手たちのために食事を作ったり、イベント等に呼ばれる機会が多かった栽のためにコーディネートを手伝ったりと、選手たちが下宿している大所帯の家の家事をこなしてきた。

ときには当時、高校野球のスターだった上原晃や大野倫のファンから道端で呼び止められ「あんた何様なの?」と言われたり、自分に対しての誹謗中傷の電話がかかってきたりして目を腫《は》らすこともあった。

志織は、男の子ばかりの中で唯一の女の子ということで、小学校高学年からパーティーやセレモニー等に栽と一緒に出席し、徹底して礼儀作法を身につけさせられた。人前では栽に対して敬語で話すため、愛人に間違われることもあった。

「一歩動けば、一言話せば怒られるし、細かいことにいちいちうるさかった。幼いときは『このクソじじい〜』と思って恨んだり憎んだりしたこともありました。でも何かを極めている人の側に一緒にいられていろいろな世界を見られたことは幸せでした。父のおかげで礼儀作法はもちろん、人を見る目も鍛えられました」

栽は志織の前でだけ自分の弱さを曝《さら》け出すことができた。自分のことを一番長く側で見てくれたのが、志織だったからだ。

しょっちゅう、外に出て人と会って酒を呷《あお》ってはバカ騒ぎをする。酒を飲むのが好きなのではなく人と会って酒を飲むのが好きなのだ。夜中までずっと話をし、気の合う人には自分を曝け出す。寂しがり屋のためひとりでいることが辛かった。そうかと思えば、あまりに悔しい負け方をしたときには家の中に閉じこもる。悔しさのあまり相手のことをボロクソに罵倒したかと思えば、ソファに座ってグッタリして好きな映画をボーッと観る。

栽は学生時代の友人にこう言っていた。

「野球で勝ったときは電話しないけど、負けたときに俺が電話したら付き合ってくれよ」

負けた悔しさで、家にいてもなんだか落ち着かない。そして携帯を取り出す。

「なぁ～俺が負けたときくらい電話してこいよ、友人なんだからよ」

栽が友人にみせた唯一の泣き言だった。

外では暴れん坊、家の中では寂しん坊の栽。車が好きで、友人にポンティアックやベンツといった外車を買わせては「一週間だけ乗らせてくれ」と言って次々乗りまわす。贈り物も高価なブランド品ばかり。せっかく頂いたのだからとブランドのスーツを纏《まと》い、借りものの外車を乗りまわし、助手席にはサングラスをかけた大学生になった娘の志織。

そんなことを一切知らない世間の人たちには、愛人を外車に乗せて派手に振る舞う暴れん坊の栽としか見えない。かつて天才芸人・横山やすしが玄関先でぽつりと「横山やすしを演じるのもしんどいなぁ」と言ったように栽も栽弘義を演じていたのかもしれない。

志織が中学二年生のときにNHKの教育番組『中学生日記』の特番に親子で出演している。戦争体験をしている栽にスポットライトが当たり、糸満のアブチラ壕に糸満中学時代の仲間と志織を連れて行き、インタビューを受けている。第一章でも触れたが、栽は戦時中、母親の背中におぶわれているとき手榴弾を受け、火の粉が移って背中が燃えているところを周りの人たちに助け出されている。

栽は番組のインタビューでこう述べている。

「父親である自分が炎にまみれてやがて死んでいったかもしれない出来事はちゃんと伝えなければならない。周りの人たちの助けがなかったら自分の存在さえなかったんだということを娘の志織も重んじて生きてほしいし、戦地に生まれたからにはきちんと後世に伝えていってほしい」

子どもたちは父親の背中を見て育つ。栽の背中には手榴弾で受けた大きな傷跡がある。その背中を見て何かを感じとれる子どもになってほしいと栽は厳しく接しながらも、ときには温かく見守った。

栽のことを「あれは教育者ではない」「ただの女好き」「道楽者」などとメチャクチャ

悪く言う人はいまだに多い。人間好き嫌いがあると言っても、噂だけで評価するのはいかがなものか。

確かに栽は社会通念からはみ出した異端児だったかもしれないが、父親として立派に役目を果たしたと断言できる。社会人として立派に成長している琢、珠、志織、彼らの姿を見れば一目瞭然。親はなくとも子は育つかもしれないが、子はきちんと親の背中を見ている。彼らの取材をした後、父としての栽を垣間《かいま》みられた気がして、なんだか清々《すがすが》しい気持ちになった。

愛する我が子

栽が一生悔やみ、最後まで自分を責め続けていたことがひとつだけある。

三男の匡のことだ。彼は新生児のときに髄膜炎にかかり、成長するにつれて障害が現れてくるようになってしまった。

髄膜炎にかかったのが、一九七五年、豊見城が選抜初出場で甲子園に出発するちょっと前のこと。

本来なら家のことは妻にまかせ甲子園のことだけに集中したいのだが、息子・匡の病気が気がかりである。とにかく栽は妻に匡のことをまかせ、甲子園に行くことを決断。

妻は、栽に詰め寄った。

「子どもと甲子園、どっちが大事なの！」

「俺がいても匡が必ず治るとは限らんだろ。なにかあったらすぐ戻るから」

栽は親であることよりも指導者であることを優先した。

妻は、栽の糸満高校時代からの親友末吉たちに甲子園に行かないように説得してくれないかと頼む。さすがの末吉たちも妻に同情し、栽を説得するのだが栽は頑として撥《は》ね除《の》けた。

「おまえら、全然わかってない。なんのためにおまえたちがいるのか。おまえたちは俺の親友だ。俺はひとりだよ。あいつにとって三名いるほうがどんなに心強いか」

「いや、弘義、おまえがいないことが心細いって言ってるんだ」

「それをフォローしてくれるのが、友人じゃないのか」

栽の真剣な眼差しに末吉たちは納得するしかなかった。栽は末吉たちと固い握手を交わして甲子園へと旅立った。

現在、匡は完全看護の施設に入っているが、出来る限り栽は匡のところへ顔を出しては一緒になって遊んだ。そのときの栽の顔はなんとも無邪気であり、心から匡を愛している父親の顔であった。匡に会った帰り道、いきつけの飲み屋のカウンターで栽は誰にも見られないようにいつも俯《うつむ》いて泣いていた。

「俺がいれば、あの子はああいうふうにならなかった……」

心の中でいつもいつも詫《わ》びていた。匡と会った日は匡のことで胸がいっぱいになり酒も飲めなくなる。それでも明日に引きずらないように無理矢理酒を飲む。今日を忘れるために、勝負師の栽に戻るために、酒を流し込むのだった。

親友の末吉は晩年、栽と一緒に飲んでいるときに勇気を振り絞って聞いたことがある。

「確かに命は助かったけど……、いろいろ考えると助かってよかったのかなぁ、おまえのためにも、匡ちゃんのためにも……」

栽はきっぱり答えた。

「何を言っている。匡のことは可愛い。そんな余計な心配をするな。俺は匡のことが本当に可愛くてしかたがないんだから」

末吉にとってずっと心に引っかかっていたことが、この言葉ですべて解消できた。

栽は匡に対して贖罪《しょくざい》の意味もあってか、一生をかけて面倒をみたいと思っていた。この思いは誰にも見せず、自分の心の中に最後までしまい込んでいたのだった。

栽は糸満中学、糸満高校時代からの級友を心の底から大切にしていた。彼らだけには自分の内面を見せ本音で話せた。

級友たちが沖縄水産の練習を見に来れば「おお、入れ入れ」とベンチの中まで入らせ、練習内容や選手の気質を細かく説明する。選手が級友への挨拶を怠るや否や、「おい、きさま、ちょっと来い！　なんで挨拶をしないんだ」と平手打ち。あまりの迫力に級友たちはなんだか自分たちが来たことを申し訳なく思ってしまう。それほど栽は選手には容赦なかった。

級友たちは、栽がどんなに有名になろうとも分け隔てなく付き合い、言いたいことを言い合いケンカもした。一番の親友である末吉は五十年以上の付き合いの中で、いつでも泰然自若の栽が唯一ビビった瞬間を見ている。

末吉の息子が野球をやっており、栽は息子を沖縄水産へ入れろと熱望した。だが息子は沖縄水産には行かず豊見城南へ入学。栽は末吉を呼びだした。居酒屋に入り注文の刺身が出てくるなり、いきなりその刺身を末吉の頭へぶっかけた。

「なんで怒ってるかわかるか。おまえの子どもだけは俺の力で沖縄銀行や琉球銀行へ入れてあげたかったんだ」

栽はネチネチと文句を言った。「だからおまえはバカなんだよ」。この一言でさすがに末吉はキレた。

「頭から刺身ぶっかけやがって、それでもまだ文句言ってやがる。俺はケンカじゃおまえに勝てないかもしれないが、道づれにはできる」

「なに？」

「俺は命をかけてやるってことだ」

栽は末吉の顔を見て本気だとわかった。酔いから醒《さ》めた栽は顔が青ざめていった。周りにいたギャラリーが仲裁に入る。

「ごめん」

「ごめんじゃすまない。俺の頭に刺身ぶっかけやがって。頭から刺身を食ったことなんかないよ。一生電話するな」

翌日、栽は朝一番で末吉に電話する。

「末吉、起きてるか」

「電話するなと言ったろ」

「切るな、切るな。昨日は飲み過ぎた。本当にすまないことをした」

「飲み過ぎとかじゃない。いつもそう思っているから口に出るんだ。おまえとは付き合いきれない。一生、電話してくんな」

「末吉、切るな切るな」

何気なく発した言葉ですべてを失う場面を栽は何度も見ている。酒の勢いとはいえ、長い付き合いの親友を本気で怒らせたことを後悔するとともに、大切な友を失ってしまう恐怖感が大きな固まりとなって襲いかかってきた。栽は末吉の家へ行き、許してもらうためになりふりかまわず頭を下げ続けた。

栽は選手たちに〝言葉を大事にしろ〟以外にも言っていたことがある。

「人間は、友情と思い出があれば生きていける」

野球を通じて〝友情〟と〝思い出〟を作る。栽は友情をことさら大切なものだと知っているからこそ、選手たちにも友情の尊さを味わってほしい、そう心から願っていた。

第五章　極貧からの快進撃

沖縄の星　赤嶺賢勇

世の中には、あらゆる差別が蔓延《まんえん》する。人種、宗教、思想、出自、学歴、容姿……。どこの世界に行っても差別という壁を人間が作り、争い傷つけ合い、弱者となった者は虐げられる。

沖縄がまさにそうだった。太平洋戦争の戦況が悪化する頃、沖縄は日本から切り離され、米軍の本土上陸を食い止めるため〝捨て石〟となった。それ以降、差別され続けている。

戦後二十七年間ずっとアメリカの統治下に置かれ、首輪をつけた犬のように南の海に閉じ込められたままだったが、一九七二年（昭和四十七年）に日本に復帰。「内地に早く追いつけ」と煽られても、皆は土台無理なことと諦めていた。内地にはどうしたって勝てない、敵《かな》わない。卑屈にもなり諦めも早い。そんなときだ。唯一内地に対抗できるヒーローが誕生したのは。

〝赤嶺賢勇〟。一九七四〜七六年の豊見城高校のエース。後に巨人からドラフト二位指名を受け入団。糸満高校の宮國椋丞《みやぐにりょうすけ》投手が二〇一〇年（平成二十二年）に巨人からドラフト二位で指名されているが、巨人へ入った沖縄出身の投手は、赤嶺が最初である。

一九五八年に首里高校が初めて甲子園に出場して以来十七年間、人々は心のどこかで〝内地の高校に勝てるはずがない〟と思い続けてきた。表向きは「頑張れ頑張れ」と応援するが〝どうせ〟〝やっぱり〟と負の感情を消し去ることはなかった。それが突如として現れたヒーローに驚愕し、こぞって依存する。沖縄が本土復帰してから三年後の春だった。


戦後の沖縄史で一九七二年五月十五日の本土復帰は、沖縄の人々の悲願であった。

五月十五日午前零時。沖縄は雨。役所や工場、船がサイレンや汽笛を鳴らし各所では祝い酒を振る舞って喜ぶ。だが、復帰したからといって沖縄の苦しみがすぐに解消されたわけではない。復帰しても米軍基地はそのまま居座り、基地構造と基地犯罪は変わることはなかった。

ドル交換レートは一ドル＝三百五円でスタートするが、復帰前のドル下落、円の高騰が異常なまでの物価高を生み低賃金にあえぐ県民生活は混乱に陥り、復帰を恨む声が囁《ささや》かれるようになった。沖縄が日本復帰を果たしたものの県民の生活がますます困窮する動乱期に彗星《すいせい》のごとく現れたからこそ、赤嶺賢勇の名はいつまでも人々の心の中に刻まれているのである。

赤嶺は奇しくも首里高校が甲子園に初出場した一九五八年、沖縄県那覇市に兄三人、姉四人の一番末っ子として生まれる。小学校四年から始めた野球でみるみる頭角を現し、上山中学二年のときには、一つ上の浜川、砂川たちとともにオール那覇に選ばれている。数多くの高校から誘われるが、先輩の浜川たちが豊見城に行ったことで赤嶺も豊見城に進学。ここから赤嶺伝説が始まる。

五十歳以上の人に赤嶺賢勇の話を聞くと、はじめは皆こぞって同じ反応をする。「そう、赤嶺賢勇！」。一拍置いてから奉るかのようにフルネームをはっきりと言う。そして、当時のことが瞬時にフラッシュバックしたという様子でゆっくりと口を開く。古きよき沖縄を懐かしむように。

過去、太田幸司、荒木大輔、桑田真澄、松坂大輔、斎藤佑樹といった煌《きら》めくような甲子園のスターがいたけれど、彼らは一時を沸かせた高校野球のスターでしかない。人々の思想や生活圏にまで影響を及ぼしてはいない。赤嶺賢勇は、高校野球の枠を超え沖縄県民の心までも変えていったのである。栽は言った。

「いろいろなピッチャーを育てたが、一番はやっぱり賢勇です」

一番とはどういう意味か。球の速さや素質といった要素なら他にもたくさんいた。高校野球として一番完成されたピッチャーという意味である。栽は四十三年間の監督人生で比嘉良智《ひがよしとも》、上原晃、平良幸一《たいらこういち》、大野倫、新垣渚《あらかきなぎさ》……数々の好投手をプロへ送り、中にはプロで何十勝している者もいる。それでも赤嶺賢勇が上だと断言する。ゆったりした柔らかいバネのきいたフォームから繰り出す快速球。アウトコースギリギリに決まる大小のドロップ。とにかくストレートでも変化球でもアウトコースへのコントロールが抜群に良かった。

「一年の春から球を受けていて、指が腫れるものだからバットが握れなかったんです。それで僕は打てなくなったんですから、ある意味被害者です。生命線はカーブとコントロール。右打者の左肩からアウトローに落ちるくらいブレーキ鋭く曲がってきました。ストレートは剛球ではなく、ピュッとキレのあるボールでした。ブルペンで少しでもミットを動かしたために響き渡るキャッチ音が鳴らないと栽先生に『おまえ、ピッチャー殺す気か』とよくブン殴られました」

キャッチャーの宝《たか》良《ら》一《はじめ》によれば、高校二年の春から夏がベストピッチとはっきり断言する。

衝撃のデビューは奥武山球場でのクラブチーム「オール那覇」との対戦。まだ高校に入って間もない一年生赤嶺が先発し社会人をキリキリ舞いさせて抑える。上級生は一様に驚く。まさに若竹が伸びるがごとく成長していった時期でもある。

一九七四年、初めての夏の県大会は、背番号16でベンチ入り。サウスポーの三年生がエース番号をつけていたが、実質エースに近い働きで登板。一回戦、準々決勝ともにリリーフで投げ、準決勝読谷戦で先発し、力のある速球に大小のカーブをおりまぜ散発2安打の1対0で完封。計十五回三分の一を投げて無失点。甲子園のスターとなるべき者は一年生の夏から活躍するものだ。初めての夏の県大会は、伝説の序章として上々の成績を残す。この年だけ決勝に進出した二校が南九州大会へ出場。当時は県一校の代表枠ではなく、宮崎県代表二校と沖縄県代表二校がトーナメントで一校の甲子園切符をかけて争う方式だった。

地元の奥武山球場で行われた南九州大会第一日目、豊見城対延岡《のべおか》（宮崎）。序盤0対0のままだったが、中盤の五回に延岡が1点を先制。さらに七回スクイズで1点追加し1アウト一、二塁。ここで赤嶺が満を持して登板。いきなり内野安打で満塁。延岡は再びスクイズを試みるが、赤嶺の伸びのある速球にピッチャー後方にあがったポップフライ、ピンチを脱したかと思われたがそのままポテンヒットとなり1点追加。赤嶺はこれで崩れることなく後続をピシャリと抑えるが打線の援護がなく、0対3の完封負け。

「高校一年の夏の南九州大会が一番調子良かった。栽先生は決勝で僕を先発させるつもりだったらしいんですが……。もし初戦から先発していれば甲子園に行けてましたよ」

赤嶺はてらいもなく言う。おっとりとした口調とは裏腹に自信に満ちた言葉がポンポン返ってくる。後日、栽はあまりの悔しさに「先発を間違えた」と吐露するほどだった。

一年生衝撃の甲子園デビューとはならなかったが、舞台はすぐに整えられる。

新チームになり、エースとなった赤嶺。過去の好投手の傾向として、この一年生の秋頃から少しピッチングに迷いが出る。中学を出たばかりの一年生の夏は何も考えずただガムシャラに勢いだけで投げるのが功を奏し、良い結果に繋がる場合が多い。そして高校生活半年が過ぎ、本格的にトレーニングを始め新たな変化球を覚えようと躍起になるが、思うように結果が出ず焦り出す。夏は無欲で投げているのだが、秋は邪念が入りながら投げる。高校時代の防御率が0・41の昭和の怪物江《え》川《がわ》卓《すぐる》（元・巨人）でさえも一年生の秋季大会は失点を重ねていた。

赤嶺も一年の秋季大会、四試合に投げて失点9。高校三年間において一大会で初めての大量失点。だがこれ以降、県内では一大会で自責点3点以上を取られることはなかった。

「先輩からは甲子園で伸びたって言われますが、自分ではちょっとわからないです。初戦を戦うまでもの凄く緊張してたんですけど、試合が始まったら全然平気でした。甲子園での一番の思い出は、やはり初めてのセンバツの準々決勝東海大相模戦。調子もよくゆったり投げてました。九回2アウトまで勝っていたんですから、今考えるとあり得ない負け方です」

東海大相模戦の話になると、赤嶺も熱をこめて話し出す。もちろん九回2アウトからの逆転サヨナラのシーンだ。

「最終回、原が3球三振で2アウト。普通なら絶対負けない流れです。津末の打球はファーストベースに当たって変化したラッキーな二塁打。普通ならファーストゴロですよ。次にタイムリーになるセンター前ヒットは、ピッチャーライナーでグラブをかすったんです。普通だったら捕れてます。なんで捕れなかったんだろう？　あのときほど甲子園の壁を感じたことはなかった」

会話の中にどれだけ〝普通〟が出てきただろう。それだけ普通じゃなかった証拠だ。

タイムリーを打たれる前、キャッチャーのサインに初めて首を振る。球が走っているのもあってカーブのサインに首を振り、アウトコースストレートを投げたのが甘く入り、打ち返された。ああしていたら、こうしていたらと悔やまれるシーンが五つも六つも出てくる。

ベンチ入りしていた同じ二年の岸本幸彦は変わった見方をしていた。

「2アウトランナーなしからあれよあれよという間の逆転負け。意味がわからず試合終了のコールが聞こえ、逆に勝利かと思いました。先輩はボーッとしていて、東海大相模はみんな泣きじゃくっている。栽先生もボーッとしている。どっちが勝ったチームなのかと思いました」

選手たちは何が起こったのかわからないから涙も出ない。試合終了後、選手たちは帰りの電車の中で誰ひとり口をきかず、宿舎に着いてもしばらくは放心状態だった。ショックが大きければ大きいほど、人は涙も出ずただただ茫然《ぼうぜん》としているもの。悔しさに転換するにはまだもう少し時間がかかった。

いろいろな世代に取材をしたが、栽の鉄拳制裁話は山のように出てきた。栽にどれだけ殴られたかを競い合い合戦のようにOBたちは嬉しそうに話す。その中でも栽がほとんど怒らなかったピッチャーが赤嶺賢勇と沖縄水産の上原晃の二人。寵愛《ちょうあい》していたという点では同じであるが、上原晃の場合は自ら黙々と練習をするため自主性を重んじてあえて何も言わなかった。赤嶺の場合はこれとは違う。ブルペンで付きっきりで見ており、赤嶺が投げている後ろで腕組みをしては「これはダメ」「よし」「インコース！」と声をかける。素直でおとなしい性格の賢勇に対しては、大事に大事に育てようと試みる。とにかく、めったに褒めない栽が赤嶺賢勇に対しては褒めちぎっていた。

二年になると、さらに練習がきつくなった。

ピッチャーは砂袋を入れたリュックを担いで朝から晩までランニングやおがくず走をやる。おがくず走とは一塁側と三塁側の脇におがくずを敷き詰めて作った幅一メートル、全長八〇メートルのロードを裸足で走るものである。砂浜を走るのと同じ原理で膝に負担がかからず足腰の鍛錬に効果的で、さらに土と違ってほとんど水分を含まないので、雨の日にも走ることができる。栽が中京大学在学中、日本陸上選手権男子十種競技で優勝、アムステルダムオリンピックに出場した斎辰雄《ときたつお》学部長の発案で中京大のグラウンドにおがくず走のロードを作ったのを見てヒントにした。

練習は午後三時半から午後八時近くまでボールを使って練習する。暗くなるとランニングに切り替える。学校から四キロ離れたところに傾斜四十度の地獄坂と呼ばれる坂があり、距離にして二〇〇メートルの坂道を毎日十往復する。タフでポーカーフェイスの赤嶺もさすがに一回だけぶっ倒れてしまった。

バットと同じ長さの鉄の棒を振るトスバッティングをやらせたり、またバッティングの際に脇の締め方が空手に似ていることから、空手の先生を呼んで空手の型をやらせたりした。

練習試合では、勝ち越せる場面でも選手の能力や動きを見るためにあえてノーサインでやることもあった。栽流の見えない采配である。

ラフプレー対策もやった。沖縄大学との練習試合では、スパイクの歯を立てたり、グラブを蹴るようなスライディングといったラフプレーの連続。栽は大学の監督に「この試合はあえてケガさせない程度のラフプレーでやってほしい」と依頼をしていたのだ。

秋には三年生が引退し新チームとなるが、最上級生となる二年生はたったの九名しかいなかった。入学当初は四十名以上いたのが半年で四分の三が退部。栽の非人道的な練習でほとんどが逃げ出して辞めていった。

自分たちの代になり極端に戦力が落ちた。豪快なバッティングが売りの豊見城が小粒な打線になりさがった。赤嶺が投打の中心であり、まさに赤嶺ただひとりのワンマンチーム。いくら自分が抑えても味方の援護がない。「なんで打てないんだ〜」。苛立つ日々が続くも自分が０点に抑えるしかないと割り切るしかなかった。

「先輩がいたときは本当におとなしかった。みんながいるときにはほとんど話さない奴ですから。でも自分たちの代になったら賢勇がみんなを引っ張っていましたよ」

センバツのときから赤嶺とともにメンバーに入っていたキャプテンの岸本は、自分たちの不甲斐《ふがい》なさを謝るかのように遠慮がちに話す。赤嶺コケたらみなコケるといったおんぶに抱っこ。スーパーエースがいる田舎のチームは得てして他力本願になりがち。これも宿命だ。

新チームになり怒濤《どとう》の快進撃が始まる。貧打線のため赤嶺が点をやらない先行逃げ切りの守りの野球。秋季大会五試合をひとりで投げ抜き、失点6　四死球20　奪三振39　防御率0・85で他者を寄せ付けない力で優勝。実は、大会期間中に腰を痛めて騙《だま》し騙し投げていてこの数字。万全ならどれほどの力を発揮していたかわからない。この高校二年の秋からは県内では負けることはなかった。

打線は弱かったが、選手一人ひとりの絆《きずな》は強かった。

どんなチームでも必ず変わった奴がいる。たった九人しかいない赤嶺賢勇世代にも面白い奴がいた。面白いというより宇宙人みたいな奴だった。

セカンドの安次嶺真治《あじみねしんじ》。練習中に栽から「おまえ、嫌だったら帰れ！」と言われると「はい、失礼します」とまともに受けてしまうほど真面目でおっちょこちょいで頑固な奴。

一九七五年秋の九州大会。初戦が一番難しいとされる開会式直後の第一試合。独特の雰囲気の中、球場に入るやいなや安次嶺が「あっ、スパイク忘れた」と青い顔をして叫ぶ。栽は血相変えて怒ると思いきや、ニコっと笑って「いいよ。部長に取りにいかせるから間に合ったら出場しなさい」と優しく告げる。よく見ると、ワナワナ肩が小刻みに震えている。怒りを我慢しているのが傍目《はため》からでもわかった。開会式直後の第一試合という独特の雰囲気を変に壊したくないという栽の配慮が伝わる。

「栽先生があんなふうに言ってくれたんだから頑張ろうな」

栽の気持ちを汲み、選手たちはより結束が強まった。

初戦の相手は強豪柳川商業（現・柳川高校）。この試合が後に栽野球の原点となる試合でもある。柳川商業は平均身長一七七センチ、剛腕・久保康生《くぼやすお》（元・阪神）、豪打・立花義家《たちばなよしいえ》（元・西武）を擁する超大型打線。柳川商業史上最強チームと謳われ、年間八十二勝二敗の成績を残した。当時三十連勝中。柳川の選手たちは豊見城の選手を見るなり、笑ってしまった。小さいのが集ってキャッチボールしている姿があまりに不格好でヘタクソに映り、ナメてしまった。

大黒柱の赤嶺は腰痛に見舞われ体調不十分。自慢の速球が走らず、決め球のカーブも決まらない不安定な立ち上がりだったが、そこは赤嶺、緩急おりまぜながら内外角を大胆に攻め強力打線を散発5安打。

最終回の攻撃、栽はネクストバッターサークルの打率一割台の稲福《いなふく》薫《かおる》を呼ぶ。

「おい、打てないんだから目をつぶって打て」

栽の言葉で気が楽になったのか、稲福がライトオーバーの三塁打を放つ。これで勝ち越し、2対1で勝利。

栽は生前、テレビの取材で柳川商業戦のことをこう語っている。

「ミーティングで選手たちに『フライも1アウト、ゴロも1アウト、三振も1アウト、だから三振でもまったくかまわない』って言ったら17三振しちゃった。17三振したチームが勝てるというには、守って守って守り抜いた野球。あの試合こそ守りの野球に直結したものだと思っています」

栽は、守り抜いて勝つ野球の真髄をこの試合で見た気がしたのだった。

赤嶺は後にドラフト二位で巨人へ入るが、プロ七年間のうち一軍登板はたったの四試合。きらびやかな表舞台に立てずにひっそりと引退した。活躍できなかった理由はわかっている。高校時代にやった怪我が原因だ。

一九七六年、高校三年春の選抜甲子園。一九七五年秋の九州大会で準優勝し堂々選抜出場の豊見城高校。初戦は開会式当日の第三試合土佐高校（高知）と対戦。

初戦の十日前のことだった。気温十度を切る真冬並みの寒さの中、練習会場である市立神港高校のグラウンドでピッチング練習をしていたときだ。突然「グギッ」と音が鳴り右脇腹に激痛が走る。すぐに病院に行ったが「右脇腹の軽い筋炎で他は問題ない」と診断。その日からほとんどピッチング練習らしい練習をせず本番を迎える。

試合前、ブルペンで投げてみると意外にも投げられる。ただ筋炎の影響で右肘が上がらずボールは高めに浮いてしまう。結局、3対4で初戦敗退。翌日のスポーツニッポンの一面には『消えた沖縄の星・赤嶺』とデカデカ掲載された。

後々わかったことだが、このときの軽い筋炎は実は肋骨《ろっこつ》骨折だった。巨人に入団後に受けた新人検査で判明。高校のときはただの筋炎だと思っていたので自然治癒するのを待ち、その間一日たりとも練習を休まず、普段と同じメニューをこなす。そのためか高校三年のセンバツ以来、重心が少し高くなりスピードも二割ほど落ちてしまい、一番調子がよかったフォームには二度と戻ることはなかった。

センバツが終わっても春の九州大会、招待野球と多忙のスケジュールの中、赤嶺は高校生活最後の夏に向けて調整に余念がなかった。豊見城のブルペンは道路に隣接してあるためギャラリーは金網越しに赤嶺のピッチングに釘付《くぎづ》け。一球投げるごとに「おお〜」「キャー」と老若男女の声が入り交じった歓声があがる。

五月の地元の新聞には『赤嶺投手、東海大へ？　総長自ら裁監督へ要請』といった夏の県大会前にあり得ないような記事が出るなど、赤嶺の一挙手一投足に注目が集まる。観光バスのツアーの中に豊見城高校を見学する項目が含まれるなど、赤嶺フィーバー、豊見城人気は最高潮に達する。

そして六月下旬、日本で一番早い夏の県大会開幕。

赤嶺は無失点のまま決勝戦を迎え、34イニング目の八回に2点を取られ無失点記録は途絶えたが、圧倒的な力の差を見せつけて全国で一番最初に夏の甲子園出場を決める。

アイドルは時代の表象として、いつの世にも礼賛される。

ニキビづらした少年たちが「中三トリオ」山口百恵、桜田淳子、森昌子を追いかければ、少女たちは甲子園のアイドルに黄色い声援を送る。青春とは誰かに恋をし捧げるものである。

一九七六年、第五十八回全国高校野球選手権においてもたくさんの少女たちが青春を捧げた。空前のアイドルスターラッシュ。東海大相模のプリンス原辰徳、豊見城の〝沖縄の星〟赤嶺賢勇、崇徳《そうとく》（広島）の〝選抜優勝投手〟黒田真二、海星《かいせい》（長崎）の〝サッシー〟こと酒井圭一《さかいけいいち》の四天王。機動隊五十三人、ガードマン四十六人が常時待機。異例のことである。プロのスカウト陣もひさびさの豊作年としてホクホク顔でバックネットスタンドに集結する。特に海星の酒井は地区大会で16連続三振という怪物ぶりを発揮し、今大会ナンバーワンの呼び声が高く、スカウト陣の垂涎《すいぜん》の的であった。

赤嶺は、過去の教訓を生かし最後の夏に懸けるため甲子園に入ってからはノースロー調整。ランニング以外は極力身体を休め、初戦の三日前からピッチングを開始する。

初戦は鹿児島実業。前年の九州大会準決勝では2対1で勝っているとはいうものの、一冬越し春から夏にかけてチームはガラっと変わる。油断のならない相手である。

赤嶺はストレートが走らないと見るやすぐにカーブに切り替え、9安打されたが要所要所を締めるピッチングで3対0の完封。結果だけを見ると、上々の出来だが赤嶺の様子がおかしい。記者団に囲まれても浮かない表情。もしや故障ではと噂されたが、不調の原因は前日クーラーで冷やし過ぎたため、身体に思うようなキレが出なかっただけであった。

栽は面白くなかった。クーラーをつけて寝ると肩を冷やす可能性があるため、当時は夏場にクーラーを禁止する高校が多い中、栽は「しっかり寝られずに疲れを残すほうが怪我に繋がる」という持論でクーラーを許可。だからといって試合に影響するとはなにごとか。完封とはいえ、赤嶺のピッチングを本人以上に不満げに見ていた。

「たかが高校生にかわすピッチングをしてどうなるんだ。自分のピッチングをやれ」

　珍しく赤嶺を叱り飛ばした。

　二回戦の相手は、選抜準優勝の小山《おやま》（栃木）。あの原、津末の強力打線の東海大相模を相手に1対0で勝ち上がってきた。小山と対戦が決まったとき「ああダメだな」とほとんどの選手が落胆したという。選抜準優勝、さらに東海大相模に勝ったという情報だけで意気消沈したのだ。

　赤嶺世代では、この小山戦を一番の思い出にあげる者が多い。ポーカーフェイスを身上にしていつも淡々と投げる赤嶺が小山戦に限っては、俺が豊見城のエースだ、という気迫を前面に出し、気持ちで投げている感があった。マウンド上でも躍動感が見える。

　今までの甲子園の観衆は沖縄代表に対し庇護的《ひごてき》な目で応援していたのが、豊見城の強さを目の当たりにしてアルプススタンドは強い豊見城を心底応援する。異常とも言えるスタンドの盛り上がりが、両校ともに心理的に影響したのは言うまでもない。

　初回カーブを打たれて先取点を取られてからストレート主体のピッチングに変更。鹿実戦とはうってかわって伸びのあるストレートが小山打線を封じ込めた。マンモススタンドを揺るがす拍手と歓声を受けつつ六、八回と得点を重ね、2対1で勝利。これでベスト8進出。試合終了後、甲子園球場の入り口には豊見城ナイン見たさに数千人のファンが黒山になって殺到、もみくちゃにされながら宿舎に帰る。

次に勝てば一九六八年以来のベスト4進出。いやが上にもテンションはあがった。

ベスト8は、中京、東北、海星、銚子《ちょうし》商業、PL学園、桜美林、星稜《せいりょう》、そして豊見城。名門、強豪が並ぶ中、各新聞で評論家たちが優勝を予想したが、接戦を勝ち抜きミスが少ない豊見城を優勝候補に押す声も少なくなかった。

準々決勝の相手は石川の星稜。キャプテン岸本が甲子園のグラウンド内で抽選し星稜と決まった瞬間「せい……なんだろう？」。漢字が読めなかった。今は名門星稜として甲子園の常連ではあるが、当時はまだ甲子園二度目の出場という新興校でほとんど知られていなかった。豊見城ナインは正直、勝てると思ったという。

勝負とは不思議なもので、負けると思った高校に勝てて、勝てると思った高校に負ける。

星稜のエースは、後に中日で活躍する〝スピードガンの申し子〟小松達雄。小柄の身体からスパーンスパーンと小気味よい快速球を投げる。

「メチャクチャ速かった。後で学校の友人に『なんであんな小さいピッチャーの球を打てなかったの？』と聞かれたりしたが、画面では伝わらないんでしょうね。ボール球だと思ったのがググっと伸びてきてストライクなんですから」

キャプテン岸本は悔しそうに話す。

動いたのは星稜二回の攻撃。先頭打者の四番が二塁打を放ち、ノーアウト二塁で五番・小松。

「小松に打たれたのはすっぽ抜けのカーブでした。レフトが捕れたはずだって言ったら酷ですかね」

キャッチャーの宝は、星稜戦は赤嶺を見殺しにしてしまったという後悔の念が強い。

小松が打ったレフトフェンスぎりぎりに飛ぶ大飛球をレフトが捕球寸前で見失い二塁打となり1点献上。結局この1点が決勝点となり0対1で敗退。惜しくもベスト4進出はならなかった。

宿舎での最後のミーティング。栽はみんなの前でこう言った。

「最後に言う。おまえたち、同級生で高校野球やっている奴がいるだろ。今後、社会人になって同級生と酒を飲んでも絶対に甲子園のことを自慢するな。社会に出ると妬みも生まれる。別に話さなくても結果、数字は動かないんだから。周りはちゃんと見ているぞ」

豊見城フィーバーで全国の注目を一身に浴びた赤嶺世代。あまりの人気ぶりに勘違いをしてしまう奴も出てくるかもしれない。だがこのフィーバーもほんの一時。進学するにせよ就職するにせよ、社会人として礼儀礼節をわきまえることが大事である。栽は、最後沖縄野球界の第一期黄金時代を築いた自負とともに、選手たちへはなむけとして、最後の言葉を送った。

赤嶺は、高校時代の自分のピッチングを振り返って「高校二年からは県内ではほとんど点を取られていない」と言い放つほど、強烈なまでの自信を持っている。そうじゃなかったらプロなどへは入れない。

どの世代でもトップで活躍した投手というのは、自分がナンバーワンという自負があるため他の投手を見ても凄いとは思わないものだ。赤嶺賢勇も然りで、高校時代は誰も凄いとは思わなかった。

赤嶺の武器はなんといっても、ブレーキ鋭いカーブ。誰に聞いても絶品と言う。キャッチャーの宝が東海大に進学したときのこと。当時の東海大のエース、後に大洋で134勝を挙げ最多勝を二度受賞している遠藤一彦の球をブルペンで受けていると、東海大相模から東海大の監督になった原貢が宝に聞く。

「おい、赤嶺のカーブと比べて遠藤のカーブはどうだ？」

「カーブだったんですか!?　てっきりスライダーだと思いました」

名将原貢でさえも赤嶺のカーブを一級品と認め、高い基準ラインにしていた。余談だが、小生意気なことを言った宝が後で四年生にボコボコにされたのは言うまでもない。

プロ側から「伸びのあるストレートに大きく縦に落ちるカーブが絶品」「柔軟性に富んだ身体が魅力」と高い評価を得ていたが赤嶺は大学進学を希望。地元新聞紙上では東海大進学の記事が掲載されていたが、栽の勧めで東京六大学の雄・早稲田大学へ進学することがほぼ決まっていた。秋には東京に行き神宮球場で六大学野球を観戦して安部寮の見学まですませていた。

ドラフト当日、巨人が二位指名し周囲は騒然とする。「巨人から指名だ」「賢勇が巨人から二位指名」。沖縄は巨人ファンが多いため、気の早いファンは〝沖縄初の巨人選手誕生〟と歓喜する。

周囲の喧噪《けんそう》とは裏腹に赤嶺は巨人入りを渋った。巨人側もあの手この手と入団工作をし、長嶋、王を使って「巨人軍のユニフォームを着てもらいたい」「周囲の雑音に惑わされないでほしい」と決断を促す電話をさせたりした。さすがの赤嶺も天下のＯＮから電話をもらい舞い上がるが、それでも即答はしない。

「俺は早稲田に行くよ」と同級生たちに断言し、ホテルで両親と巨人関係者と会談した翌日に「俺は巨人に行くよ」と一転してプロ入り宣言。一体、ホテルでの会談で何があったのか。密室での出来事は関係者以外何もわからない。

周りは巨人入団が名誉なことだと喜んでいたが、栽は複雑な心境だった。六大学のパイプも大切だが、赤嶺がそのままプロで通用するとは思えない。大学に行ってからでも遅くはないのではないか。仮に大学に行ってプロへ行けなくても指導者としてまた沖縄へ帰ってくる道もある。選択肢はいくつあっても困ることはない。

栽はプロ入り後のオープン戦で赤嶺が登板するのを見て一言呟いた。

「賢勇はもう終わっているよ」

結果的には顔見せパンダのように終わってしまった赤嶺賢勇。

プロではまったくと言っていいほど活躍できなかったが、ナックルを覚えたことで一時だけ話題になる。一九八三年対広島戦でリリーフ登板、四番・山本浩二《やまもとこうじ》をナックルで三振に斬っておとした。空振りした山本浩二が「なんだ今の球は？」とおぼつかない表情だったのを覚えている。高校時代は沖縄の星と呼ばれていたが、プロでは巨人の星とはいかなかった。

高校二年の全盛期のままプロに行っていたら、桑田真澄（元・巨人）のようなクレバーで球のキレ、相手との駆け引きで勝負するピッチャーになっていたのではと同級生たちは言う。沖縄県民の心に希望と潤いを与えた投手が、プロ生活七年、一軍登板四試合0勝0敗のまま引退するのはあまりにも寂しすぎた。

赤嶺にとって栽先生との一番の思い出はなにかと尋ねると、こう答えた。

「初めてのセンバツが終わったあとの五月に鹿児島に招待試合で呼ばれたんです。出発する前の那覇空港で栽先生が『ついに沖縄が胸を貸す番になったか』としみじみ言うんです」

高校野球にすべてを捧げてきた栽に最も愛されたピッチャー赤嶺賢勇。彼の出現が沖縄に希望の光を照らし勇気を与えたことは、沖縄高校野球史だけでなく沖縄の歴史においても燦然《さんぜん》と輝く史実である。

脱赤嶺　豪打豊見城復活

スーパーエースの赤嶺賢勇が抜け、新生豊見城の船出はどうなるのかと県内外から注目された。チームが常勝軍団になるときは不思議なもので、スターが抜けてもまた新たなスターが現れるものだ。

赤嶺に代わって現れたのが、石嶺和彦《いしみねかずひこ》。沖縄が生んだ天才バッター。一九七八年阪急にドラフト二位指名され、入団。プロ生活十八年。通算成績は、打率二割七分三厘、1419安打、269本塁打、875打点。打点王一回（一九九〇年）、ベストナイン三回（一九八六、八七、九〇年）。

すでに百人近くの沖縄出身者がプロ野球界に入っているが、石嶺が断トツに一番の成績を残している。彼こそ沖縄史上ナンバーワンバッターといっても誰も異論はないだろう。

石嶺は赤嶺と違って入部当初は目立たない存在だった。ポジションはキャッチャーでそれも三番手扱い。裁もノーマークの選手だった。

新チームになってからのフリーバッティングのときだ。

「クゥキィーン」。両耳に響き渡るほど、快音とわかる金属音。

薄汚れたボールが澄み渡る真っ青な空に消えて行く。

「ん？」。栽は、他の選手に比べ打球の伸びが違うことに気付く。セカンドベースの後ろあたりに落ちるかなと思った打球が、もの凄い勢いで伸びていきセンターオーバー。背筋の強さ、リストの強さから繰り出される打球の加速度が超高校級。最重要課題とされている打力の強化において、どっしりした中軸バッターが必要だと考えていた栽は即座に石嶺を徹底的に使って育てることに決めた。

「一年の頃はいつ辞めようかと思ってました。九州大会でベスト4に入ってセンバツが決まったときは、ああ〜続けるしかないな、と辞めることを諦めました」

ひょうひょうとした感じだけれども、人の良さが滲み出ている石嶺。

「いくつになっても栽先生の前ではタバコなど吸えませんでしたから。プロで実績を残しても、栽先生の前にいけば何か言われるんじゃないかという怖さはありました。でも栽先生は見事に何も言われなかったですね。何かのメディアで、三十過ぎなのでウエイトトレーニングをして現状維持を努めます的なコメントをしたら、栽先生から『間違った解釈をしている。やればやるほど筋力は強化できるもんだから』ということを直接言わずに、人を通して僕に伝えたんです。プロはプロの世界、アマチュアはアマチュアの世界という思いがあったらしく、きちんと一線を引いていました」

手塩にかけて育てたスラッガー石嶺だがプロの世界にいる以上、自分がシャシャリ出てはいけないと栽は自重していたが、いつなんどきでも気にかけていた。話を戻そう。

バッティング強化は一にも二にも打ち込むしかない。三時半からの練習は三ヵ所に分かれてのフリーバッティングから始める。選手たちは六時間目の授業から学生服の下にユニフォームを着込み、アップもせずにすぐにバッティングに入る。アップは練習する前にやっておけという栽の無言の教えでもある。沖縄の暑い気候なら教室からグラウンドまでランニングすればすぐに身体はほぐれ、フリーバッティングの準備をする間に各自、キャッチボールやストレッチをやる。

一九七六年当時から栽はかなりのメジャーリーグ通で知られていた。当時では珍しいメジャーリーグのビデオを何本も所有し、選手たちにも教材として見せている。

当時の流行のバッティングスタイルは、4256安打のメジャー記録を持つピート・ローズ（元・レッズ）などがやっていた打席内で上半身をホームベース寄りに前傾して構えるクラウチングスタイル。栽はすぐに選手たちにクラウチングスタイルを強要する。ミーティングで栽は口癖のように「大リーグの選手はな……」とメジャーリーガーを喩えに出して話をしていた。

栽のメジャーリーグ通は流行の最先端をいくという類いのものではない。幼少期のある原体験が要因となっている。米軍駐留地をメジャーリーグのスター選手が表敬訪問し、試合をしている姿を何度も見ている。ルー・ゲーリックやジョー・ディマジオといった伝説のスーパースターなどもお忍びでやってきているのだ。

栽が子どもの頃に憧れたプロ野球選手は赤バットの川上（哲治、元・巨人）や青バットの大下（弘、元・西鉄）、物干竿《ものほしざお》の藤村（富美男、元・阪神）ではなく、アメリカのメジャーリーグの本物のスター選手だった。幼き頃に目に焼き付いたメジャーリーガーの幻影をどこかで強く追い求めていたに違いない。

豊見城人気は最高潮に達し、新一年生部員が百三十人以上入部してくる。だが多ければよいというわけではない。大勢いても統率がとれない。むしろ、指導者として一人ひとりの選手を細かく見るためには百名以上の部員はいらないと考える栽。

グラウンドに入りきらずに外野の隅っこでなにをしてよいかわからずにいる一年生を集める。「多すぎる。削らしてもらうよ」と三年生が言い、いきなりダッシュ50本を連続でやらせ、倒れる一年生を尻目に「おい、もっと速く走らんかい！」と罵声を浴びせる。次の日はダッシュ60本、その次の日は70本と日に日に本数を増やし、人がバタバタと倒れ辞めていく。三十人くらいになったところで、「よーし、ちょうどいいかな」と言い、グラウンドで球拾いをさせる。

野球のレベルを上げる練習ではなく、落とすための練習。これをクリアした者だけが栽野球を学ぶことができる。

高校野球の上下関係は体育会系独特の不条理なことばかり。先輩がガジュマルの葉っぱをちぎって「これでパンを買ってこい」と言い、後輩は渋々自分の金で買ってくると「おい、お釣りは?」と手を差し出す。先輩の命令は絶対である。子どもたちにとっておそらく初めてぶちあたる理不尽の壁である。誰がそうしたわけではないが、徒弟制度をそのまま高校野球に持ち込んだ形とも言える。裁は何でもかんでも一年生がこきつかわれるのはチームとして弊害が出ると思い、シートバッティングでグラウンドすぐ左側にある漫湖にファウルボールが入った場合は自ら取りに行くというルールを作る。三年生になれば天皇陛下という意識ではどこか隙ができる。野球はチームスポーツだ。ルールを決めることで、チームという和を自覚させるためである。

まだ創立して十年ちょっとしか経たない豊見城は自由でリベラルな校風だった。休み時間、または授業が自習のときは校外へ出ても何も言われず、選手たちの息抜きは自習のときに学校外へ出て近くの食堂や喫茶店でコーヒーを飲むことだった。通学もバイクで来ては学校の周辺に駐車しておく。もちろん、無免許だ。

この頃の沖縄県内の高校はどこも自由な雰囲気が漂っていた。食堂に行けば普通の高校生が堂々とタバコを吸っている。当時県内随一の進学校那覇高校の生徒も豊見城もみんな仲良くダベってタバコを吸ってつるんでいた。復帰してまだ四年。いきなり日本の法律を押し付けられても二十七年間アメリカの統治下にあったツケは大きく、高校生のタバコ、飲酒、無免許など警察も目の色を変えて取り締まるようなことはしなかった。

「栽先生の体育の授業はいつも走っとけで終わり。今考えると授業放棄だよね。でも俺たちも大人だったから、別になんともなかった。オシャレなバーなんてなかったし、那覇の街がこんなに近代化するなんて夢にも思わなかった」

豊見城ＯＢの具志堅純は沖縄復帰前後の高校生の様子を淡々と語ってくれた。

復帰したからといって飽食暖衣の生活がすぐ始まったわけではなく、まだまだ貧しかった。本土復帰への景気づけとして一九七五年七月に開催した沖縄国際海洋博覧会（海洋博）を契機に観光業者が投機的な乱開発をした結果、過剰投資による連結倒産が相次ぎ沖縄経済が不況に陥る。それでもなんとか自立しようと沖縄全体が躍起になっていた。若者たちは暗い影もなく、自由の生活の中から何かを見つけ出そうと楽しみながらも必死に模索していた。


栽野球には、小禄、豊見城、沖縄水産と三つの時期がある。この豊見城時代は、甲子園七回出場のうち四回ベスト8という功績を残し、栽野球の黎明期《れいめいき》とも言われる。その豊見城時代も五、六、七期生の基礎世代、赤嶺世代、石嶺世代と大きく三つに分かれる。取材を重ねるうちに豊見城時代はすべて破壊と再生だったのではないかと思えるようになった。

まず沖縄人特有のナンクルナイサ気質をスパルタで瓦解し、そのうえに独自の精神トレーニングで新たに人格形成させようとした。

闘争心を養わせるためにグラウンドにロープを張ってボクシングをやらせた。あえて先輩と後輩を戦わせるのだが、後輩が先輩を殴れるわけがない。先輩がいつも一方的にボコボコにして終わる。そして極めつきが、〝鶏の首切り〟。今だったら一発で大問題となる。農家から鶏を集め、順々に頭を落としていく。「何を躊躇《ちゆうちよ》しとる。やれ！」、「うわーーー」。絶叫をあげて鉈《なた》を下ろす。さながら江戸時代の斬首刑執行のような光景。気の弱い子はトラウマになった。とにかく良いと思ったことはすぐに実行に移した。

栽野球を学ぶにおいてベースとなるのがウエイトトレーニング。沖縄の子どもたちは身体が小さいというハンディがある。身長一六〇センチちょっとの子どもが内地の一八〇センチの子どもと戦うためにはパワーとスピードをつけるしかない。重たい物を持つことは怪我に繋がると間違った解釈が蔓延していた時代、栽はウエイトトレーニングを率先して導入。当時としては画期的な試みである。当然、今のような科学的な器具などなく、ペンキを入れる缶にセメントを流し込んで鉄の棒をつけてバーベルを作ったり、ロープをつけて棒を巻き上げていったりと知恵を使っての手製のトレーニング器具を作った。豊見城時代は七回甲子園に行ったがその七回とも平均身長が一番低かった。選手たちも自分たちは小さいんだというハンディを自覚していたからこそ、進んでウエイトトレーニングをやった。背の低さをパワーとスピードでカバーする。それを実証したのが、辺土名高校バスケットボール部。名作『スラムダンク』のモデルにもなった高校である。

一九七八年高校総体の男子バスケットボールで語り継がれている伝説がある。「辺土名旋風」。沖縄の最北端の辺土名高校が山形で行われたインターハイで三位に入ったのだ。三人のレギュラー選手が一六〇センチ台、男女合わせて平均身長が下から三番目という小兵のチームだった。だが低身長をスピードとシュート力でカバー。奥間《おくま》ビーチキャンプで米兵と練習試合を重ね、抜群のスピードとシュート力を身につけ、沖縄のバスケを鮮明に印象づけた。会場ではテレビカメラがコートを囲み観客は大いに盛り上がった。マスコミはドリブルの速さを「超音速」と命名し、後に実業団が辺土名高校の試合のビデオを観て参考にするほどバスケットボール界に衝撃を与えた。

豊見城高校の躍進で沖縄の高校スポーツが全国に羽ばたいていく時期でもあった。

高校野球の練習の証《あかし》といえば、手のひらのマメ。テーピングや水絆創膏《ばんそうこう》などシャレたものなどないため赤チンを塗ってバットを持つ。石灰が血マメの中に入ると化膿《かのう》してしまい、グジュグジュになって穴が空く。

「おまえ、マメができてるのか？　ちょっと見してみろ」

栽はカッターを取り出し、マメを全部切り取る。血がポタポタと滴り落ち、「おいおい、何するんだ〜」と選手は慌てふためく。

「こうやって固くなった古い皮膚を切り落とし、新しい皮膚を再生するんだ」

博学の栽の言うことに、選手たちは疑いもせず素直に納得する。

栽の練習中の必須アイテムと言えば、ハンドマイク。ミスがあるとすぐにハンドマイクでプレーを止めて、選手を全力疾走させて呼びつけてその場で叱る。なぜ今のプレーがダメなのか、この局面ではどうすればいいのか、練習後のミーティングで話しても選手たちには届かない。失敗したその場で言わないと聞く耳を持たないいし、頭で理解しない。

練習試合においてもそうだ。豊見城のグラウンドで練習試合がある場合、試合中であっても普段通りハンドマイクで叱りつける。例えば、相手の攻撃でランナーがスコアリングポジションにおり、レフト前ヒットを打たれ、レフトの本塁送球がそれると、「おい！　レフト、そんな返球あるか！」とハンドマイクで怒鳴る。豊見城の選手は帽子を取って直立不動で聞く。インプレーなのに延々とプレーの解説をする。ランナーも走らないし、審判も止めない。一試合に何度も何度もプレーを中断するので相手高校の監督も「バカにするなよ」と陰で不満を漏らしていた。常識としては失礼極まりないことだが、そこは栽である。おかまいなしだ。

高校野球では十二、一、二月の時期に練習試合等を行ってはいけない規定になっているが、沖縄では合同練習という形で七回までの練習試合をバンバンやり、一年中ボールを使って練習をしていた。

栽野球において永遠のライバル興南。豊見城黄金期のときからいつも立ちはだかっていた。

一九七八年の興南のトップバッターに金城という非常に足の速い選手がおり、2アウト一、三塁で金城が三塁走者のときに一塁走者が盗塁してタッチされる寸前でわざと挟まれて三塁走者の金城が還るという作戦をやり、機動力の凄さをまざまざと見せつけていた。

なんとか防げないかと栽は考える。石嶺の肩をもってしてもセカンドまで投げてしまうと間に合わない。カットしてもダメ。そこで思いついたのは、セカンドベースから三メートル一塁側に投げ、三塁走者の金城を誘い込んでアウトにする方法。セカンドベースに投げないという奇想天外な発想。選手たちは別に動揺はしない。栽の言うことを聞いていれば勝てるという信頼関係があったからだ。

とにかくワンプレーに対する分析には余念がなかったが、いつもうまくいったわけではない。例えば攻撃のときスクイズを外す外さないをどうやって見極めたらいいかを研究していた。まず初動はキャッチャーの膝が地面を離れることなので、ランナーにはキャッチャーの膝を見るように指示。だがキャッチャーの膝ばかりを見すぎてスタートが遅れるため、すぐに却下。このように試行錯誤しながら、プロでもやらないようなフォーメーションプレーを何度も何度も練習した。守備練習のときはいつでもどこでも怒鳴り散らしていた。

「公式戦の予備練習を一球で終わったことがありますよ。試合前のノックのとき、一番最初にサードにノックじゃないですか。捕って投げたら暴投してしまったんです。そしたら『みんな戻れ！』と。もう試合どころじゃないですよ」（サード平山司）

公式戦でも明らかに力の差がある相手のときは、栽はいろいろなことを試す。2アウト一塁で、送りバントのサインを出す。サイン間違いではなくわざと出す。要はどうやって二塁へ進められるかを自分自身で考えろということだ。常に高いレベルを求める。

栽は百名近くいる部員のフルネームをきちんと覚えており、次代を担う一年生にも目を配るように努めた。

「ちゃんと今のうちにやることはやっとけよ。あとで必ず生きるからな」

「スイングというのはな」と自ら手本を見せる。ビシュビシュと風を切る鋭い音。左バッターには左でスイングして見せる。これを見せられたら選手たちは何も言えなくなる。最初に凄さと威厳を見せつけることが大事なのだ。

マスコミを使って情報操作も巧みにやった。地元テレビの取材が来ると、選手たちは一〇キロの砂袋入りのウエイトジャケットを着てノックを受け、五分もたたないうちに顔が青ざめ、そしてヘドを吐く。栽はテレビ用としてあえてやらせていた。マスコミを使って、〝王者豊見城〟を県内の各高校に知らしめるためだった。

宮古島出身

豊見城高校には離島からの選手も数多く来ている。代表格で言うと、一九七七年のエース下地《しもじ》勝治《かつはる》（元・広島）は宮古島《みやこじま》出身、キャッチャーの石嶺和彦は本島生まれだが両親が宮古島出身。そのほか、伊良部《いらぶ》秀輝《ひでき》（元・阪神）、仲田幸司（元・阪神）、デニー友《とも》利《り》（現・中日投手コーチ）なども、どちらかの親が宮古島出身である。

栽は昔から宮古島の人間のバイタリティーを高く評価していた。組織力、統率力は沖縄本島の比ではない。そうなった理由は宮古島特有の土壌の性質にある。宮古島は琉球石灰岩でできているため作物が育ちにくい土壌。稼ぐためには島の人々は外へ出るしかなかった。外で生き抜くためには並々ならぬ行動力や知性が必要であった。その血が今も脈々と継承されているのだ。

また宮古島を語る際に必ず精神的特徴に加えて身体能力の高さが特筆される。かつて栽は雑誌のインタビューで「宮古の人は骨格がよくパワーがある。特に漁師の家で育った子にその傾向がある」と答えている。

宮古島から橋で渡れる池間島《いけまじま》に住む「池間民族」と呼ばれる人々は背が高く骨格がしっかりしている。お腹《なか》が減ったら自分で魚介類、海藻を採って食べる習慣によって、骨格筋を構成する高タンパク質をたえず摂取し、屈強な骨格を形成する。子どもたちは学校を汚しても、絶対に海は汚さない。海の大切さを知っているからだ。

その池間民族の一部が、宮古島の西原地区と伊良部島《いらぶじま》の佐良浜《さらはま》地区に移り住んだ。そのせいかこの両地区は優れたアスリートを生んでいる。代表的な例が、宮古島の隣にある伊良部島の佐良浜《さらはま》中男子バレー部で、二〇〇〇年（平成十二年）に全国大会準優勝、県大会優勝二十四回を誇る名門。また伊良部高校バレー部も全国大会出場の常連で、二〇〇七年のときは部員たった六人で県大会準優勝をしたほどだ。

かつて宮古島の宮古高校が三度甲子園に手が届きそうな時期があった。

一九七六年沖縄開催の秋の九州大会では優勝候補佐伯鶴城《さいきかくじょう》（大分）に勝ってベスト8。準決勝はサッシー（酒井圭一、元・ヤクルト）擁する海星（長崎）に惜しくも1対3で敗退。もし二十一世紀枠があれば間違いなく選ばれただろう。一九七七年、七八年の夏の県大会では二年連続決勝進出し、相手はともに豊見城。当時宮古高校の監督の盛根一美（現・福岡第一監督）は思い起こす。

「昭和五十二、五十三年の決勝では、栽野球に対抗するにはかき乱さなければいけないと思ったができなかった。キャッチャーには石嶺くんがいるし、どうあがいても勝てない。０対０でも４、５点取られているような感じで、試合をする前から押されている。豊見城のユニフォームに気後れしている部分もあったのかな」

一九七七年の決勝進出で０対４で負けたときは宮古の大応援団から惜しみない拍手をもらったが、翌年の決勝戦、延長十一回でサヨナラ負けをしたときのスタンドの雰囲気は前年とは違うものであった。

「バカヤロー」「なにやってんだ！」「島に帰ってくるな」

泣き声に交じってあられもない罵声、怒号が飛び交う。

宮古島は、かつて大洋に浮かぶ平らな島の意味で、〝平良《ひさら》〟〝太平山《たいへいざん》〟とも呼ばれていた。山のように大らかで逞しい宮古島の人々だが、その反面熱しやすくて冷めやすい一面も持っている。

栽がいち早く離島それも宮古島に着目し、沖縄水産時代に誰よりも先にスカウト活動を行ったのは、石嶺や下地、そして一九七七、七八年の宮古高校の活躍があったからである。

甲子園での壁

〝10点に喜び10点に泣いた〟これは一九七七年の選抜甲子園でのこと。

一回戦酒田東を10対0で圧勝。栽は東北のチームをいつも褒めていた。

「東北の人たちは我慢強いよな。どんなに大雪が降ろうとも諦めない。沖縄も見習わないといけない。沖縄は、台風が来たらすぐに諦めてしまう、自然には敵わないと。元来、沖縄の人は我慢強いんだけどな」

　東北のチームは冬の間、雪といった悪条件の気候のもと文句も言わず頑張ってきている。その我慢強さにはいつも感服していた。沖縄人も東北人に負けないくらいの忍耐力を持っているはずだ。自戒を込めて東北人を褒め讃える栽。

二回戦は名将尾藤公《びとうただし》（故人）監督が率いる箕島《みのしま》。一回戦とは逆の結果となり0対10であっけなく完敗。この大会、箕島が優勝するのだが、優勝校との差はまだ歴然としていた。栽の甲子園出場十七回の中でも、この箕島戦0対10はただひとつの記録的な大敗である。

一九七七年第五十九回夏の甲子園大会、昨年に続き豊見城は甲子園に帰ってきた。二回戦水島工業（岡山）を9対2で破り、続く三回戦は名門広島商業。昨年、今年ともにセンバツで東海大相模、箕島といった名門に敗れている豊見城。選手よりも栽のほうが名門の看板を意識している。0対0の息詰まる投手戦のまま延長十一回に突入した。十一回表、金城隆が予測もしていなかったレフトラッキーゾーンに入る値千金のホームラン。均衡は破れ、1対0で豊見城勝利。実は金城は前年夏の甲子園では四番を打っており、この試合は終盤代打に出て三振、二打席目での快挙だった。

「おまえ何しに来たんだ。ホームランを狙って行け！」

栽は気弱になっている金城に活を入れ、見事にそれに応えたホームランだった。

準々決勝の相手は好投手松本正志《しょうじ》（元・阪急）がいる地元兵庫の雄・東洋大姫路。一昨年、招待試合で豊見城と対戦し1対1の引き分け。その頃、松本は線も細く、球はただスピードがあるだけだったのが一年経ち、見違えるような身体つきから一四〇キロ超の威力のある球を投げる投手に変貌。3対8で負けた。攻走守、すべてにおいて力負け。東洋大姫路は準決勝も勝ち、決勝戦では〝バンビ〟こと一年生ピッチャー坂本佳一《よしかず》の東邦と延長十回の末、4対1で勝ち優勝を飾った。好投手松本は五試合投げ、3完封、失点4。準決勝までの間に得点を許したのは、豊見城の3点のみであった。

一九七七年の春、夏の甲子園ともに優勝校に敗れている。それも完膚なきまでに叩きのめされての負けだ。出ると負けといった従来の沖縄県代表のひ弱さは完全に脱却し、実力差が少ない代表校に対しては一方的な勝ちができるようになった。また広島商業といった伝統校にも接戦で競り勝てる地力がついた。だが全国のトップレベルの壁がまだまだ高いことを思い知らされる。その壁を越さない限り、頂点は見えて来ない。栽は、沖縄に帰ってチームを一から作り直し、再び聖地に戻ることを決意し、甲子園を後にした。

頂点を目指すべく、栽は石嶺を中心に鍛え直した。そして秋季大会を順当に勝ち進み、九州大会に進出。

一九七七年秋の九州大会は栽にとって一生忘れられない大会となる。豊見城に来て〝九州を狙えるチーム作り〟をスローガンに掲げ早六年。念願の九州大会優勝を達成した。と同時に四年連続選抜出場を決めた。この四年連続選抜出場は晩年になっても栄誉ある功績として、もっと評価されるべきだと周囲に冗談で話すほど、嬉しい快挙であった。

豊見城の看板の打撃はさらにパワーアップし、一番から九番までどこからでも点が取れる打線となり、チーム打率三割七分一厘は選抜出場チーム中二位。強打豊見城は今年も健在をアピール、優勝候補の一角に上げられる。

だが、一九七八年選抜甲子園一回戦の桐生《きりゅう》高校（群馬）に1対3であっけなく敗退。好投手サウスポー木暮洋の前に3安打1得点でなす術《すべ》がなかった。桐生は外野をすべてフェンス前に置くといった思い切った守備陣形を敷き、豊見城は大飛球をことごとく捕られた。徹底した研究で桐生の戦略勝ちといったところだ。

試合前の待機している通路で桐生の超大型スラッガー阿久沢毅が「コールドみたいな点数はやめてくれよな」と気さくに声をかけるが、豊見城のメンバーはそれに対して何も返すことができない。沖縄の子はシャイなため、なかなか話せない。栽はその光景を見て、同じ高校生なんだから堂々としていればいいのに、と臍《ほぞ》をかむ思いだった。

センバツから戻りチームは連戦連勝だったが、恒例のゴールデンウィークでの招待試合では、超高校級バッテリー西田真二（元・広島）と木戸克彦（元・阪神）、控えに金石昭人《あきひと》（元・広島）、一学年下に小早川毅彦《たけひこ》（元・広島）というスター軍団、いわゆる〝逆転のPL〟の異名をとったPL学園に2対9と大敗。栽は烈火の如《ごと》く怒った。

「もう明日から練習するな！　休みだ」

選手たちは栽の言葉を真に受け、本当に練習を休みにした。翌々日、栽はキャプテンを呼び出し「おまえら本当に練習しないのか!?　たわけ!!」と怒り狂い、こっぴどく叱った。少し手綱を緩めるとすぐつけあがる。信頼しても信用はしない。栽は再び鬼と化すことに決めた。

この一九七八年は、沖縄人にとって変わった光景が見られた年でもある。

『730』

この数字を沖縄の人たちは「ナナサンマル」と呼ぶ人が多い。「ナナサンマル」とは日付のことを指し、一九七八年七月三十日のことである。沖縄は戦後から一九七二年の本土復帰まで、車はアメリカ同様に右側通行だった。復帰後もしばらく右側通行であったが、国際条約で「一国一交通制度」という規定のため、復帰六年後のこの日に右側通行から左側通行へと世界でも類を見ない道路交通法を変えたのである。前日の二十九日の二十二時から車両を通行禁止にし、八時間かけてあらかじめ直しておいた道路標識や信号機のカバーの取り外しを行って正式に配置し、三十日午前六時をもって左側通行になった。

この大掛かりな作業は一大イベントでもあり、七月三日から二十八日までテレビでは「クイズ730」と視聴者参加型番組を放送したほどだ。

一九七八年、三年連続夏の甲子園出場、これで六季連続出場。甲子園の常連となり、全国でも屈指の強豪校の部類に入るほどだ。

沖縄県勢は甲子園出場の際は、いつも資金繰りに苦しんでいた。地元企業が慢性不況にあえぎ、さらに県教組が強いため派手な寄付金集めができない。深紅の優勝旗を得るためには約三千万かかるという時代。当時、野球部長を務めていた宜野座四郎によると、「一九七八年の選抜一回戦負けのときに切り詰めて切り詰めて八百五十万。その年の夏にベスト8に進出すると、学校に『費用の足しにしてください』といろいろな方がやってきて大変有り難かったです。それでも切り詰めて出た余剰金で用具を買ったりしましたから」。

父母、学校、県から援助で約三百万、それに大阪県人会のバックアップとセンバツの余剰金などで合計約一千万。それでも四十九代表のうち最低の資金で甲子園入り。大会本部から援助金として一日ひとり当たり六千五百円（監督、部長、ベンチ入りを含めた十七人分）が出て、宿舎費用にあてるのだが、豊見城は一日ひとり六百円の沖縄県人会の会館を使用し、緊縮策を講じる。

一九七五年選抜初出場時に比べると用具にもかなり恵まれ、一九七八年の夏の甲子園のときにはバットが百五十本くらいあり、バットを運ぶ専用車があった。

初戦は我孫子《あびこ》高校（千葉）。三回、七回にスクイズを二度失敗している。栽は送りバントは多用したが、スクイズとなると非常に慎重であった。スクイズの怖さ、たった一球ですべての局面が変わってしまう怖さがあるため、ここぞという場面でしかやらなかった。２対２の同点のまま延長十回に突入、無死満塁で大会随一のスラッガー石嶺。

栽は一瞬スクイズが脳裏を過《よぎ》ったが二度の失敗がある。逡巡《しゅんじゅん》していると石嶺が近づいてきた。

「一球目からいっていいですか？」

栽はむしろ待ってました、だ。

「ああいいよ。おまえに自信があるなら」

石嶺は初球を強振。打球はライトへ上がった。三塁走者の比嘉はタッチアップ態勢。すると我孫子のサード一年の和田豊（元・阪神監督）は比嘉にライトの選手を見せないよう死角に入る。比嘉は思い切り手で和田を押しのけタッチアップ。浅いフライであったが「ノーカット」という声が大歓声にかき消されファーストがカットしたため、俊足比嘉がうまく駆け抜けてサヨナラ勝ち。この試合以後、我孫子は自分で判断できるよう声なしのカットの練習をするようになった。ひとつの試合で勝つ喜びを得れば、カットプレーの思わぬ怖さも知った試合だった。

続く三回戦、東筑（福岡）にも4対1で勝ち、これで三年連続ベスト8進出。

準々決勝の相手は、岡山東商業。戦前は豊見城の戦力が上と見られていたが、野球は下馬評ほどあてにならないもの。両軍乱打戦となり5対5のまま延長十回裏1アウト満塁からスクイズでサヨナラ負け。またしてもベスト4の壁に阻まれた。

「泣くなよ～。おまえたちが悪いんだから泣くなよ～」

栽は選手たちをあえて突き放すように言う。悔しいからと下を向いていては、いつまでたっても壁を乗り越えることができない。肩を落として涙を流す姿は大勢の人たちに見られている。周りが自分たちを見ていることを自覚し、辛くても前を向いて歩く勇気を持て。おまえたちは沖縄代表なんだから。栽のつっけんどんな言葉の裏には深い意味が込められていた。

豊見城終焉のとき

燦々《さんさん》と輝きを放っていた豊見城も、だんだんと陰りを見せ始める。一九七七年から学区制が敷かれ、良い選手が集まらなくなったのも一因だが、選手の気質自体も影響し始めていた。豊見城がブランド化し選手に純粋な気持ちやひたむきさがなくなり、豊見城に行けば甲子園に行けるだろ、とあぐらをかいて野球をする子どもが増えた。たったひとりでも腑抜《ふぬ》けた心があればすぐに蔓延する。

栽は一九八〇年から沖縄水産へ転任することがすでに決まっていた。だからこそ、この最終世代には格別な思いをかけてきた。

取材をして個人的に興味を持ったのは、豊見城や沖縄水産黄金時代の甲子園連続出場が途絶えてしまった世代。どんな思いで野球をやってきたのか、栽は何を考えていたのか、普通の雑誌では触れない部分に焦点を当てるべきだと思った。

「我々の時代は萎縮してました。みんな栽先生が怖くて身体が動かなかった。栽先生にしたら豊見城でやるのは最後ですし、甲子園優勝で有終の美を飾りたいという思いはあったんじゃないですかね」

懐かしそうに大きな目を細めて話すのは、一九七九年度卒業の豊見城最後の世代、翁長良晴。現在、ブライダル関係の株式会社バリューブリッジ代表取締役として沖縄、アジアを中心に活躍している。カリユシウエアに身を包み、白髪まじりの短髪、ギョロッとした目、張りのある声、独特の存在感があった。インタビューで開口一番に「僕らの代で甲子園連続出場は途絶えました」と大きな目を見開きながらはっきりした口調で言う。普通なら不名誉な記録は少し言いにくそうに話すものだが、翁長は、過去は過去、縛られるつもりはないと示すかのように堂々と話す。翁長は高校を卒業してすぐアメリカへ渡ってしまったため、沖水時代の栽のことを知らないどころか、卒業してから一度も会っていない。

「ある面でいうと、指導者としては栽先生を反面教師として見ていました。栽先生の不用意な一言で選手たちが萎縮してしまうんです。チームの動かし方がヘタだなと思っていました。社会に出てから栽先生の良い面、悪い面は大変役立っています」

私生活の部分は置いといて、野球に関して栽の指導方法を疑問視した教え子を初めて見た。

この最終世代で面白いのは、右打ちの良いバッターであろうとも入学してすぐに全員左打ちに変えさせられていることだ。

「おまえたちの右のフォームはクセがついている。左はまだまっさらな純粋なものだから綺麗なフォームができる」

栽は一度も右左の適性を見ずに有無も言わせず強制的に左に変えさせた。

「先生に内緒でバッティングセンターに行って右で打つとヒットの数は多いんだけど、左のほうが綺麗な球筋で飛んで行くんです。小さい頃からずっと右でやってきたので本当に悩みました。野球をあまり知らない親父《おやじ》にまで相談したくらいですから」

他の選手たちもいつかは右に戻してもらえるのではないかと半信半疑な気持ちで黙々と左で振っていた。

「そういえば、当時レジー・ジャクソンに似た沖縄国際大のバッターがいて、ものすごく彼のことを褒めていましたね」

確かに最終世代の頃と、ミスターオクトーバーの異名をとったヤンキースの主砲レジー・ジャクソンがバカ当たりをしていた時期は重なる。さらにミスタータイガースの掛《かけ》布雅之《ふまさゆき》（現・阪神二軍監督）が48本でホームラン王を獲得するなどホームランを量産していたのも同時期だ。左の優位性を考えてのことだろうが、メジャーリーグ通の栽がレジー・ジャクソンを見て全員左打ちをやらせたとしたら……。革新的なことが好きな栽はレベルが落ちる最終世代に対し実験的に試したのは間違いない。

スタメン全員左打ち、甲子園に出たらさぞかし話題になっていたはずだ。

「うちの代はみんな戸惑いもあったと思います。いきなり左に変えさせられて、すぐ怒られ、固くなって……。ちょっと変則なサウスポーがきたらまったく打てませんでしたから」

最後の夏の県大会準決勝で南風原《はえばる》高の一年生サウスポーのストレートとスローカーブに翻弄され、1対4で敗退。翁長は春、夏の大会とも最後のバッターとして終わっている。

「指導者として常に上を目指して悩んでいました。頂点は大リーグですからね。『変化球じゃない、ムービングボールだ。速くなればムービングするんだ。だから力をつけろ！』ってね」

赤嶺世代で晴れの舞台甲子園で全国と対等に戦えるようになった。石嶺世代には全国の頂点を獲《と》る難しさを知った。全国の頂点に立つにはどうしたらいいのか、毎日自問自答していた栽。振り返ると最後はいつも力負け。パワー野球を標榜《ひょうぼう》しているのに力で負ける。情けなく思った。そもそもパワーの原点は、米軍基地で見た猛々《たけだけ》しいほどかっこいいメジャーリーガーたち。追い求めたい。そのためにはパワーを備え付けられる器が必要だ。理想は夢のままでは終わらせない。栽は遥か先を見ていた。

「アメリカに旅立つ前にお酒を持って栽先生の家まで挨拶に行ったんです。『アメリカかぁ。おまえが一番いいかもしれないな』って言ってくれました。そして『大リーグか、あそこの野球はな……』と説明しだすんです。栽先生にとってアメリカ＝大リーグですから。終始ニコニコしてました。あんなに笑った顔を見るのは初めてでしたね」

豊見城、沖縄水産の黄金時代に甲子園出場できなかった世代は、負け組と評されることがあり、ＯＢ会にも出席しづらいという。これが名門たる所以《ゆえん》なのか。確かに負けたから甲子園に出られなかった。でも人生においてけっして負け組ではない。むしろ翁長がいい例だ。負けから始まり、人生の勝ち組の仲間入りをしている。

栽の願望は、この豊見城最終世代で甲子園優勝を置き土産に去っていきたかった。夢は途方もなく現実離れしたものほど、眩《まぶ》しくみえるもの。栽の夢の続きは次のステージへと持ち越しとなった。

第六章　不可解なプロ入り、そして謹慎

グラウンド作り

見渡す限りの広大な敷地。まるでアメリカの西部開拓時代を思わせるような、あたりを見回しても荒涼とした草原しかない。

「これだけの広い敷地があれば……」

栽は荒れ果てた草原を見て、理想の夢が膨らむ。

甲子園に行くためには物・質・量の三つが必要と言われている。豊見城では質を上げて量を増やし甲子園ベスト8まで行った。そこから上へは行けなかった。一体、何が足りなかったのか。物、いわゆる環境面、グラウンドである。

栽が沖縄水産に移った理由は二つ。まず広大な敷地を保有しており学校側から自由に使ってもよいと許可がでている。それともうひとつは、水産高校のため全県一区により全島から生徒が集まること。学区制に悩まされず、私学のように選手を集められることは強みである。とにかく荒れ地のような敷地をまず整備することから始まった。

土木関係の知り合いに声をかけ、ブルドーザーを借りて栽自ら運転して土を耕す。土を運ぶためにトラックが何台も往来する。一九八〇年（昭和五十五年）に沖縄水産へ赴任してからの二年間はグラウンド作りに没頭した。

昔は〝沖縄水産〟と聞けば、泣く子も黙るほどヤンキー高校として名を馳せていた。水産高校であるため九分九厘が男子。そのほとんどが各中学校で番を張っていた奴らで、パンチパーマに髭《ひげ》を生やし、カチャカチャ音が鳴るようなエナメル靴で闊歩《かっぽ》する。

中学生が沖縄水産を受験するために下見に行くと言えば、

「やめろ、中学生があのあたりに行けば恐喝されるか、殴られて殺されるかのどっちかだぞ！」

親戚連中から必死の形相で止められる。

校門から校舎までタバコの吸い殻が所狭しと落ちており、国際通りを歩けばみんなが避けて通る。通学に通うバスは満員状態でも沖縄水産の指定席である後部座席だけはいつも空いていた。この時代のOBに話を聞くと必ず、映画『ビー・バップ・ハイスクール』を地でいった感じという喩えを出す。「週刊ヤングマガジン」で一九八〇年代にヒットした連載マンガの同名映画であり、主演は仲村トオル、清水宏次郎、中山美穂が繰り広げるヤンキー高校生ムービー。残念ながら、沖縄水産には中山美穂のようなマドンナはいなかった。

噂では、卒業式の日には校庭の外に黒塗りのベンツが並び、ドラフト会議のように卒業生がベンツに乗せられ、任俠界《にんきようかい》へとデビューしていく。

今では沖縄水産＝野球部というのが定番になっているがもともとはボクシングが強く、和製ロベルト・デュランと謳われたWBCスーパーライト級チャンピオン浜田剛史《つよし》、初代IBF世界バンタム級チャンピオン新垣諭、またインターハイでは数多くの高校チャンピオンを輩出しているボクシング名門校である。

栽はグラウンド作りに励みながら、せっせと各中学校を回った。いい選手がいると聞けば、北は名護から南は糸満までどこへでも出向いた。そしてあるひとりのピッチャーと出会う。那覇の松島中学の比嘉良智。後の沖縄県初のドラフト一位選手。上背が一八〇センチ以上、がっちりした体格から繰り出されるボールは速くて重い。

「こいつだ」

栽は日参した。松島中学校は興南高校の裏手にあり、比嘉は沖水のほか興南、内地からは横浜高校、PLといった名門校からも誘われていた。一九八〇年夏の甲子園で愛甲毅（元・ロッテ）を擁した横浜高校が初優勝した翌日、自宅に渡辺元智《もとのり》監督からじきじきに電話があったほどだ。

比嘉は小学校時代から天才野球少年として地元では有名であり、何度か新聞にも載ったほどの逸材。周囲の反対を押し切って、一番熱心に誘ってくれた栽の沖縄水産へ行く。

ここから沖縄水産、興南の二強時代が始まる。

「これだけは栽先生に本音を聞いてみたい。肘が壊れているのをわかっていて、なんでプロに行かせたのか」

こうはっきり言い切る比嘉良智は一瞬悔しそうな表情を浮かべるが、それをすぐにかき消すように穏やかに笑い直した。取材は食事を兼ねて馴染《なじ》みの居酒屋で行われ、泡盛を飲みながら落ち着いたところで始まった。一八一センチ、体重九〇キロ以上ある巨漢の比嘉だが、細い目のいつもニコニコした人懐っこい顔で抑揚をつけながら持ちネタのように面白おかしく話す。

比嘉良智と言えば、一九八一年春、沖縄水産に入学し一年夏から主戦投手として投げ、沖縄県出身で初めてのドラフト一位選手としてロッテから指名された投手。興南・仲田幸司（元・阪神）との投げ合いは、六十年間の沖縄高校野球史の中でも類を見ない熱戦を演じた。この二強時代と呼ばれた一九八〇年代前半の興南・沖縄水産の時代は、空前絶後の盛り上がりを見せる。

「春、秋の九州大会のときもＲＢＣ（琉球放送）が行って実況していましたから。夏の大会も十一試合は中継しましたね。野球人気が本当に高かった。社会が本土に追いつけ追い越せという機運が高まっていて、高校野球が指針になっていましたね」

長年、沖縄高校野球の実況を担当していたＲＢＣの小山康昭《こやまやすあき》アナウンサーは語る。

一九八〇年代の夏の県大会優勝校をみても、一九八〇～八三年興南、八四～八八年沖縄水産が優勝している。一九八〇年代前半は興南、後半は沖縄水産とはっきり分かれているのも特徴的。この二チームが沖縄県の高校野球界をリードしていた。

一九八〇年代前半、日本は景気がいいとは言えなかった。一九七九年のイラン革命によりイランでの石油生産が中断されたせいで原油価格が高騰、第二次オイルショックで一九八〇年代の幕開けとなった。その後、一九八五年のプラザ合意から円高景気、そして狂乱のバブルへと移る。

文化面をみると、ニューエイジ世代が表舞台を席巻し始め、サブカルという特有の大衆文化が認知されるようになった。現在のサブカルチャーはすべて一九八〇年代に生まれたものがベースとなっている。CDやパソコン、携帯電話や携帯型ゲーム機、そしてAKBの原型も、すべては一九八〇年代に生まれている。一九八〇年代は各ジャンルにとって起原的な年代でもあるのだ。

高校野球界においても変革が起こった年代である。

一九八〇年は早稲田実業の荒木大輔（元・ヤクルト）が一年生ピッチャーで甲子園デビューし、五季連続甲子園出場で空前の〝大ちゃんフィーバー〟で始まり、八二年池田高校のパワー革命野球、八三年のPL桑田・清原のKKコンビと、永い高校野球史をみても前代未聞の人気沸騰で社会現象にもなるほどだった。超アイドルからパワー革命児、そしてふたりの天才野球少年出現と変革が激しい年代でもあった。

一九八〇年、本格派投手竹下浩二（元・大洋）を擁する興南が夏の甲子園ベスト8進出。大阪出身の竹下は当時ではまだ珍しかった越境入学により興南に入学する。一八二センチから繰り出す威力のあるストレートとカーブ、決め球はフォークを駆使し打者を打ち取っていった。

「高校生にフォークなど投げさせちゃいかん」

栽は竹下がフォークを投げることに苦言を呈した。竹下の将来を憂慮しての発言だったが、すぐさま興南の監督批判だととられてしまった。

沖縄水産の最初の一年間はグラウンド作りに励み、何もできなかった。二年目の一九八一年、大型化を目指す栽のもとにピッチャーの比嘉をはじめ有望な一年生たちが続々と入部してきた。ベンチ入り十六人のうち比嘉を含めた一年生が九人。完全に二年後を見据えてのメンバー構成。

比嘉は一年生で背番号は10だったが実質的なエースであり、夏の県大会一回戦久米島4対1、二回戦中部商業4対0、三回戦糸満10対2とすべて完投、うち1完封の文句のないピッチングを披露。だが準々決勝知念戦で味方のエラーも重なり4失点、攻撃面は15四死球を奪ったにもかかわらず13残塁と拙攻。3対4で敗退。

「やっぱり一年生はひと夏を越えてから徐々に実戦で投げさせていかないと絶対故障し

ますって。肩は鍛えられるけど、ある時期を過ぎれば消耗する。人それぞれに限界、容量は決まっていて、いつもいつも100パーセントの力でエンジンを吹かせば壊れるさ。70~80パーセントの力でやらないとダメ。中学、高校はあまり無理させずに。使えば使うほどダメになる」

泡盛が進んだせいもあるが、饒舌《じょうぜつ》になった比嘉は自戒を込めるように話す。

普段の練習では150~200球投げ込んでいた。冬場になると、強化月間として一ヵ月間一日400球のノルマがある。さらに一キロのトレーニングボールを使って六〇~八〇メートルの遠投もやっていた。肩、肘が壊れないわけがない。今から三十五年前に科学的トレーニングなどあるわけなく、栽は本で得た知識を元に選手を使って絶えずデータを取っていた。こうやって沖縄の野球を向上させていったのだ。

沖縄水産と興南は一九八二年夏から八三年の夏までの一年間に公式戦で五度対戦している。そのうち決勝一回、他すべては準決勝で当たっている。

この頃の興南は、ピッチャー仲田幸司、キャッチャー仲田秀司《ひでし》（元・西武）を筆頭に、能力が高い選手が粒ぞろいだった。勝敗は興南の3勝2敗。2敗は春の県大会と春の九州大会と甲子園には直接関係ない試合で、その二試合ともエース仲田は投げていない。

この五試合は遺恨試合ともいえるほど雌雄を決した戦いであったが、栽がもっとも憤慨した試合は八三年の春の九州大会準決勝。4対3で勝つには勝ったが、興南はエース仲田ではなく一年生を先発させた。

「ウチもなめられたもんです」

報道陣の前で堂々と皮肉たっぷりのコメントをする栽。仲田は左手中指の怪我のため登板を見合わせた。だがどうみても温存としか思えなかった。事実、三週間後の招待野球では万全の状態で最高のピッチングを披露している。

どんな相手だろうが常にフルメンバーで試合をやるのが礼儀であり、戦う姿勢と考えていた栽にとって、公式戦でエースを温存するなどもってのほかである。そして怒りはこれで終わらない。日程の問題で、大雨にもかかわらず決勝戦を決行するというお達しがきた。

「なに～!?　こんな雨でやらせるんか、ちょっと言って来い」

栽は部長を呼び、大会本部にかけあうが試合続行。結局、大雨の中、鹿児島実業に六回雨天コールド2対3で負けた。試合を成立させるためにやったようなものだった。

閉会式は、雨のため球場内のロビーで行われた。ここでも栽の怒りはおさまらない。

閉会式が終わり、まだ大会関係者が残っているときにいきなり怒号を発した。

「おまえら、走って帰れー！　絶対に歩くなよ。大雨だからって負けの言い訳にはならん。宿舎でもし笑い声が聞こえたら殺すからな！」

わざと怒りの矛先を選手たちに向けた。選手のことを考えず日程を消化することしか頭にない大会本部の縦割り行政的な態度に業を煮やし、爆発。大会関係者も栽の怒りが自分たちに向けられているのがわかり、肩をすぼめながらすごすごと退散していった。

「高校二年の秋に肘を壊して、翌年の春にやった九州大会、忘れもしない平和台球場での準決勝、決勝とダブルヘッダーで神山コーチに『肘が痛くて投げられないです』と言ったけど先発しました。後半、麻痺《まひ》してて痛みなんてわからない」

監督が投げろと言えば、はいとしか言えない時代、比嘉は痛みを堪《こら》えて投げるしかなかった。

比嘉は沖縄水産に入る条件を「東京六大学で野球をやりたい」と提示し、栽は「わかった」と承諾する。最後の夏の県大会決勝で負けた後、栽に呼ばれた。

「広島が三位で指名するというが、法政に行きなさい。法政ではバッターとして採ってくれる。レギュラークラスしか入れない寮への入寮も決まっている」

高校ではバッティング練習をまともにやったことはないし、自主練で素振りをしたこともないのに高校通算52本塁打。比嘉はきちんと練習すれば大学でも打者として通用するだろうと思った。

ドラフト当日、ロッテが外れ一位で指名してきた。

栽は突然、態度を豹変《ひょうへん》する。

「おまえごときが法政に行ってもバッターでは認められない。それよりはプロへ行って頑張りなさい」

え!? 何？ 比嘉は最初意味がわからなかった。「肘が壊れて投げられないから法政に行ってバッター一本で勝負すれば大丈夫と言ったのは栽先生なのに……なぜそんなことを？」

栽の意味不明な発言に比嘉はことさら悩んだ。ドラフトがあった日から栽は、部長ともどもプロ入りへの説得にかかっている。もともとプロ指向は強かった。肘痛がなければ喜んでプロ入りしている。未熟な十八歳が大の大人に説き伏せられたら本意を翻すのにそう時間はかからない。

「ロッテに行っても肘のことは誰にも言うなよ」

栽は最後にこう呟いた。

比嘉はクビになるまで誰にも言わなかった。いや言えなかった。栽に言われたことを忠実に守った。一二〇キロ程度の球速しか出ず、「こんなはずじゃ……」と、スカウト陣も首をかしげる。比嘉自身が一番〝こんなはずじゃ……〟と思っていた。沖縄の実家に電話するたびに「もう辞めていいか」と嘆く日々が続く。

「プロの四年間はずっと自問自答。投げたくても投げられない。肘痛をわかっててなんで送り出したのかなって。救いは三年目にイースタンで6勝し、消化試合だったけど一軍にあげてもらった。ただそれだけ。高校時代に栽先生が肩、肘のメカニズム的なことを解明されていれば活躍してたかもしれない。あの頃はどうしてもピッチャーを酷使するしかなかったから」

比嘉は後悔の色をときおり見せるが、言葉ではけっして表さない。悔いが残ったかどうかの質問をどんなにしても〝たられば〟の話で逃げるばかり。意地でも単語として言葉にしない。もし言葉に表してしまったら一番自分が惨めになるのはわかっている。栽のせいにしたいわけでもない。プロ入りを決めたのは自分だ。ドラフト一位という輝かしい勲章が年々霞《かす》んでいき、四年後には〝あの人はいま〟と無用の長物的扱いになっていた自分を否定しないためにも、意地でも言葉では表さない。

「なぜ二〇一〇年に興南が春夏連覇できたのか。栽先生がすべて基礎を作ってくれたから。栽先生が小禄、豊見城でやってきた指導が底辺を広げた。大学、社会人というルートを作ってくれ、上のレベルでやった教え子たちがいま少年野球を教えている。高校野球は、みんなの夢を叶《かな》えてあげること。その夢を手助けするのが指導者。栽先生はきちんと全うしました」

常勝沖縄水産を作った基礎には先人たちの苦労が必ずある。一度も甲子園には行けなかったが、間違いなく比嘉は沖縄水産を常勝にするための基礎作りに命をかけたひとりである。

プロ入りの際には少なからずわだかまりがあった。しかし、栽に指導してもらった高校野球生活に悔いはなく、むしろ貴重な体験ができたと感謝さえしている。自分だけが特別に酷使されたわけではなく、時代がそうだった。今と昔とでは起用法が違うのは当たり前。それについてゴチャゴチャ言わない。ただひとつだけ栽に確認したかったことは、なぜ肘が壊れているのを知っていてプロ入りを勧めたのか。生前に聞けなかったということだけが比嘉にとって本当に悔やまれるのであった。

宿敵

栽の目はいつも内地に向いていた。県内では俺が一番だと自負していたからだ。自信と矜持は努力の賜物《たまもの》と思っている。県内で恐れた奴などいない、と言いたいところだが、ただひとりだけ脅威に感じた人物がいる。

沖縄高校野球界の〝天皇〟栽と対等に戦った男、比屋根《ひやね》吉信《よしのぶ》。

沖縄の高校野球史において二年連続夏の甲子園出場を果たしている監督は、栽弘義、比屋根吉信、それと我喜屋《がきや》優《まさる》（現・興南監督）、比嘉公也《こうや》（現・沖縄尚学監督）の四人しかいない。

甲子園に出ることはもちろん容易《たやす》くないが、継続して出場することのほうがもっと困難である。二〇一〇年春夏連覇した興南の我喜屋監督でさえ、春夏優勝投手島袋洋奨《ようすけ》

（現・ソフトバンク）世代が引退した翌年から四年間甲子園出場を逃がしている。

特に一九八〇〜八六年までの興南対沖縄水産の二強時代は、沖縄野球界のレベルを飛躍的にあげたと言っても過言ではない。

「栽さんは戦略、戦術が長《た》けた野球をやる方で、僕はどちらかと言うと育てるタイプの指導者。一球一球サインで細かく動かすのではなく、ゲーム中で流れが向うにいきそうなときにサインを出すというやり方でした。栽さんはある程度の我流で僕は恩師からの教え。ここが違う部分だと思います。栽さんの場合は僕より十歳上で戦争を体験していらっしゃる。時代時代でそういう生き方をしなければいけない環境だったのかもしれません」

一九五一年生まれの比屋根は栽よりちょうど十歳年下にあたる。両親が沖縄出身の比屋根は兵庫県生まれ。報徳学園から大阪体育大学、西濃運輸を経て、一九七五年興南の教員になり一年後監督に就任。〝打倒豊見城〟、〝打倒栽〟を目標にチーム作りに励んできた。そして五年目の夏に念願の甲子園出場。

「一九八三年の夏の県大会は、決勝で沖縄水産と当たるのを想定して戦ってきました。準決勝まで仲田にはストレートだけでいけと指示。決勝の沖縄水産戦ではバッテリーを呼んで『初球カーブ投げろ！』と言い、沖縄水産のトップバッターが目を白黒させてました。こうなったらしめたもんです。この試合、めちゃくちゃカーブを投げさせて散発

2安打、3対1で優勝です」

興南は超機動力のチームだった。エース仲田幸司を中心としたスタメン九人のうち、七人までが一〇〇メートル十一秒台、あとの二人のうちひとりが十二秒台、一番遅いといわれた仲田幸司が十三秒台前半。校内陸上競技大会のクラブ対抗四〇〇メートルリレーで野球部が陸上県記録よりも速いタイムで優勝したという逸話を残している。外国から野球を伝来されて以来、おそらく日本史上最速のチームではないだろうか。

この史上稀にみる脚力によって興南の外野守備は鉄壁の布陣となる。ライン際を空けて左中間と右中間寄りに守備陣形を敷き、外野の間を抜けさせない。これも一〇〇メートル十一秒台の脚力があればこそだ。今でも関係者たちの間では、沖縄史上最強チームと謳われている。あまり人前で褒めない栽までもが「二十年間野球をやってきたが、今の興南（仲田幸司が高校三年時のチーム）は空前絶後のチーム。全国制覇を狙ってほしい」と新聞紙上でコメントを出している。

「尾藤（元・箕島監督）さんが『これは強い。俺が監督だったら優勝させとるぞ』って言いましたから。今となってはですけど、全国制覇を狙っとったら獲れたかもしれませんね。甲子園優勝が目標となるのはいいが、目的になったらあかんと思ってましたから。何が何でも日本一という気負いはなかったですね。日本一になったらその後どうするのかな、というのもありましたし」

一九八三年と言えば、高校野球界では蔦監督率いる池田高校が席巻していた頃。八二年夏、八三年春と優勝し、池田の三連覇の期待が高まる中、五月二十八、二十九日に沖縄県高野連主催の第十二回高校招待野球で池田高校が沖縄へやって来た。東京のテレビ各局がほとんど集まるなど各マスコミが大挙して押し寄せ、池田人気は沖縄でも凄《すさ》まじかった。その池田に興南が5対0で完封勝ちしたのだ。各スポーツ新聞にはちょっとした事件扱いの記事。逆に沖縄水産は1対5で池田に敗れる。完敗だった。

試合後、蔦監督のコメントは栽にとって一生心に残る言葉となった。

「興南、沖縄水産ともに甲子園ベスト4の力がある。ただ沖縄水産は勝ち方を知らない」

ここぞというときに小細工する、手練手管の蔦采配に栽はただ敬服するしかなかった。そして、蔦監督から面と向かって言われたのが、「死ぬまで振らせ！」。この一言は野球人として死ぬまで心に刻んだ。

二強時代は栽vs比屋根という監督同士の火花を散らした因縁の対決も注目を集めた。当時の興南と沖縄水産は公式戦で対戦する以外、練習試合を一切やらないという徹底ぶり。

「栽さんはどうしても自分が一番という思いが強かったので……」

実は比屋根と栽は少なからず縁がある。栽が豊見城を率いて初めて甲子園出場した一九七五年のセンバツ前の一ヵ月間、野球を勉強するために比屋根は知り合いを通じて豊見城の練習を手伝うことになる。センバツでも相手校のデータ集めや練習会場の手配など豊見城のために尽力し、栽は「若いが見所のある奴だ」と比屋根に全幅の信頼を寄せる。面倒を見てやったという思いが強くなればなるほど、比屋根が自分の下から離れライバル校の監督になったことが歯がゆかった。見込んでいた男から憎《に》っくき敵に変わったのだ。一旦、敵となればとことんまで叩く。栽はどうしても自分が一番にならないと気がすまない質《たち》だった。

取材中、栽についてはあまり語ろうとしなかった。三十年前の宿敵、いろいろあったが故人を悪く言いたくない。そして、なによりも沖縄の高校野球の基礎を作ったのは、まぎれもなく栽だということも認めている。

「目指す方向が違っていたので沖縄水産を必要以上に意識はしなかったです」

比屋根は最後にきっぱりこう言ったが、言葉とは裏腹に必要以上に沖縄水産、栽を意識していたのがわかった。沖縄で栽を倒さずして甲子園には行けない。豊見城全盛期に興南に赴任し、部員十名からスタート。数々の煮え湯を飲まされ、五年目にしてやっと甲子園出場にこぎ着けた。興南全盛期に発売された高校野球関連の雑誌を見ると、『沖縄県のニューエイジ』『栽を越えた』など賞賛のあおり文句がやたらと目につく。

栽は面白くなかった。栽が恐れたのは比屋根自身というより〝伝統〟の系譜だった。

栽は、中京大学で伝統の重みを学んだ。比屋根が報徳学園から大阪体育大学、そして西濃運輸と、名門校での伝統、そして社会人野球での技術と受け継がれた野球理論を、興南の選手たちに教え伝える。どんなに素晴らしい理論や近代器具が揃った環境があっても、伝統に勝る術はない。栽は中京大で嫌というほど味わっている。

栽は人前では比屋根のことを良く言わなかったが、真のライバルとして認めていた。だからこそ、悪く言った。比屋根も栽について多くを語ろうとしなかったが、興南時代には栽野球に追いつけ追いこせを目標にして野球をやった。

栽vs比屋根の戦いがあったからこそ、沖縄高校野球が飛躍的なレベルアップを遂げたことは間違いない。

初めての謹慎

一九八四年世代は、沖縄水産が記念すべき甲子園初出場した世代であるが、栽にとっても選手たちにとっても特別な体験をした年でもある。

「早く負けて引退してくれ。一年待ってもいいから俺は次の代のチームを育てる。早く負けろ！」

栽は選手たちにどぎついことを平気で言った。小禄、豊見城でもこんなことを言ったことはない。一つ上の世代はエース比嘉を中心にした大型チームで走攻守ともに高いレベルでバランスがとれていた。

キャッチャーの伊良皆保は思い起こす。

「二つ上の金城《きんじょう》鉄治《てつじ》（元・広島）さん、一つ上の比嘉良智さんがプロへ行ったけど甲子園に出られなかった。ブルペンで受けながら『あの二人で負けてるんだから次に俺らじゃあ、勝てるわけがない』と思ってました。先輩がいるときは邪魔しちゃいけないという意識だったのが、今度は勝ちたい意識に変わったんです」

一九八四年世代は打線もそこそこ投手力もそこそこ体格もそこそこ、行動はこそこそと特出したものが何もなかった。ただ他の世代にはないものがひとつだけあった。精神力の強さだ。体格的にも技術的にも劣っているのを精神力でカバーしたのが一九八四年世代。だからこそ栽は平気で怒号を発した。

その一九八四年世代のキャプテン宮平博は、栽が沖縄水産を指導して以来初めてづくしのキャプテンだった。自分が間違ってないと思うと反論する。どれだけ栽が強く言おうとも曲げない。沖縄水産初めての栽に反抗するキャプテンだった。

ある日、バント練習をしとけと栽は言ったまま用事でグラウンドを後にした。二時間後、栽が戻ってくると、選手たちはまだバントのフォーメーション練習をしていた。

「誰がクソにもならないバント練習をしろって言った？」

「栽先生が、バント練習をしとけと言われたからです」

「きさま、俺に歯向かう気か！」

「いや、違います。栽先生がやれと言ったからちゃんとやってたんです」

「おまえ、キャプテン辞めろ」

「栽先生の指示通りやったまでのことです」

「何だと？　おまえら、新しいキャプテンを決めとけ！」

栽はそう言葉を残すと体育教官室へ戻っていった。

選手たちは一同円陣を組んで話し合い、やはり宮平しかいないと栽のところへ報告しに行った。

「キャプテンはやはり宮平しかいません」

栽はジロリと宮平を一瞬見て、一呼吸置いてから、

「おまえがキャプテンなら俺は辞める」

そう言うと、さっさと自宅へ帰ってしまった。

次の日、何事もなかったように練習にくる栽。キャプテンの件は何も触れず、いつものように練習の指示をする。昨日のことは昨日のこと、翌日まで残さない。自分のミスだったが、逆にあれで選手たちが一致団結してくれればいい。怪我の功名とプラスに考える。

裁が理想とするキャプテン像は、不屈の精神力を備えどんなときにも先頭に立ってチームを引っ張っていく。そのためには毎日罵声を浴びせても平気でなくてはならない。一つ上の大型チームのキャプテン与那嶺聡には、

「おまえ、死ね。あっちのガジュマルの木で首を吊って死ね。明日来て笑ってやる」

とどめを刺すような発言をする。裁にケチョンケチョンに言われたのが癇《かん》に障ったのか、

「よーし、死んでやる」

キャプテン与那嶺はそう言い、ガジュマルの木の下まで行って首を吊ろうとする。

「おお、死ね死ね、足を引っ張ってやる」

「や、やめてください」

裁が自分の足を引っ張ろうとして与那嶺は急に我に返った。

「死ぬ気もないのに偉そうに言うな、バカタレ！」

突発的な行動をしたキャプテン与那嶺の浅はかさを詰《なじ》った。

キャプテンには二つのタイプがある。監督の言うことに絶対服従の質実剛健型、選手側に立って監督に進言する義理人情型。宮平は義理人情型であり、選手側に自ら盾となって監督の矢を防ぐ。

甲子園準優勝した一九九一年（平成三年）の夏の甲子園大会期間中、宮平は宿舎に陣

中見舞いに行き、部屋で栽と談笑していると偶然キャプテン屋良が入ってきた。

「おい、今のキャプテンはこんなだぞ。おまえくらい元気があったほうがいい。おまえが一番だったよ」

栽は少し呆《あき》れた顔で言いながら、互いに顔を見合わせて笑った。

栽はチームの絆が強いこの一九八四年世代に本当のチームプレーのあり方を教える。

「個人のプレーの延長がチームプレーになるんだ。たわけ！　仲良しプレーにするな。ボールというのは一個しかない。この子がエラーしたらドンマイと言って負けていいのか。確実にさばく。どんなプレーでも責任を持って確実にさばいていけば、チームワークは後からついてくる。チームワークは育てようとするものではない」

ヤンチャが多いこの世代だけにチーム内で反発する者も多かったが、キャプテン宮平が力でまとめた。技術が足りなくても、精神力の強さには目を見張るものがあったこのチームに、栽は密《ひそ》かに期待をしていた。


一九八三年の秋季大会に優勝し、九州大会出場のため開催地宮崎に出発する前々日のミーティングでのこと。

「俺は親戚の用事があるから九州大会には行かれん。後のことはコーチの神山先生に頼んであるから、みんなきちんと従うんだぞ」

栽は選手たちを前にして平静を装いながら言う。

九州大会へ出発する当日の朝、新聞に『栽監督、出場辞退。〝広告問題〟アマ規定に触れる』の見出しがデカデカと載る。事件の発端はこの年一月の新聞折込広告にあった。洋酒の折込広告に顔写真入りで掲載されたのがアマチュア規定に抵触し、一年間の謹慎処分となる。

栽は幼馴染みの沖縄アマチュアボクシング協会会長との対談を依頼され、新聞折込に掲載するならと快く引き受けた。だが蓋を開けると対談形式で洋酒を前にしてふたりの写真が載っている。対談では洋酒のことは一切触れていない。しかし、誰がどう見てもスポンサーである洋酒メーカーの新聞折込広告。栽は「まずいな」と思ったがそのまま不問に付した。おそらく内地であるならば、アマ規定に引っかからないように厳重にマスコミ対応するものだが、ここは沖縄。新聞折込広告に出てしまったが金銭授受はないし、まあ大丈夫だろう、と大らかに自己判断をした。

秋季大会優勝後、九ヵ月も前の広告が突然問題として浮上し、高野連側から一年間の謹慎処分が下されることになった。邪推はしたくないが、なぜこの時期に、である。沖縄には〝ゆいまーる〟精神があり、みんなで助け合いの精神がある。だがひとりでも特出した人間が出ると、叩きのめす傾向がある。出る杭は打たれるだ。栽はここぞとばかり見事打たれてしまった。

当日、選手たちは新聞記事を見て「ええー!?」と驚くしかなかった。だがショックを引きずることはなかった。普段から神山代理監督が練習を見ていたため、〝これはこれ〟と気持ちを切り替え、戦いに臨んだ。この九州大会からユニフォームを新調し、胸のロゴを〝沖縄水産〟から〝沖水〟に変えている。

九州大会準々決勝、優勝候補の八幡大付《やはただい》(福岡)に6対0で快勝。5併殺の大会新記録まで飛び出した。これでベスト4。センバツの影がチラリと見える。だが準決勝の都城(宮崎)に0対7、七回コールド負け。

試合終了のサイレンが鳴り、ホームで両軍整列が終わったとたんにスタンドの観客から「おまえらなんか甲子園に行けるわけないだろ!」「クソ監督はどうした?」「野球なんか辞めちまえ」。心ないヤジが飛び交う。選抜甲子園出場がほぼ確定となる九州大会決勝まであと一歩で手が届かずに肩を落として球場を出る選手たち。この後、さらに追い討ちをかけるように選手たちのモチベーションを一気に下げることが起こる。

通常、九州大会ベスト4に入れば、選抜出場か悪くても補欠校には選ばれるものだが、センバツはおろか補欠校にも入らなかった。栽の広告問題が影響しているとしか思えなかった。

「なんなんだよ、これ」。選手たちは一気にやる気が失《う》せた。一度キレかけた心を取り戻すのは尋常じゃない。それでも神山代理監督の下、再び一致団結して八四年夏の県大会を勝ち進み、念願の優勝を飾った。沖縄水産初の甲子園出場である。栽は謹慎中だったため、監督は右腕のコーチの神山が九州大会以降も代わって指揮をし、念願の甲子園出場を決めたのだ。

この世代には、他では見られない非常にユニークな人材がいた。

大城敏則《おおしろとしのり》。彼は本来なら一つ上の比嘉たちと同じ学年だが、一年浪人して沖縄水産に入って来た苦労人。はじめは興南に入学したものの、一年夏過ぎに比屋根監督からマネージャー転向を打診され悩んだあげく一年二学期が始まると同時に中退。そして知り合いの伝手《つて》を頼って沖縄水産に練習生として参加し、翌年再入学したのだ。だがここからが試練の始まりだった。試合会場で興南の選手たちとすれ違う度に「裏切り者！」「よく行くよな」。容赦ない言葉を浴びせられる。十七、十八と多感な年頃だ。遠慮もなく胸をえぐるような言葉がポンポンと出る。大城はただ黙って俯くしかなかった。

仲田をはじめ興南のレベルはずば抜けたものだった。中学時代に鳴らした選手たちが興南スタンドで応援しているのを見て沖縄水産のメンバーは、「どうしてスタンドにおまえがいるの？　ウチだったら余裕でベンチだぞ」と思うほど、選手層が桁違いに厚い。実力的には2対8くらいの差があった。

「今うちにいるメンバーで興南のベンチに入れるのは比嘉だけだ」

栽でさえも興南メンバーのレベルの高さには舌を巻いた。

大城は、八二年に沖縄水産に入ってきたのだが、高校二年の秋からは年齢制限によりマネージャーに転向していた。夏の甲子園出場はマネージャーの大城がいなかったらありえないとメンバーたちは言う。

「甲子園二回戦の鎮西戦、スタンドで応援しているとスポーツニッポンの記者が来てずっと僕の横で取材するんです。よくよく聞いたら、栽先生が甲子園球場に来ていて、僕のことをなんかで取り上げてほしいと言ったらしいんです。どういう思いで栽先生が言ったのかはわかりません。記事の内容に比屋根先生の批判的なことが含まれていたので、ひょっとしたら栽先生のことだから何か策略があったのかも……」

記事を調べると、『ノックバットにたぎる熱い血　年齢制限の壁』というキャッチの囲み記事で大城の苦労がフィーチャーされている内容だ。謹慎中の身でありながら沖縄水産が気になりお忍びで甲子園に来ていた栽。謹慎中でも選手のこと、特に補欠のことが気がかりになっていた。そんなときに懇意のスポニチの記者と出会い、大城のことを話す。大城が興南から沖縄水産へ移ってきた苦労を知っているからこそ、なんとか陽《ひ》の目を浴びさせたいという親心だった。と同時に、敵対する興南よりも沖縄水産のほうが懐深いというイメージを植え付ける戦略もあった。さすが栽。策士である。

この頃の沖縄水産ともなると、新入部員が百名以上入る。その中には野球経験もない冷やかし程度の輩《やから》も交じり、そういう類いは一週間もたたないうちに辞めていく。神里《かみざと》正幸も小、中学校とも野球経験はなく、おまけに町中を怯《おび》えさすヤンチャだった。沖縄水産の野球部は人気だからと軽い気持ちで入った神里だが、周囲の協力もあって地獄のような練習に耐え抜き、三年間沖縄水産野球部員をまっとうしたのだ。ヤンチャなだけあって、神里だけは物怖《ものお》じせず栽にズバズバものを言った。そんな神里を栽はことさら可愛がった。

野球未経験ということでも三年間の練習で守備はある程度こなせるようになったが、バッティングがままならない。外野まで飛んでいかないのだ。結局三年間一度もベンチに入ることはなかった。

この一九八四年世代が言うには、栽が一番感情を露にした瞬間といえば三年生が引退する親善試合での神里の打席だという。神里がファースト後ろに落ちるポテンヒットを打ったときに栽は「お〜神里、凄いな〜！」と手を叩いて喜びを爆発させた。野球経験がない者が三年間練習に耐えるのは生半可じゃない。神里はやり通した。恥じることなく正真正銘の沖縄水産野球部ＯＢである。

謹慎期間中はグラウンドにも近づいてはいけないとされるため、栽は練習を見ることもできない。だからといって野球から離れていたわけではない。他校への偵察、内地の強豪校の視察と謹慎の期間を利用して精力的に動いた。書物も医学、スポーツ心理学、生態学と身体と機能に関する書物を中心に乱読した。この一年間、栽は外から野球を見ることで冷静に野球を分析できるようになり、野球観が変わったとされる。

一九八四年世代は、広告出演による謹慎のため栽の指導を受けたのは一年と七ヵ月である。高校二年の十一月からコーチであった神山昂が監督代理としてチームを引っ張り、見事甲子園初出場を果たした。皮肉にも沖縄水産の甲子園初出場時の監督は、栽ではなく右腕の神山だった。けれども、一九八四年世代のチームの基礎を作ったのは紛れもなく栽であることに変わりはない。

裏切り者

五十半ばの男がこんなにも激しい嗚咽をするのを見たことがなかった。

栽弘義の告別式で、あれほど栽を毛嫌いしていた神山昂が人目も憚らず泣いた。

栽には数多くの敵がいた。神山もそのうちのひとりだった。

豊見城、沖縄水産の黄金期を作ったのは栽監督―神山コーチのコンビであることはあまり知られていない。栽の後継者は間違いなく神山と周囲の誰もが認めていたが、あることがきっかけで仲違《なかたが》いをしてしまう。鉄壁な師弟関係に思えたが、ちょっとした誤解が誤解を生み、修復不可能になってしまった。

神山昂、一九五一年沖縄県糸満市で生まれ、一九六七年糸満高校入学。栽は糸満高校の十年先輩にあたる。神山が現役時代、栽は小禄の監督。糸満と小禄はよく練習試合をやり、糸満が小禄にコテンパンに負かされていた。

その後、琉球大に進み準硬式で活躍、そして卒業する間近に突然、栽から電話がかかってくる。

「ちょっと飯でも食べないか」

山羊《やぎ》を吊るしての食事会が行われた。沖縄では祝いごとがあると、山羊をその場で吊るして締め、山羊汁を振る舞うしきたりがある。

「手伝わないか」

栽がおもむろに口を開く。教員志望の神山は教員試験に受かっていたが、定員数がどこもいっぱいのため採用が決まらない状態でいた。どこも決まらないのなら豊見城でコーチをやるのも悪くない。栽の下で野球の勉強ができると思い、快諾する。

ここから栽―神山の二人三脚が始まる。

豊見城は一九七五年赤嶺賢勇の活躍により選抜ベスト8で始まり、一九七六年センバツから六季連続甲子園出場、夏は三年連続ベスト8、まさに豊見城黄金時代を築く。

栽が沖縄水産に移り、神山は後を追うように沖縄水産のコーチに就任。仲田幸司を擁する興南との二強時代は決勝、準決勝で興南と当たり、辛酸を嘗《な》め続けた。

一九八三年、沖縄水産は今までの鬱憤を吐き出すかのような勢いで秋季大会を勝ち続け、決勝戦豊見城南を10対0で破り優勝、これでセンバツの切符を決める九州大会へと進出。すべてはここから始まった。

九州大会へ出発する当日、新聞に大きく報道記事が載った。栽がこの年の一月に新聞折込広告に出たことでアマ規定に抵触し、九州大会の出場を辞退するという内容。栽には、後に一年間の謹慎処分が下る。これが、先にも述べたが、いわゆる洋酒メーカー新聞折込広告事件だ。

急遽、代理監督となった神山は、ただでさえ動揺している選手たちにこれ以上心配をかけないよう泰然自若な態度を務める。通常の練習は神山がすべて仕切っていたので選手たちと接する時間は栽よりも長く、コミュニケーションは問題ない。あとは采配面。監督の迷いはすぐに選手たちに伝播《でんぱ》する。神山は、選手たちが不安を覚えるような采配だけはしないでおこうと心に強く誓う。

試合前、栽からは一言、「おまえがまず落ち着け」。栽は余計なことをあれこれ言わなかった。

九州大会準々決勝、優勝候補の八幡大付（福岡）に6対0で快勝。これでベスト4進出。センバツの切符がうっすら見えてくる。試合後、安堵《あんど》の表情を見せる神山。内地の取材陣から長々と質問攻めにあい、答えにくい質問は笑ってごまかしながらうまく受け流す。そんなやり取りがマスコミ陣に好印象を与える。

準決勝都城戦。まさかの0対7の七回コールド負け。初回、ヒットとエラーで出塁したところを内角のシュートを狙われてスリーラン。ことごとく狙い球を絞られ、気付いたらコールド負け。実は準々決勝戦後、都城関係者が報道陣にまぎれて沖水のエースに次々と質問を浴びせ、次戦への配球や決め球などの情報を聞き出していたのだ。熾烈《しれつ》な情報合戦ですでに勝負は見えていたのかもしれない。

春季大会はベスト8で知念高校にサヨナラで敗れ、神山は落ち込んだ。代理監督としてのプレッシャーが日に日に押し寄せてくる。神山の苦しむ姿を見て沖水メンバーは「甲子園行くために来たんだから、頑張ろうぜ」と団結する。神山は栽が指揮していた頃と同じメンバーで戦い抜き、沖縄水産は夏の県大会で優勝し念願の甲子園初出場を決める。神山は代理監督として甲子園初出場を決めたが、このチームは栽が作り上げたチームという意識を常に持っていた。

甲子園一回戦篠ノ井《しののい》（長野）4対0で勝ち、甲子園初勝利。栽は甲子園通算勝利数29。このときの勝ち星は神山が監督のため、29勝にはもちろん含まれてはいない。30勝を区切りにしていた栽は、あと1勝にこだわった。続く二回戦鎮西（熊本）には1対2で惜しくも敗退する。

「あのとき俺はなんてことしたんだ。あのチームを率いていたら……」

後年、栽にとって唯一の後悔であった。

甲子園から戻ると、謹慎明けの栽が待っていた。

「おまえほど冷たい奴はいない。相談には来ないし何もしない」

唐突に栽から嫌味を言われる。

「いや、違います。謹慎中の栽先生がヘタに指示されたらまた処分が重くなると思い、一生懸命頑張ることが恩返しだと思ってあえて伺いませんでした」

神山は誤解を説こうと弁明するが、栽は聞く耳を持たない。周囲には「あいつは自分ひとりのことしか考えない」と神山の風評を流す。影響力のある栽が言えば、神山の評判は一気にガタ落ち。両者の意見も聞かず、片方の意見だけを鵜呑《うの》みにするのが人間の悪いところ。影響力のある人間の言うほうが間違っていても正しくなってしまうのが世の中なのだ。

今となっては栽に詳しいことを聞くこともできない。なぜあれほどまでの師弟関係が崩れてしまったのか、周辺取材をしても皆あやふやなことしか言わない。

現在、KBC学園未来高校の監督である神山に直接真意のほどを確かめてみた。

「こっちとしては監督が代わったから甲子園に出られなかったと言われるのも不本意だし、何度も栽先生のところへ相談にいこうと思いました。でも、謹慎中の身でヘタに動いて手伝ってもらったらそれこそまずいと思い、あえて相談には行かず話もしませんでした」

神山は困惑したような様子を見せながら少し呆れ口調で話す。野球に関することになると、今でも栽に絶大な信頼を寄せている。豊見城、沖縄水産時代の貴重な話をたくさんしてくれた。だが、プライベートに関する栽については怪訝《けげん》な顔をして「う〜ん、周りからは早く離れろ、と忠告を受けてましたから」と言いながらも、ときおり寂しそうな顔を見せる。陰で弟子が師匠のことを悪く言うのは、どの世界でも同じ。だが、完全否定してまでの悪口は言わない。神山は自ら栽とは合わなかったとあからさまに言うが、本音で話しているようには思えなかった。

結局、甲子園に行ったのは自身の手柄だと思いあがった神山が栽と衝突し、コーチを解任されたという形で喧伝《けんでん》されてしまった。

当時、那覇商業の盛根一美監督（現・福岡第一監督）と興南の比屋根吉信監督の二人が「神山がコーチを外れたから元気づけてやろう」と神山の激励会を開き、同期三人で集まって飲んでいた。数日後、栽は神山を見るなり、こう告げる。

「比屋根と盛根と一緒に飲みながら、俺を倒そうと相談しているみたいだな」

神山は意味がわからなかった。同期の三人で一緒に飲んでいただけなのに、そんな言われ方をするなんて思ってもみなかった。三人が集まれば愚痴のひとつや二つは出る。

それを誰かが見て、どういった経路かわからないが栽の耳に入った。沖縄という島特有の狭い世界だけに誰がどこでどんなふうに見ているかわからないし、根も葉もない噂が簡単に飛び交う。これも沖縄である。これ以上何を言っても無駄だ。神山は栽と袂《たもと》を分かつことにした。

コーチ業を辞めた以上、午後の授業が終わったら何もすることがない。ある日、糸満高校二学年上の先輩だった当時の沖縄高野連副会長・赤嶺研雄と一緒に糸満高校の練習を見に行った。

翌日、学校に行くと沖縄水産の校長に呼ばれてこう言われる。

「なんか赤嶺研雄さんと水産を倒す計画を立てているみたいですね」

神山はこのとき悟った。この程度か！　と。人生には誤解がつきものだ、ほっとこう。全身全霊で沖縄水産を強くするために頑張ってきたのに何も見ていなかったのかと思うと情けなくなった。自分の思いが必ずしも相手に通じるものではない。信じていても裏切られる。嫌気がさした。早く別の学校に移ろうと思った。

すべての関わりが億劫《おっくう》になった神山だったが、信頼できる友がいた。盛根が語る。

「いい師弟関係でしたよ。栽先生は中京大の先輩ですから、僕なんか怖くて入れず何かにつけて呼ばれると直立不動ですから。神山は親しげに栽先生と話して、いろいろ勉強させてもらっててていいな〜と思ってました」

盛根は神山と栽の関係を心底羨ましく思っていた。

「三人で激励会した三日後くらいに練習試合のために沖縄水産に行くと、栽先生にすぐ呼ばれ、『集まって俺の悪口でも言ってるんだろう。激励会をやるってことは俺がやってることが間違いなのか？　神山がやってるほうが正しいのか？』と言うので僕もなんとか誤解を解きたく、『そうじゃないです。先生がやろうとしていることもわからないわけじゃありません。ただ神山が野球したくてもできない状態で落ち込んでいるから励まそうと思って集まっただけです』。ちょうどそのとき僕が浦添《うらそえ》商業に転任することになっていたので神山に『(神山)昂、俺、那覇商業を出るから那覇商業に転任の希望を出さないか。校長にも言っておくから』と話したんです」

渡りに船とはこのことだ。盛根の友情のおかげで神山は那覇商業へと転任することになった。

そこから沖縄水産対那覇商業の因縁の対決が繰り広げられる。

一九九四年から九六年にかけてはヒートアップした試合が多かった。

一九九四年夏の県大会準決勝の那覇商業対沖縄水産。試合は6対0で那覇商業の圧勝だったが、試合内容は一触即発ムードだった。沖水攻撃のときにランナーがサードへ滑り込む際に、腕をかち上げてラフまがいな走塁をする。那覇商業のサードが「おい、やんのか!?」とグラウンド内で殴り合い寸前。スタンド内は一時騒然となる。まさに栽―

神山の代理戦争である。

また、別の試合では初回沖縄水産のトップバッターが打撃妨害狙いで故意にバットを引いた形で大振りし、キャッチャーミットに当たりインターフェア。神山が抗議し、「これじゃ試合にならない」と二十分近く試合を中断する一幕もあった。

神山昴にとって沖縄水産との対戦はプライドをかけた戦いだった。

特に思い出深いのは一九九一年県大会準決勝の沖縄水産対那覇商業。1対1で迎えた六回、1アウト二塁で三番バッターが打席に入る。快音を残して「センター前だ」と思った瞬間、一八四センチのピッチャー大野倫がジャンプ一番、頭上でもぎ捕った。

「あのチームはあの場面で点をやらない我慢強さがあった。肩も強い、足も速い、勘も鋭い、全国を狙える世代だったと思います」

神山は大野世代をこう評す。

「練習試合では大野倫から18安打放ち、栽先生が『おい、バットに網つけてんじゃねーのか』と苦し紛れのヤジを飛ばしてましたから。栽先生のサインはだいたいわかるので、栽先生は見られないようにベンチの隅に隠れていましたね。こっちも隠れてましたけど。他校とゲームをやっていると沖水が三人くらいで偵察に来るんです。サインがわからないように選手を立たせて壁を作ったりしましたね」

周囲からは遺恨試合と言われていたが、そんな風評があったことを知ってか知らずか、気軽に話す神山。高校野球に精通している沖縄県民にとっては、沖縄水産の栽vs那覇商業の神山がひとつの見所でもあり、違う意味で盛り上がった。

弟子は師匠を超えたい超えたいと思う一心であり、師匠は師匠で弟子には絶対に超えさせない巨大な壁を作って立ちはだかる。晩年、栽は「神山は俺のことをいいように言わんからな」と寂しそうに周囲に話していたという。栽は元来寂しがり屋で、弟子をいつまでも自分の手元に置きたいタイプ。本当は神山も栽もどこかで歩み寄りたかったのに意地の張り合いなのか距離を置いたまま、栽は鬼籍に入った。

豊見城高校で栽、神山の両方に世話になったサード平山司が語る。

「豊見城時代、神山先生は兄貴みたいな存在で可愛がってもらって、どこかで栽先生と仲直りしてくれないかとずっと願っていました。告別式の号泣する姿を見てちゃんと繋がっているんだ、と安心したのを覚えています」

神山は監督として、沖縄水産で一回、那覇商業で二回、計三回甲子園に行っている。宮古高校に就任したときは、宮古島民は甲子園監督がついに来たと大きな期待を寄せた。栽―神山コンビで沖縄高校野球を変えた実績は、未来永劫《えいごう》変わることはない。

〝師匠超え〟。弟子にとって最初の目標であるが、それだけに縛られるのもまた成長を止めてしまう。神山にとって師匠を超えたかどうかという質問はきっと愚問になるだろう。「僕は僕」というスタイルでやってきたのだから、と。ただひとつ言えることは、神山にとって栽イズムはかけがえのない財産であり、現在の神山野球は栽野球がベースにあってこそなのだ。

もし新聞折込広告事件で栽が謹慎していなかったら、栽と神山の関係だけでなく、その後の沖縄水産の歴史、栽の晩年も大きく変わっていただろう。今回の取材の中で、このときほど〝たられば〟を感じたことはなかった。

第七章　荒くれ者の集まり

剛腕・上原晃

沖縄水産を常勝にのし上げたのは、この男の右腕だった。

上原晃。

竹下浩二、仲田幸司の興南黄金期（一九八〇〜八三年）が終わりを告げたとたん、彗星のごとく現れたヒーロー。奴の出現のおかげで興南の陰で辛酸を嘗め続けていた沖縄水産が突如、黄金期を迎える。

一四〇キロ超の剛速球で甲子園出場四回。卒業後、中日ドラゴンズにドラフト三位指名され、一年目にＭＡＸ一四九キロの剛球でダブルストッパーとして活躍するもプロ生活十年の短命に終わる。

奴の名を口にすると、どうしても〝悲運の投手〟のイメージがつきまとう。すべては一年夏の甲子園、あの一球が奴のその後を決めてしまった。

「おまえは優勝ピッチャー、俺は暴投ピッチャーさ」

一九九九年（平成十一年）選抜優勝投手、現・沖縄尚学の比嘉公也監督を交えて酒を酌み交わしているときに上原晃が発した言葉。

「高校に入ってまだ三ヵ月、栽先生はよくあの場面で放らせたよな」

大笑いしながらカッコよく泡盛を一気飲みした。

赤嶺賢勇が元祖・沖縄の星であれば、上原晃は本家・沖縄の星。一九八五年、高校一年の夏に衝撃の甲子園デビューをする。上原が投げたあの一球は、今でも沖縄県民の心の中にしっかりと刻み込まれている。

三回戦鹿児島商工戦、先発安里が制球に苦しみ、七回途中まで11四球、5対3で2点リードしてはいるものの、誰の目にも継投は明らかだ。

ベンチの中央に陣取る栽は一年生投手を見る。

「晃、行けるか」

「はい」

上原は反射的に応えた。

七回途中からリリーフに一年生上原晃が登場。一回戦函館有斗《はこだてゆうと》戦11対1で大量リードのまま九回1イニングに登板してはいたが、押し寄せる重圧が天と地ほど違う。マウンドに上がった上原は押し出しで1点を取られたものの後続を抑えた。八回は三者凡退。1点リードのまま最終回を迎える。銀傘が反響して腹の底にズシンと響き渡る。このときからすでに感覚がおかしかった。

先頭打者をサードゴロで1アウト。ここから悪夢のシナリオが始まる。二塁打、ヒットで1アウト一、三塁。沖縄水産は満塁策をとり1アウト満塁。鹿児島商工は徹底した待球作戦に出た。焦る上原はストレートの押し出しで三塁走者が小躍りしてホームイン、これで同点。一打出れば逆転の場面。

クリクリした瞳に彫りの深い精悍《せいかん》な顔。みるからにバネのきいたフォーム。甲子園大会が始まる前のスポーツ新聞等には『一四〇キロ一年生』とデカデカ見出しが載り、桑田・清原の次世代のスター候補生として祭り上げられていた。

マンモススタンドの観客がスーパー一年生の一挙手一投足に視線を注ぐ。

顔つきが苦しそうに歪《ゆが》み、額からは汗が滝のように流れ出る。

九回裏得点は5対5、1アウト満塁。

セットポジションから左脚をあげ、そのまま体重を右足にかけ力を溜《た》める。キャッチャーミットへ一直線となるように左脚のつま先が着地する。グーンと張った胸の後方に思い切りしなる右腕。そして球が解き放たれた瞬間、歓声が悲鳴へと変わる。

ボールはインコース、ベース手前へのワンバウンド。キャッチャー宜保政則が後逸し、カバーに入るため上原が駆け下り、三塁走者がホームを駆け抜けようとするとき、ふたりは交差した。それは白線を越す意味合いによって勝者と敗者が決定づけられる瞬間だった。

一年生投手、暴投でサヨナラ負け。全国にこれ以上ないインパクトを与える。

上原晃と言えば、〝サヨナラ暴投〟が未来永劫の代名詞となってしまった。

沖縄県民の高校野球熱はとにかく熱い。勝っても負けても大騒ぎ。悲劇の幕切れで負けた沖縄水産が甲子園から戻り、選手たちが那覇空港からタクシーに乗ったときだ。

「おい、沖水、応援しに行った金返せ！　あんなバカな負け方をして！」

いきなり運転手から憎まれ口を叩かれる。

沖縄の郷土熱は半端じゃない。私も沖縄に移住した頃、ちょうど興南の春夏連覇前だったので尋常じゃない盛り上がり方を体験した。選抜優勝し、夏の甲子園が始まると飲み屋での話題は興南一色、酔ったおっさんたちが皆一様ににわか高校野球解説者になり分析する。「興南の優勝は無理でしょ」と私が軽く言ったときなんかは「おまえ、沖縄人なめるなよな」と本気でキレられた。

栽は、赤嶺賢勇のような投手を探し求めて丸十年。再び出会うことができた。普天間中に凄いのがいると噂を聞きつけ見に行ったときの衝撃は忘れられない。フォームはぎこちないが、腕のしなりが抜群。「こいつとなら全国制覇を狙える」。直感的に思った。

上原晃の出現により、沖縄高校野球界は大きな分岐点を迎える。

赤嶺賢勇は弱小県であった沖縄を全国レベルに引き上げた立役者。上原晃は沖縄を強豪県へと押し上げ、本気で全国制覇を狙えることを知らしめたヒーロー。単に高校野球の枠に留まらず日本プロ野球界の将来までも担うような逸材として見なされ、スケールの大きさを感じさせた。頂点を狙えるような本物の実力を持ったスターが現れ、沖縄県民は内地へのコンプレックスを完全に払拭する。一九九〇、九一年の二年連続甲子園準優勝のメンバーが皆、上原晃に憧れて野球を始めたほど、小中学生たちのヒーローだった。この頃は、甲子園へ出て1、2勝するくらいでは誰も驚かなくなった。上原は懐かしそうに述懐する。

「一年生の夏にベンチ入りしたのが分岐点。沖縄のレベルを高めるには必要だったんだと思う。俺なりに責任を感じていた。内地のレベルの高い野球にコンプレックスを感じていた時代。だからこそ、考えて練習していたね。俺は常に自分のことを考えて動いていた。栽先生はそんな俺を見て自由に扱ってくれたんだと思う」

尊敬する蔦監督が私財を投じて自宅の裏庭に蔦寮なる合宿所を建てていたのを知り、栽も同じことを考えた。三年間みっちり育て上げるためには自分の手元に置いて寝食をともにするべきだと思い、同じように自宅の敷地に合宿所を建てた。その合宿所に入った第一号が上原である。

素材としては一級品。筋肉はプリンのように軟らかくて弾力があり、触るとタコのように吸い付く。全身バネのような身体からズドーンと弾丸のようなボールを投げる。特に上原の右足の蹴りが素晴らしかった。上原がブルペンで投げていると、半径四メートル四方でパラパラと砂の雨が降る。右足が勢い良く土を蹴り上げるためだ。

上原が高校二年の秋季大会の対普天間戦で作った一試合最多奪三振20の記録は今も破られていない。

上原の普段の練習メニューは、軽くフリーバッティングをしてから三塁ベンチ側後ろにある七〇～八〇メートルダッシュロードを、ノックが始まるまで一時間以上走り込む。そしてピッチングは200～300球前後。試合前しか投内連係はやらない。

あるとき大胸筋や後背筋を鍛えるウエイトトレーニング器具バタフライをやっていると何かの拍子でワイヤーが切れ、頭に当たって血が噴き出した。すぐに病院に行って数針縫い「一週間安静」と診断されたにもかかわらず、病院から戻ってきて平然とした顔をして練習を再開する。まさに練習の虫である。また入学した時点からピッチャーとしてなにをやるべきかの意識が高かった。一年生の春、遠征先の風呂でもひとりだけ右手人差し指と中指の指先を湯船につけないで入っている上原を見て、上級生たちも〝こいつはモノが違うな〟と認めざるを得なかった。そんな姿を見ていた栽は上原が二年になると具体的な指導をせず、自由にやらせる。

「沖縄水産時代はあまり怪我もなかったね。身体に関しては親がうるさく、中学校からビタミンCや自然食を採り、ストレッチやトレーニングも人一倍やった。同級生だけのミーティングも『自分の練習があるから、悪いけどおまえらでやってくれ』と言ってたくらい。もう自分のこと、全国制覇のことしか考えてない。周りをあまり見てなかったから。栽先生からは〝フリーアーム〟と言われただけ。〝腕は自由〟。なんか長嶋さんみたいだよね」

野手と違ってピッチャーは感覚が大切。もちろん、感覚は理論、理屈では教えられない。栽は上原の鋭い感性を大切にするために、つべこべ言わずにたった一言だけ告げたのが、〝フリーアーム〟。意味不明な単語だが、そこは天才奇才同士の感性でわかりあえる。

「俺は自分のことしか考えてなかった。それでも高校生の俺は俺なりに栽先生が何を考えているのか読もうとしていた。栽先生は俺が考えて行動しているのを見て、あえて自由にさせてくれてたんだと思う。それが〝フリーアーム〟に集約されるんじゃないかな」

凡庸な選手は、体調面を考慮しながら自ら考えて練習し続けることができない。だからこそ、指導者が目を光らせて教えていかなくてはならないのだ。

上原は高校時代からノートをつけて、ウエイトトレーニングの練習メニューを組むなど、自己管理が徹底してできていた。けっして天狗《てんぐ》にならず考えて自発的に行動できる選手に対し、温かい目で見守ってやるのも指導者の役目。上原は全国制覇という明確な目標があり、自分が沖縄野球界のシンボルであることも自覚していたからこそ、自分を追い込んで練習することができた。

「中学校のときからプロへ行きたいと思っていたが、同時にメジャー志向もあった。地元が普天間なので、米軍放送が入ってきてノーラン・ライアンやドワイト・グッテンに憧れてたね。そのためには甲子園に行くというより、高校三年間でしっかり野球ができる環境を選ばなくてはと思っていた。高校一年の夏のサヨナラ負けで甲子園に行きたいという意識が芽生えた。新チームになって二年生の先輩の背番号を奪ってから二年生の風当たりが強くなったけどね」

この頃の沖縄水産の上下関係は情け容赦なかった。よく例えられるのが監獄、刑務所。下級生にとってまさに地獄絵図を見ているような光景だったに違いない。

まず入部して一週間はうんもすんもなく殴られる。殴られるための予備訓練だ。この一週間のうちに言葉遣い、礼儀、作法、先輩のフルネームを覚えなくてはならない。使える単語は「はい」「いいえ」「何でしょうか」の三つ。

寮の部屋では一年生を正座させ、先輩がロッカーから刃渡り二〇センチもあるコマンドナイフを取り出してドスっと思い切り床に刺す。

「おまえらわかっているだろうな、てめえナメてると殺すぞ！」

恫喝《どうかつ》だ。この時点で大半の一年生がビビりまくる。任侠映画の世界だ。

当時は沖縄水産自体がヤンチャな学校だったため、体育館裏では毎日誰かがロープで縛られボコボコに殴られている。グラウンドを見れば一年生がボコボコに殴られている。学校内はどこもかしこも戦場だった。

下級生でレギュラーになろうものなら毎日ミーティングでケツバット。

試合前には先輩が下級生に対し「おまえらのエラーで負けたら殺すからな」。本気で殺しかねないプレッシャーをかける。アウトのボール回しで後輩が投げたボールがちょっとでもそれると、先輩から視線がすーっとくる。無視して試合に集中していると「おーい、おーい」と呼び、「おいっ！　おまえ何無視してんだ。殺すぞ！」。いつでもどこでも〝殺すぞ〟である。この気性の激しさは試合にも表れる。宿敵興南との試合では、整列のときにお互い睨《にら》み合って顔ギリギリまで近づく。審判が「ちゃんと整列しろ！」という合図でやっと両軍が離れる。

沖縄水産のトップバッターは初球ボールの場合、バッターボックスの前のほうに立って睨みつけて威嚇する。これで相手が怯《ひる》んだら試合はもらったも同然。

上原と同期のサード金城和彦（現・鹿児島城西高校監督）には苦い思い出がある。

「興南との試合でデニーさん（現・中日投手コーチ）の初球がボールだったのでジロッと睨んだら、二球目バチッとわき腹に当てられたんです。いろいろと当てられましたけど、本当に痛いと思ったのはデニーさんに当てられたお腹の一球。痛くて顔が歪みそうになったんですけど、顔に出したら負けだと思って平然と歩いて一塁へ行きました」

すっぽ抜けではなく意識して当てにいくため尋常じゃない痛さ。ケンカ野球だ。殴り掛かるくらいの気迫を前面に出し、ファイト溢れるの一言で片付けるには恐ろしいくらいのラフプレーも見せる。この金城は特に栽から可愛がられた。もちろん違う意味でだ。一年の秋にはすぐサードのレギュラーに抜擢。そこから地獄の猛特訓が始まる。

「捕れないと思ったら身体で受ける。後ろに逃がすというのは許されない世界でした。ノックで後ろにそらそうものなら、レフトの先輩が『なんで俺たちがノック受けてる後輩のボールを捕らなきゃならないんだ』と不意をついて背中を目がけて一三〇キロぐらいの速さで投げつけられますから」

シートノックで一塁に投げれば、上級生のファーストは胸の高さに来る球しか捕らない。さすがにカチンときて、ステップを踏んで思い切り投げたりしたこともあった。金城が生爪を剝がしても栽は「痛いか？」とも聞かない。今では大問題となるような凄惨なるシゴキが当たり前に行われている時代だった。

エースの矜持

栽が常々言っていたのは、

「人間というのは信頼できるのはひとりしかいない。そのひとりを作るのが大変なんだ」

二番手投手を使って駆け引きをして負けることなんてありえない。常にベストメンバーで戦う。これが栽の持論だった。

一年の秋からは、ダブルヘッダーの練習試合だろうと県大会の格下相手の一回戦だろうと、いくら連戦になってもずっと上原ひとりで投げ続けた。

この上原晃がいた一九八五年から八七年の三年間で五季中四度甲子園出場、まぎれもなく沖縄水産全盛期である。集まった選手たちも甲子園を目指して野球をやっていたのではなく、沖縄水産で普通に練習していれば甲子園に行けるものだと信じてついてきた。

一九八六年夏、サヨナラ暴投の雪辱を果たすために再び甲子園のマウンドに帰って来る。だが、勝利の女神はそう簡単にことを運んでくれない。

二回戦帯広三条に12対1、三回戦京都商業14対0と猛打爆発で悠々ベスト8進出。栽は今回で十度目の甲子園であり今までの最高成績がベスト8。「甲子園の命題」と名付けベスト8の壁をなんとかぶち破りたくここまでやってきた。

準々決勝名門松山商業。3対1とリードしていた八回に2点追加され同点。そして3対3のまま九回裏、1アウト満塁で初球スライダーが真ん中に甘く入った球をワンバウンドで左翼ラッキーゾーン。二年連続サヨナラ負け。悪夢は再び訪れた。

この試合、栽は指導者として大きなミスを犯す。だがそれに気付くのは一年後であった。

まず八回裏、松山商業の先頭打者水口栄二（元・オリックス）に左中間を破られる二塁打。ここでベンチにいる栽は伝令を送る。「まだ2点差ある。1点は仕方がないからランナー気にするな」。次の打者は三塁側にバントするが、サードは三塁カバーに入り、ピッチャーの上原が捕りにいき内野安打になってしまった。これでノーアウト一、三塁。そこからバタバタと制球が乱れ2点献上。同点のまま九回裏サヨナラになった。

この時点で、八回裏、バント処理の際になぜサードが三塁カバーに行ってしまったのか、栽は気付いていなかった。奇しくも翌年も同じ場面に遭遇する。

一九八七年高校三年の最後の夏の甲子園、MAX一四八キロを誇る上原は大会屈指の剛腕投手として乗り込んだ。一回戦函館有斗3対2の辛勝。カーブ主体の投球内容だったが12奪三振で最高時速一四五キロと大器の片鱗《へんりん》を見せる。

そして二回戦常総学院は0対7の完敗。なす術なくあっけなく負けた。すべては一回表の常総学院の攻撃に尽きる。先頭打者が二塁打、続く二番打者が上原の左に転がすバント安打でノーアウト一、三塁。三番バッターが初球を一塁線に転がすセーフティースクイズ。あっという間に先取点を取られ、リズムが摑めぬまま気付いたら4点。これでゲームは決まった。

このとき栽はようやくわかった。初回のノーアウト二塁で三塁側のバントを上原が処理し内野安打。前年の松山商業戦の八回の場面とまったく同じだ。選手たちは点を取られることが負けに繋がると思っているふしがある。振り返ると栽はミーティングで〝～をこうしなさい〟としか言っていない。なぜそうするのかを説明していない。選手たちから見たら、ただ監督から出た指示を着実にやるだけ。「バントがきたらセカンドにしかランナーがいないからサードが捕りに行くんだ」とそこまで指示することが必要だった。1点を失うことを恐れるのではなく、ここは1点くらいあげても大丈夫という姿勢が勝ちに繋がるんだ、と最後まで言ってやるべきだった。計画し、実行し、確認までしなければ意味がない。

栽は、指導者としてとんでもないことをしたと思った。ただ指示するだけで、こうすれば勝てるというイメージをしっかり選手に伝えなければ、伝達にはならない。指導者としてまだまだツメの甘さを痛感させられた試合だった。

上原は高校生活最後の試合をこう振り返る。

「自分の頭の中では2、3点勝負だと思った。初回のセーフティースクイズなんて沖縄にはなかった。3点取られたら負けるだろうなと思い焦って、気付いたら7点。当時の沖縄水産は左ピッチャーとシュートピッチャーが来たらもうお手上げ。内地の強豪校と比べると試合の経験が格段に少なすぎた」

上原はさらに続ける。

「自分から崩れていくというパターンだったので、自分の力を発揮できなかったというのが高校三年間の結果だった」

今思えば上原が高校二年のとき、投手力、打力、守備力と非常にバランスがよく、沖縄水産全盛期を象徴するチームだった。もし、準々決勝の松山商業戦で八回にサードがうまくバント処理していたら、優勝はどうかわからないが決勝まで行けたような気がする。仮定の話をすればするほど無限な夢が広がり、夢から覚めたとき虚《むな》しさだけが残る。

上原晃には四回ほど取材をした。年齢もほぼ同じということで二回目からは意気投合するが、ただ栽弘義の評伝を書くにあたっては毎回同じ忠告をされた。

「俺や大野倫を取材するよりも、補欠の子とか甲子園に出られなかった世代とかをやったほうが、栽弘義の人物像が見えてくると思うよ」

甲子園に出たスター選手ばかりの取材で栽弘義の何がわかるというのか、とでも言いたげな感じで話す。その後、いろいろな角度から考察するためにベンチ外メンバーにも取材をし始めると、上原が言っていた意味がやっとわかった。補欠にこそ真実があることを。

栽は中京大へ行き初めて補欠の苦しみを味わった。だからこそ補欠を大切にした。進路も当然、補欠から決めていく。名門高校にありがちなパイプ作りのためレギュラー陣の進路ばかりに気をとられ、補欠は知らんぷりではない。

上原は現在プロ野球界から離れ、愛知県で整体師をやりながら少年野球を教えている。指導者の立場になって初めてわかることが多々ある。

「最後の夏の常総学院戦で0対7の大差がついているとき、ベンチで栽先生に『控えの知念に代えてください』って言ったんだけど、『おまえが最後までしめろ』。意地で最後の打者は三振にしたんだけど、なんで代えさせなかったんだろう、とそのときは思ったね。でも、そこが栽先生の凄いとこなのよ」

代えることはたやすい。でもそうじゃない。上原晃というエースが三年間、沖縄水産を引っ張っていった。たとえ無様に負けていようが、おまえが最後まで投げ切ることこそ仲間の信頼を勝ち得たエースの使命なのだ。それだけ背番号1というのは重いんだ。栽は上原にこう告げたかったのではないか。

高校三年の夏に常総学院に負け、宿舎での最後のミーティングで栽はポツリと言った。

「おまえたちをしっかり育てきれなかった」

全国制覇するため上原晃を筆頭に能力の高い子を集めたが、思ったより伸びなかったことを栽は心底悔しく思った。沖縄県民が優勝を一心に期待した剛腕・上原晃でも頂点を獲ることはできなかった。

悲願のベスト4

池田の蔦文也監督いわく、「地べたを這《は》うゲリラ野球から外野を越す空中野球へ」。

一九八二年（昭和五十七年）夏の甲子園に革命が起こった。

高校野球ではセオリーとされていたディフェンシブの野球が突如オフェンシブの野球へと変わった、いや進化したのだ。金属バットによるパワー野球。打って打って打ちまくる。甲子園球場にアルプスの歓声をかき消すほどの金属音が反響しまくる。徳島池田高校の蔦監督がパワートレーニングで実証した野球、いわゆるパワー・ベースボールの到来。

甲子園からおよそ一二〇〇キロ離れた沖縄本島南部で、栽はスポーツニュースを見ながら新たに決意する。

「間違ってなかった」

栽は、豊見城時代にスモール・ベースボールの限界を嫌というほど知った。沖縄と内地との体格差を補うためにパワーをつける。小禄時代からウエイトトレーニングをやり続け、豊見城で花が開いた。それでも内地の強豪校の前では歯が立たない。軽自動車にいくらF1のエンジンを積んでもボディが持たない。パワーをかね備えるだけの器が必要だと感じる。

沖縄水産に行ってからは大型化を目指し、チームを構成していった。そしてMAX一四八キロの本格派投手上原晃と強力打線を引っさげて優勝を狙いに甲子園に乗り込んだが、ついにベスト4の壁を崩すことはなかった。格下相手だとワンサイドゲームになるのだが、実力が均衡していると土壇場に逆転される。強さと脆さを併せ持つのが沖水野球だった。

栽は蔦の言葉を思い出した。

「2アウトから二塁へ送らせることが大事だ。二塁へ送ってワンヒットでどうやって還ってくるか。走らせることもできるが、確実なのはバントでスコアリングポジションへ送ること」

豪快な野球をするイメージの蔦監督だが、最初からパワー野球を推奨していたわけではない。

一九七四年部員十一人という〝さわやかイレブン〟で選抜準優勝したときは、ほとんどの得点パターンがバントや機動力をからめたスモール・ベースボールだった。

一九八三年招待野球で沖縄に来た蔦はこうも言った。

「優勝するには、まず準優勝だ。準優勝があって優勝があるんや」

尊敬する蔦の言葉の中に栽はヒントを見出した。

一九八七年九〜十月に沖縄復帰十五周年記念として沖縄で海邦国体《かいほうこくたい》が開催された。当時、海邦国体の野球競技は高校硬式野球、少年男子軟式野球、一般男子軟式野球に分かれ、少年男子軟式野球の競技は、沖縄水産高校の選手で構成する〝翔洋クラブ〟というチームで出場することが決まっていた。

軟式野球部がない沖縄水産は、硬式野球部からメンバーを集めて急遽軟式野球部を作る。上原世代から十五名、一九八八年世代から三名選出され、計十八名で期間限定（一九八七年四月から十月）の軟式野球部ができた。

一九八八年世代のエース平良幸一（元・西武）は振り返る。

「軟式に移った三年生のメンバーが自分たちは甲子園に行けないからって八つ当たりをするんですす。サブグラウンドで軟式が練習している奥のほうで僕ら二年生がランニングしているんですけど、ちょっと休んでいるとさぼっていると思われ、後でミーティングという名のシゴキがありました」

実は、平良は軟式野球部に入りたいと志願したが、栽から了承をもらえなかった。

この海邦国体は開催の是非が問われたほど問題点が多い大会だった。国体は天皇・皇后をはじめとする皇族が臨席するのが慣例となっているが、一九七三年沖縄本土復帰を記念して開催された若夏国体で当時の皇太子明仁親王・同妃美智子様に対し火炎瓶を投げつける事件があり、さらに復帰後反天皇制の活動拠点になっている沖縄への訪問に対しさまざまな議論があった。結局、昭和天皇が病に倒れ、訪問が不可能になってしまったため、名代として皇太子夫妻が臨席した。

すでに波瀾《はらん》の予兆はあった。海邦国体開催の前年一九八六年春、沖縄県公立小中学校の卒業式・入学式では、「日の丸・君が代」実施を巡って、県教職員組合が反対運動をするなどの混乱をきたし、卒業式を延期する学校が続出した。

そして海邦国体開催中に事件が起こった。

読谷村営野球場をメイン会場とした軟式野球の開会式では、掲げられていた日の丸の国旗が地元でスーパーを営む男に引きずり下ろされ焼き捨てられたのだ。その後、右翼団体が「国旗燃ヤス村ニ平和早スギル天誅《てんちゅう》ヲ下ス」などの声明文を出し、スーパーの放火や読谷村にある住民が集団自決した洞窟チビチリガマの「平和の像」を破壊するなど、右翼団体の報復行為による事件が多発した。

沖縄における戦後の爪痕をまだまだ消し去ることができない大会となった。

海邦国体のために野球部が一時的に軟式と分離されるという特殊な世代である一九八八年の沖縄水産の前評判はけっして高くなかった。後に西武へいったエースの平良幸一や中日に行った伊礼忠彦と二人もプロを輩出しているが、上原世代と比べるとどうしても小粒感が否めない。今までの沖水野球は上原晃に代表されるように剛球で打ち取り、豪打で点を取る、見る者を圧倒させる剛のイメージがあった。

だが、一九八八年のチームは、エース平良が技巧でかわし、機動力、バントを多用して得点を重ね、緻密な野球を展開していく。今までになかった沖水野球だった。それでも夏の県大会は準決勝まで四試合連続コールド勝ち、決勝も8対0と圧勝。まったく危なげなく甲子園出場を決める。剛と柔を織り交ぜた新生沖水野球を見せる。チーム打率四割六分で出場四十六校中一位、さらに県大会での平良の打率六割八分四厘は出場選手中一位という強打沖縄水産のイメージのまま甲子園に来られたことも、ベスト4の躍進に繋がった。

「強打のイメージがあるから相手の外野守備位置がバックすればバント、前進すればヒッティングとうまく回った感じでした」（ピッチャー平良）

そして、なんといっても一九八八年の第七十回大会夏の甲子園準々決勝浜松商業戦。この試合こそ、栽が長年超えられなかった壁を破った試合でもある。その後の沖縄のチームの躍進はすべてこの試合から始まった。

この大会は、沖縄県にとってもいろいろな意味でエポックメイキングになった大会である。

今や定番となっている沖縄代表が攻撃中に応援歌としてアルプススタンドで演奏する「ハイサイおじさん」は、この八八年のときに初めて演奏される。逆に沖縄のお盆で踊る伝統芸能〝エイサー〟や琉球太鼓を使っての郷土色あふれる応援は、視聴者から「お祭りじゃないんだから民俗衣装の踊りはやめてくれ」との苦情で取り止めになった。

一回戦富山商業4対2、二回戦宮崎南5対1、三回戦愛工大名電4対1と県大会と違って接戦をものにして勝ち上がってきた。愛工大名電の試合では六回2アウトのまま雨のため一時間四十三分中断、エース平良のコンディションが心配されたが、伸びのあるストレート、変化球で1失点。「平良が二百年に一度の素晴らしい投球をしました」。めったに褒めない栽が最高の賛辞を送ったほどだ。

エースの平良は、甲子園大会について思い出を語る。

「五年連続甲子園出場できてホッとした部分はありますね。甲子園に行けると思ってなかったですから。甲子園の初戦は緊張しましたけど、すぐに落ち着き、アルプススタンドを見て知り合いを探せるほど平常心になりました。ウチのチームは九人中六人が一〇〇メートル十一秒台なんですけど、機動力はあまり使わず、バントばかりでした」

このチームは宮古島出身の平良も含めてレギュラー五人が離島出身者。当時、離島から沖縄水産に行くというのはそれ相当な覚悟で来ている。「沖縄本島の奴に負けるな!」を胸に、少々辛くてもおめおめと帰ることなどできない。沖縄本島の子たちと比べても背負っているものが根本的に違う。

そして、ついに準々決勝浜松商業戦を迎える。

この試合に勝てば悲願のベスト4。豊見城時代から数えて六度目の挑戦である。

ピッチャー平良は三回に長打とスクイズで1点先取されたものの、その後再三ランナーを背負うが得意のシンカー、カーブで後続を断つ。沖縄水産は五回まで毎回ランナーを溜めるのだがあと一本が出ず、残塁の山を築く。

「三回に1点取られているんですが、カウント2ナッシングからスクイズされているんです。初球でスクイズを外しファウルされたんですけど、まさか2ナッシングからスクイズしてこないだろうと……メッチャ悔しかったです。この試合は負ける気はしなかったです」

平良が言うように、他の選手も負ける気がしなかったと口々に言う。甲子園で一試合一試合戦うにつれ、試合の流れ、勝負のあやに敏感になってくる。あの大舞台で勝ち続けることで、英知が養われるのか。言葉では言い表せられない何かが選手たちに感じられたのは間違いない。

試合中、こんなこともあった。

ベンチに設置してある電話が突然鳴り始める。

緊迫した試合中の無機質な機械音。なんだろうと神里部長が受話器をとると、「視聴者の苦情により、監督の足を下ろさせてください」と本部役員がお役所的な口調で言う。

栽はしばらく無視していたが、たまらず尋ねる。

「その電話何だ？」

「あの〜、監督が組んでいる足を下ろしてくださいと……」

「………」

何言ってるんだ、あほらしと言いたげに栽は意地でも組んでいる足を下ろさなかった。

栽はこの試合、ランナーが出たら奇襲などせず送りバントで確実に二塁に送っている。十一秒台が六人もいるにもかかわらず機動力を使わず、バント戦法。セオリーに徹した戦いで攻め立てる。

「エラーをしたり、ボール球を振ったり、フォアボールを出したりしたら負ける。セオリーをとにかく守らないと負ける」

栽がことあるごとに言い続けたことだ。

そして、0対1のまま最終回九回裏を迎える。

三塁ベンチ前で沖縄水産が円陣を組む。

「このまま終わっていいのか！　サヨナラいくぞ!!」

珍しく栽の檄《げき》が飛ぶ。

栽の檄に押されてか先頭打者の唐真勝吉が三遊間を破るヒット。次打者が送り1アウト二塁。続く八番・上地哲司。準々決勝までヒットがなく、この試合の第一打席で甲子園初ヒット。気を良くして打席に入る。2ボール1ストライクからの甘く入ったカーブをレフト前に弾き返す。これで1対1の同点。試合は振り出しに戻った。次打者も送りバントで手堅く2アウト二塁。一打出れば逆転の場面。

二塁ベース上のランナー上地は、どんな当たりでも一気にホームへ駆け込んでやるという意気込みでスパイクのヒモを締め直す。

グラウンドの空気はすでに沖縄水産が支配している。プレッシャーがジワリジワリと浜松商業に被いかぶさる。アルプススタンドではブラスバンドの「ハイサイおじさん」の演奏が鳴り響き、スタンドはまさにあの暑い南国沖縄一色。甲子園のボルテージは最高潮に達した。

トップバッターに戻り上間孝史。みんなの期待を一身に受けバッターボックスに入る。カウント3ボール1ストライクから3本ファウルで粘った後の八球目をうまくバットに乗せた打球はライト線に落ちた。悲鳴のような歓声が上がる。サヨナラだ。

一九七五年赤嶺賢勇の東海大相模のサヨナラ負けから始まり、沖縄は土壇場で逆転され負けるというイメージがついた。栽は、これまで甲子園十一回出場でサヨナラ負けが四度。沖縄勢はもつれた試合は負けるというイメージが定着してしまった。

「逆転されることが有名なうちが珍しいですね。初めて逆転で勝ちました」

報道陣の前で、栽は喜びを隠さず素直にコメントする。

一九六八年興南高校のベスト4以来、二十年ぶり二度目の快挙。豊見城が四度、興南、沖縄水産と沖縄県勢が六度の挑戦でことごとく立ちはだかったベスト4の壁。石嶺の豊見城、仲田幸司の興南、上原晃の沖縄水産と大会ごとに優勝候補に上げられてはいたが、どこか勝負どころで弱いイメージがあった。それが強豪名門校のお株を奪うような逆転サヨナラ勝ちでベスト4進出、ついに沖水野球が真の意味で強豪校と肩を並べた瞬間でもあった。

この年の京都国体でも沖縄水産は〝全員野球〟で快進撃。一回戦宇部商（山口）5対4、準々決勝戦天理（奈良）5対1、準決勝京都西2対0、そして決勝江《ごう》の川《かわ》（島根）6対0の完封勝ちで史上初沖縄県勢が高校野球で全国の頂点に立った。

後に一九九九年センバツで沖縄尚学が初優勝したときに栽は周囲にこう言った。

「俺は別に優勝してないわけじゃない。ただ甲子園で優勝していないだけだ」

どこまでも負けず嫌いだった。

大型打線へのこだわり

空白の世代。一九八九年世代はこう呼ばれている。

沖縄県記録の五年連続夏の甲子園出場だったのが途絶えた世代である。一九八四年から九一年までの八年間で唯一、一九八九年のみが夏の甲子園に出場していない。ただ甲

大胆な行動力と鋭い感性で沖縄野球を改革し頂点に上り詰めた栽監督。ずっとトップを走り続け、引くこともせず、突き進む

子園に出られなかっただけではない。一つ上が沖縄県勢二十年ぶりのベスト4世代、下は二年連続甲子園準優勝世代。沖縄水産野球部の歴史の中でも輝かしい成績の狭間《はざま》にポッカリ空洞があいたようだ。

一年生でベンチ入りした大野倫は夏の県大会準決勝で負けたのをベンチで見ている。

「先輩たちには悪いけど、ああはなりたくないと思いました」

こう思ったのも甲子園に出られなかった先輩たちへのバッシングがひどかったからだ。

「なんのために沖縄水産に来たんだよ」「恥ずかしくないのかよ」「甲子園に出られずによく学校に来れるな」

学校内でも情け容赦ない言葉が飛んだ。大野が少しでも調子が悪いと空白の世代のエースに準《なぞら》えて「宮平二世」と揶揄されたこともあった。この頃の沖縄水産は、甲子園出場が絶対の命題だった。

勝負は時の運というが、この一九八九年世代はたまたま運がなかっただけなのか。

連続出場が途絶えたという点では一九七九年の豊見城の最終世代と酷似するが、豊見城の最終世代とはちょっと意味合いが違う。このとき栽はすでに沖縄水産に転任することが決まっている中で、メンバー全員を左打ちに変えるという試みをやった。適性を見てやったのではなく実験的に試したのだ。いわば捨てゴマに近かった。

だが、この空白の世代はそれとは異なる。本気で全国優勝を狙いにいった世代である。

どうしてもこの世代が気になり、豊見城最終世代とは別の視点から取材をしたいと思った。この空白の世代こそ、栽野球にとって大きな転換期となっているからである。

栽は前年の甲子園準決勝で負けて痛切に感じたことは、戦術や戦略ではなく内地の強豪校との体力の差だった。どんなに技術があっても三連戦四連戦となる甲子園で優勝するためには最終的に体力がものをいうことを痛感した。

そこで栽は一八〇センチ以上の者を優先的にレギュラーに抜擢し、沖縄水産史上最高の平均身長一七五センチ、体重七三キロ、近年にない大型チームを形成した。プロ注目の飛び抜けた実力がない限り一七五センチ以下はベンチにも入れない徹底ぶり。

一番から七番までどこからでも本塁打が打てる超大型打線。二〇〇四年の巨人軍が、清原和博、ペタジーニ、小久保裕紀、江藤智《あきら》、タフィ・ローズなどの他球団の四番打者だらけの超重量打線だったが優勝はできなかった。それとまったく同じである。

力は確かにあった。入学した年の秋口に一年生のみのチームで出場する一年生中央大会で優勝し公式戦十一連勝。一九八八年のベスト4世代と紅白戦をやってもエース平良を容易に打ち崩し、楽々勝ってしまう。栽の理想を大きく上回る大型打線に夢を抱かずにはいられなかった。投手力も二年生エース神谷善治、サウスポー宮平智と県内では十分な投手陣営である。死角はどこにもないように見えた。

夏の県大会が始まり、順調に勝ち進むが準決勝の興南に延長十一回3対4のまさかのサヨナラ負け。敗因はいろいろあるが、チーム内では投手陣のせいにした。「おまえが打たれたから負けたんや」。終わってしまったことなのに野手陣が投手陣にブツブツ文句をたれる。戦う集団の心構えなど初めから持ちあわせていないチームだった。

この空白の世代に取材を申し込んでも「甲子園に出たメンバーに聞いたほうがいいんじゃないですか」と度々断られた。取材されることに後ろめたさを感じ、甲子園に出られなかったことが大罪を犯しているかのようにいまだに引きずっている。沖縄水産OB会でも肩身の狭い思いをするため、なかなか出席しづらいという。

最初は断られたが、粘った末にキャッチャーの上原健治からようやく話が聞けた。

「甲子園は出るのは当たり前だと思ってましたから。強かったんですが、精神的弱さがずっと尾を引いていましたね。勝ち進むたびに徐々に何かのしかかってくるものがありました。ここぞというときにムードを作りきれなかった。お互いが傷の舐め合いの仲間だったのかもしれません。勝ち進むチームって、必ず誰かが犠牲になってカツを入れたりするものですが、そういう者がいませんでした。負けてダッグアウトを出たとき、背番号をもらえなかった同級生が大泣きしていて、『俺はなんてことしたんだ』と申し訳ない気持ちでいっぱいでした。そいつらの無念を晴らすには勝ち続けるしかなかったのに、それができなかったことをいまだに引きずってますね」

実は、県大会まで一ヵ月を切ったときに、ベンチ入りの選手がエース候補だった投手

を呼び出し、

「おまえのせいで甲子園に行けなかったら最悪なんだよ、わかってるのか、おい！」

いきなり殴りかかり、

「下級生にエースとられて恥ずかしくねえのかよ」

取っ組み合いのケンカが始まった。そんな姿を他の同級生も見ていたものだから、二年生のエース神谷がブルペンに行っても、

「なんで俺が下級生の球を捕らなきゃならねえんだ」

三年生たちがキャッチャーを拒否する。チームとしてまったく機能しない。高校野球という狭い枠での話かもしれないが、大人同様の妬みや憎悪、身勝手といった負の感情が噴出した。

下級生によると、空白の世代は選手同士仲が悪く、野球がやりにくい環境だったと評する。チーム内がギクシャクした状態のまま県大会に入ってしまった。

ファーストの平良尚也は、空白の世代のチームを冷静に分析する。

「自分たちの代になって、今まで勝っていたのが急に勝てなくなりみんな自信がなくなっていった。『俺たち負けるかも』という負けるイメージが頭の中にどこかあり、それが修正されないまま県大会を迎えたんだと思います」

平良尚也に取材で会った瞬間に、「ありがとうございます」と深々とお辞儀をされ、

驚かされた記憶がある。よくぞ栽を取り上げてくれたという意味である。平良尚也は他のどの選手よりも栽について個人的思い入れが強い。

幼い頃に父親を亡くした平良尚也にとって、栽は父親以上の存在であったからだ。中学二年ですでに一八四センチあった平良尚也は豊見城中でキャッチャーとして活躍し、沖縄水産を含む四校の高校から誘われた。

「栽先生が勧誘にきて『今日から俺がおまえのオヤジだ』と言ってくれて、どうせこのときだけかなと思ったんですけど、本当にずっと面倒みてくれました」

女手ひとつで育てられた平良尚也を預かる以上、栽には平良尚也を一人前の選手にする責任があった。グラウンドに入れば厳しく、グラウンドから一歩出れば父親のように温かい目で見守る。ときには練習が終わった後、平良尚也を呼び「これでバスに乗って帰れ」と五千円札を手に握らせてくれたこともあった。丸坊主が基本の高校野球で、少しでも髪の毛が伸びている選手がいれば栽は容赦なく鉄拳を振るったが、平良尚也だけは髪の毛が少し伸びていても咎《とが》めることはしなかった。平良尚也が中学校のときから新聞配達で家計を助けているのを知っていたからだ。

「栽先生はいつもこう言ってました。『勝った子より負けた子のほうが遥かに多く、自分の犠牲になった子もたくさんいる。多くの子どもたちの犠牲のうえに自分がいる。それだけは忘れてはならないんだ』。まさに人生を教えてくれた人です」

平良尚也は卒業しても栽を慕い、栽もまた我が子のように可愛がった。栽は平良尚也にだけは自分のありのままの姿を見せるように努めた。

メンバー選びは公明正大に行うべきであるが、栽は勧誘した子に対してはなるべくベンチ入りさせたい気持ちがあった。賛否両論はあるが、呼んだ以上は選手を一人前の野球人に成長させる責任がある、と同時に両親から預かる以上、野球を通して人間形成する義務があると常々思っていた。

指導者といえども人間である以上、情が絡むときだってある。期待していた平良尚也は入学当時から怪我に泣かされ入退院を繰り返してきた。大型打線で欠かせない人材であり、それでも栽はメンバー入りさせてきた。しかし、平良尚也は最後の夏前に半月板を損傷し、ギリギリ間に合うかどうかという状態だった。栽はメンバー入りさせるつもりだったが、コーチ陣から反対を喰らう。最後まで悩んだ栽は平良尚也をメンバーから外すことにした。私情をからめてはいけない。栽は勝負師として非情に徹することを学んだ。

一九九四年世代のピッチャー徳元敏（元・オリックス）は、スカウトで入った選手ではない悔しさを語ってくれた。

「高校最後の夏、エース候補よりも僕のほうが断然調子良く、エースになれるかもと淡い期待をしました。でも『エースはこいつにさせたい』と栽先生はエース候補の名前を言う。スカウトされていない僕が投げて勝ったらおもしろくないのかなと思うこともありました。三年計画で育ててきた子よりも自分の構想外の子が頭角を現し嬉しい悲鳴だけれども、使いたくなかったのかも。栽先生にしてみれば僕にまだ完全に信頼がおけないというのもあったと思うし……。結局、最後の夏の大会は三番手で、投げたのは1イニングだけでした」

徳元はこの悔しさをバネに東京農大で花が開き、オリックスにドラフト五位指名されプロ入りする。それでも、高校最後の夏の大会の出来事は忘れられないという。

空白の世代の選手たちにとって、いまだ高校野球を整理できず昇華し切れていない部分がある。だからこそ負い目がありOB会にも参加しづらい。最初は甲子園出場が目標だったのが意識するごとに目的に代わり、仲間がいるのに自分ひとりで戦うようになっていった。甲子園にはよく魔物がいると言われるが、甲子園に魔物なんていない。選手の中にこそ魔物がいる。空白の世代はその魔物に取り込まれてしまったのだろうか。

栽にとって空白の世代の野球は、勝つための野球と理想の野球は一致しないことを気付かせてくれたのだと思う。

小禄に赴任以降、まともに戦ったのでは体格で劣る沖縄が内地に勝てるはずがないと思い、体格差を補うためにウエイトトレーニングでパワーをつけさせた。そして強力打線をひっさげて豊見城旋風を巻き起こしたが、甲子園準々決勝でことごとく撥ね除けられる。沖縄水産に移っても同じだ。剛腕・上原晃を擁しても勝てない。パワーだけでは通用しない。

常に内地の野球を研究したうえでパワーという独自の沖縄野球を推進してきたが、選手の特性を生かし機動力、バントを多用したスモール・ベースボールを取り入れた。それが一九八八年世代であり、全員野球で沖縄代表二十年ぶりの甲子園ベスト4に進出することができた。もっと上をめざすためにはやはりパワー、体力が必要だと再認識した栽は、どんなチームと当たってもビクともしないチームを作るために超大型化することを決意する。それが平均身長一七五センチ、体重七三キロ、一番から七番までどこからでもホームランが出る重量打線だった。身体能力のみで構成したチームは練習試合等の単発系には強いが、高校野球というトーナメント方式だと調子が良いときはいいが、ひとつ躓《つまず》くと簡単に脆さが露呈する。

栽は、かつて全国制覇するための課題のひとつに子どもたちの気質を変えようとしたことがある。身体能力は無限の可能性を秘めているのだが、生まれてからずっと島の中にしかいないため仲間意識が強く、競争心が湧きたたない。相手を蹴落としてまで戦おうとする意欲がないのだ。さらに島では働かなくてもそこそこの生活ができるという環境のせいか向上心も湧かず、すぐ諦める傾向がある。

三年生がメンバーから外れ、代わりに下級生が入るとメンバー外の三年生への同情心が芽生え、チームの士気が下がる傾向がある。そして一度でもダメだと思うと、それを払拭するのに時間がかかる。空白の世代はまさにそれだった。

栽はパワーをつけて鍛えると同時に真の精神力を鍛えることを怠ってしまった。ただガンガン厳しくするだけではダメだと気付き、選手のキャラクターを鑑みて個性を伸ばす指導法をしないと選手たちがついてこられないことがわかった。

キャッチャーの上原は最後に呟くようにこう言った。

「甲子園に行った先輩、後輩の気持ちは僕たちにはわかりません。僕たちは甲子園に出ていないですから。これも巡り合わせなのかもしれない。でも、すべて運命ということでは片付けられない。勝負の世界は結果がすべてですから」

空白の世代にとって、あのときの夏の暑さはまだジリジリと焦げ付くような苦い匂いがするのだろうか。

第八章　準優勝の行く手には

デタラメで夜露死苦

「このたわけ！」

全員を張り倒した。怒りで肩を震わせ、まだ殴り足りない。新チーム初日に全員が練習時間に遅刻することなど監督生活二十七年間で初めてだった。一九八九年（平成元年）世代が県大会準決勝で負け、六年連続夏の甲子園出場は途切れた。また一からふんどしを締め直そうとしている矢先にだ。

「三年生も引退し、明日から自分たちの代ということで決起集会して、つい夜更かししたんです。集合が八時三十分と聞いたので時間通りにグラウンドに行ったら、八時に栽先生が来ていて、もう怒り心頭です。夜更かしといっても酒を飲んでたんじゃないですから」

酒を本当に飲んでいなかったのかどうかわからないが、一九九〇年甲子園準優勝投手の神谷善治《かみやよしはる》はしたり顔で語る。

新チーム初日から、二年生は罰としてメイングラウンドで一年生が練習をしているのを横目で見ながら一週間草刈りをやらされた。前夜にドンチャン騒ぎをして練習に遅刻するようなデタラメから始まったチームだった。

一九九〇、九一年と二年連続甲子園準優勝チームの素顔はまるっきり正反対。特に一九九〇年のチームは、どの代に聞いても変わり者の集まりだと口を揃えていう。卒業後はこれといって集まることもせず、互いの携帯番号を知ることもない。仲良しこよしのいい子ちゃんではなく、我が道を行く唯我独尊タイプのヤンチャな人間が集まった。

一年生のためだけの公式戦、一年生中央大会では、準決勝戦浦添商業に沖縄水産史上初の0対10のコールド負け。

「沖水始まって以来のヘボピッチャー！」「沖水の時代も終わったな」「かけ算言ってみろ！」

ヤジが飛び交う中、神谷は負けたものは仕方がないと気持ちを切り替え、球場を出ようと通路を歩いていると目の前に栽が立ちふさがる。すると、いきなり三十発連続で張り手を喰らった。あまりの突発的な出来事に神谷は「え!?　俺なんか悪いことしたっけ？」と思いながらしばらく茫然と立ちつくす。

「きさま、俺の顔に泥を塗ったな！」

鬼の形相の栽が睨みつける。

「10点取られるまでにピッチャー代えればいいのに……」と心の中で呟く神谷。このときはまだ栽の真意をわかっていなかった。

四年間にわたって栽弘義の取材をし、延べ三百人以上の人と会った。その中でも強烈な個性を放っていたのが、この神谷善治だった。個性というより独特のオーラを纏《まと》い、一瞬プロ野球選手と同じ匂いがした。

一九六〇年代から九〇年代までの元高校球児に取材をすると、必ず上下関係の話になる。七〇年代、八〇年代は〝集合〟、〝説教〟、九〇年代は〝ミーティング〟という名で上級生から執拗《しつよう》なシゴキを加えられることになる。一九七一年（昭和四十六年）頃から、連合赤軍による〝総括〟という名のもとに暴力を用いて思想的反省を迫るリンチ事件が多発したが、高校野球はそれとは違う。リンチではなくてシゴキだ。

取材してよく聞くのが、自分たちが嫌というほどヤラれてきたから自分たちの代になってからはケツバットやミーティングを止《や》めにしたという話。確かにケツバットは止めたかもしれないが、別の方法を編み出しているだけだった。ヤラれた話は面白おかしく話してくれるが、我が身がかわいいのかヤッた話は絶対にしない。ヤラれたことは覚えているが、ヤッたことはあまり覚えていないらしい。人間は都合の悪いことは勝手に記憶から抹消する。

だが、神谷だけはヤラれた話もヤッた話も平気でしてくれた。今回の取材では初めてのことだった。それだけに一段と興味が湧いた。

「下の奴ら僕のこと、なんか言ってましたか？」

正直に答えた。神谷が一番恐ろしかったと言っていたと。

「ははは、僕は相当厳しいですから。特に大野倫には厳しかったです」

神谷が初めて大野を見たのは、高校一年の秋口。セレクションで来ていた背の高い中学生がブルペンでエゲツない球を投げている。高めの球がホップし、キャッチャーはのけ反るように捕球。これが中学三年の大野倫だった。

「一年の（大野）倫を見たときは『こいつには敵わない』と思い、その日から出る杭を思いきり打ちました」

練習試合で大野が不甲斐ない投球をして言い訳をしようものなら、試合後正座させては上級生で殴る蹴るのシゴキ。大野に対しては過剰なまでのシゴキを与えた。

大野にも神谷のシゴキについて聞くと苦笑いしながら、

「まあ、いろいろありましたね。でも唐揚げを投げつけられたのだけは意味分からなかった」

理不尽なシゴキに意味もへったくれもない。

神谷は高校二年のときから、エースナンバー背番号1を付けていた。

「先輩を抜いてエースになったのではなくて、栽先生の作戦だったんです。三年生に二人のピッチャーがいました。ある練習試合の前日に先輩に呼ばれて夜更かししてたんです。先輩に呼ばれたら素直に聞くしかないじゃないですか。でも、酒飲んだんじゃないですからね。それなのになぜか翌日二日酔いのように頭がガンガンして体調が悪いんです。先発の三年生が初球バックネット、二球目デッドボールで栽先生がブチ切れて『神谷行け！』と。頭がガンガンしたんですけど、なぜか素晴らしい投球したんです。試合後のミーティングで『二年生の神谷ができて三年生のおまえらがロクなピッチングもできない。恥を知れ！』って怒鳴り、背番号1を貰ったんです」

酒を飲んだかは知らないが、いいピッチングをした神谷に背番号1を付けさせることは、三年生に対し栽なりに発奮を促す意味もあった。だが、それが裏目に出て、ひとつ上の世代のいわゆる空白の世代はガタガタになってしまった。

下級生はもちろん、上級生までもがこの神谷世代を個性の固まりと言う。大野世代に言わせれば、極悪人の集まり。

時代はバブル真っ盛り。旧経済企画庁がバブル景気と定めたのは一九八六年十二月から九一年二月までの五十一ヵ月。一九八七年に安田火災（現・損保ジャパン日本興亜）がゴッホの『ひまわり』を約五十三億円で落札したことがマネーゲームの始まりだった。金があれば何でも手に入ると札束は飛び交い、人々は勝手気ままに狂喜乱舞した。戦争を知らない世代が、それまで見たこともない株や知らない場所の不動産の動向に一喜一憂し、投資をショッピング感覚で誰もが簡単に行い、大人から子どもまで時代の空気に合わせてイケイケであった。

　栽にまつわる話で一番笑ってしまった話がある。沖縄水産の野球部員たちは軍隊のような寮生活を強いられている。だが、そこは多感な高校生であり、恋人のひとりや二人いてもおかしくない。練習づけの毎日でなかなか恋人に会えないが、絶好の密会場所があった。夜中の監督室。

　ある選手が、恋人とイチャイチャしようと真夜中、監督室に行ってドアのノブを回すと、そこには先客がいた。栽が誰かといたのだ。夜中の一時になぜ監督室にいるんだ？　十七、八歳の選手たちはあらぬ妄想を掻き立てられた。また、その逆もあった。

「ある奴が監督室で恋人とイチャイチャしていると、誰かがガチャガチャとドアノブを回すんです。栽先生なんです。そいつ、バレたらまずいと一生懸命ドアノブを抑えてたら『ん？　おかしいな』と諦めて帰ったらしいんですけど、財布を置き忘れて翌日バレたんです。でも免許証だけ没収で、あとはお咎めなし。お互い、バツが悪いことをしていたからでしょうね」

　神谷から話を聞き、思わず吹き出してしまった。当時、神谷世代や大野世代は当事者からこの話を聞き、監督室には一体何があるのだろう？　俺たちが知らない隠された秘密があるのでは？　木馬があるのかそれとも……、妄想は次第にエスカレートし現実とゴッチャになり最後には爆笑を誘う。

この話を聞いたときに思った。今までは栽という絶対君主に恐れ戦いていたのが、これを契機に選手たちはある意味、萎縮せずに野球に打ち込めたのではないか。完全無欠な人間に叩きのめされるよりも少々人間臭い輩に叩きのめされたほうが、いい意味での反発心が出る。二年連続準優勝メンバーと栽との距離感は、他の世代より近くて特殊なものであったのは間違いない。

この無頼漢の集まりだった神谷世代がひとつにまとまった象徴的な出来事がある。

高校二年の秋口、神谷が思い詰めた表情で監督室のドアを叩く。

「すいません、肩が痛いので病院に行かしてください」

栽は神谷の思いも寄らない発言に怒りを覚える。

「ダメだ。そういう弱気の発言がダメなんだ」

神谷の中で何かがプツンと切れる音がした。

「痛いのに我慢して野球はできません」

「バカモン！」

栽の鉄拳が飛び、神谷は吹っ飛んだ。ゆっくり立ち上がるやいなや、

「辞めます」

一言だけ言って監督室を後にし、そのまま名護の実家に戻ってしまった。神谷はこのとき本気で野球を辞めようと思った。

残されたメンバーは神谷が実家に帰ったと聞いて狼狽《うろた》える。そして、ひとつの決断をする。

〝ボイコット〟

「神谷がエースじゃないなんてありえない」。メンバーのほとんどが県大会で上位に進出した各中学のエースで四番。そのメンバーが神谷を見て「これは敵わない」と思い、次々と自らコンバートしていった。メンバー全員が認めたエース。だからこそボイコットしたのだ。沖縄水産野球部史上、ボイコットしたのは後にも先にもこの代しかいない。コーチに説得され、ボイコットは一日で終わったが、栽はこの行動に対し咎めることはしなかった。むしろ気骨がある奴らだと思い、頼もしささえ感じた。あとは神谷が一人前になれば、このチームは大化けする可能性を持っている。神谷を軸にして、野獣のような個性の固まりの面々をうまく使いこなせばいい。

栽は神谷に肩痛の治療を認め、肩周りの筋肉強化のウエイトトレーニングをやらせた。さらに六八キロしかなかった虚弱な身体にもっと体重をつけるべく一日六食の生活を厳命。そして年が明ける頃には体重が八二キロに増加したことでスタミナがつき、コントロールの安定感と球のキレが出てきた。

「三年生が引退し天下を取ったら練習もあまりしないじゃないですか。暇だから食べるんです」

無理なく増量できたおかげで、逞しく成長した神谷はスライダー、シュートを覚えて投球に幅ができ、高校三年の春季大会で優勝。自他ともに認める沖縄水産のエースとなる。

神谷が一人前になると、栽はあまり締め付けずに全体練習を伸び伸びやらせ、個性を埋没させずチーム力アップに努めた。

『神谷、三〇センチ曲がるシュート』と地元の新聞にデカデカ載り、練習試合にライバル校が偵察に来る。当時、高校生でシュートを投げるピッチャーは珍しく、「シュートが見たい」と観客の声が聞こえる度にシュートを投げて「うぉー」と沸かせる。また普天間高校との練習試合ではあまりに相手ベンチからのヤジが酷《ひど》いため、一年生にヤジを言った選手を調べさせ、バッターボックスに入るとシュートで手首を骨折させたこともあった。バッテリー間においてデッドボールは暗黙の了解でもあった。こうして沖縄水産はエース神谷を大黒柱に、夏の県大会を危なげなく勝ち進み、甲子園への切符を手にした。

甲子園決勝で逆神風

「甲子園に行っても他のチームを強いとは思わなかった。戦ってみても沖縄県大会のべスト8くらいの強さでした。ただ天理だけは別格でしたね。見た瞬間、身体が大きかったですから」

神谷の忌憚《きたん》のない意見だった。神谷は大言壮語を吐くタイプではない。過信ではなく確固たる自信の現れだったのは言うまでもない。

この七十二回大会は、地方大会の参加校が初めて四千校を超え、入場者数も史上最高の九十二万九千人を記録した。選抜優勝の近大付属（大阪）、準優勝の新田（愛媛）など強豪校が早々と地方大会で姿を消し、初出場が十一校という本命不在の大会となる。下馬評を見ると、豪腕投手が引っ張るというより打撃のチームが目立ち、現に史上三番目の39本塁打が飛び出したほど打撃上位の大会となる。各スポーツ紙では沖縄水産はCランクに位置し前評判は高くなかった。

この大会を見ると、星稜の松井秀喜（一年　元・ヤンキース）、愛工大名電の鈴木一郎（イチロー。二年　現・マーリンズ）、渋谷《しぶたに》の中村紀洋《のりひろ》（二年　元・DeNA）など、後のメジャーリーガーたちが出場しているのだが目立った活躍はせず、ダイヤの原石はまだ光り輝かず多勢の中に埋もれたままだった。

一回戦は大会初日の第二試合高崎商業（群馬）。神谷は先頭打者にいきなりヒットを打たれたものの、その後六回までひとりのランナーも出さない安定したピッチング。七回に四球、ヒットで1点を取られるが散発3安打1失点、沖水打線も集中打で4点取り、

7対1の快勝。試合後の栽は「相手のコンディションが悪かったですから……」と言葉を濁し喜びを露にしなかった。実は高崎商業の部員十一人が食中毒にかかり、うちレギュラーの四人が高熱をおしての出場だった。栽は常に相手を気遣うことを心がけていた。

二回戦まで一週間空いた。この一週間の過ごし方で体調が大きく左右される。甲子園という大舞台のプレッシャーの中でいかにリラックスできるかがカギ。栽は気分転換させるためにメンバー全員で六甲山《ろっこうさん》へ観光に出かけ、ほとんどの選手が初めての電車を体験し、ちょっとした修学旅行気分で完全リフレッシュ。身も心も洗われたメンバーは二回戦甲府工業（山梨）に17安打の猛攻。新里紹也《しんざとしょうや》（元・ダイエー／現・普天間高校監督）の本塁打も飛び出し、栽が好む豪打のイメージがそのまま出て12対5で圧勝した。

勢いに乗った沖縄水産は、三回戦八幡商業（滋賀）を5対2で撃破、これでベスト8。

準々決勝の相手は横浜商業、通称Y校。この頃、神奈川県勢十周期V伝説があり、一九六〇年法政二、七〇年東海大相模、八〇年横浜とすべて優勝している。栽は「Y校なんかに勝てるはずがない」と帰りのチケットを手配していた。栽の心配をよそに沖縄水産の波状攻撃が初回に炸裂、神谷の先制打にキャッチャー中村寿《なかむらひさし》のスリーランで4点。五回が終わって4対1。流れは完全に沖縄水産だったが、六回Y校が反撃に出る。ヒットと死球で1点を取りさらに2アウト満塁。ここで平凡なレフトフライに打ち取ったかに見えたが、レフトの大城剛が一度はグラブに入れて落球。二者が還って4対4の同点。

ベンチに戻ると栽は「こんな大試合ではよくあること」とすました顔で言う。他のメンバーも「これで同点になった。試合がおもしろくなったな。笑っていこうぜ」。ベンチのムードは落胆するどころかイケイケだった。

結局、終盤に沖縄水産がジワリジワリと追加点を重ね、強敵Y校を8対5で破る。これで二年前のベスト4と並んだ。

この試合4犠打を決め、これで四試合で20犠打。点差が離れても徹底的に送り、相手投手にプレッシャーをかけるジャブ攻撃、前進守備を敷いた途端にカウンターパンチで走者一掃。沖縄水産の新たなスタイルを確立した。

準決勝の相手は山陽（広島）に決まった。

「準決勝で山陽と当たったのはラッキーと思いました。これでベスト4を超えるなと。準決勝の相手が天理か西日本短大付属だったら負けてました」

今までは沖縄と当たってラッキーと思われることに劣等感を抱いていたのが、今度は自分たちが優位に立って相手を見下ろして戦えるまでになった。時代は確実に変化していく。

四日間で三連投し、すでに疲労困憊《ひろうこんぱい》の神谷は準決勝戦前夜、点滴を打って回復を待った。

「点滴を打って空気が入ったら死ぬと思ってましたから夜中の二時までずっと起きて、

空気が入らないように点滴を見ていました。そのせいで睡眠時間は三時間でしたよ」

死ななくてよかったという安堵感で三時間足らずの睡眠でも熟睡した神谷は、安心してマウンドへ上がった。

午前十一時から準決勝第一試合対山陽戦、試合前から沖縄水産ナインは相手を呑んでかかったことで、序盤から沖縄水産のイケイケの展開で6対1。これで沖縄県勢初の決勝進出。


「僕も波瀾万丈《はらんばんじょう》でお金とかにも困ったけど、最終的に助けてくれるのは人なんです」

神谷は二度の離婚を経験している。男手ひとつで長男、長女を育てて来た。社会人野球で遠征に行くとき以外は、朝晩欠かさず子どもたちに手料理を作り、幼少時には幼稚園の送り迎えもした。人知れない苦労があったからこそ、人との触れ合いの大切さを身にしみて感じている。

「栽先生も二度の離婚。僕もそう。栽先生の生き様をきちんと継承しているのは僕だけ(笑)。野球人は女を好きじゃないと大成しない」

一見、豪放磊落な印象を受けるが、実はきめ細かい神経の持ち主。

「ピッチャーって真面目な奴ばかりですが、僕はアホですよ。こんなベラベラしゃべるピッチャーっていないでしょ」

現在の自分があるのは沖縄水産から沖縄電力に入り、社会人を経験したからだと力説する神谷。沖縄電力では主力として十年以上活躍し、都市対抗野球大会にチームとしても補強選手としても出場したという自負がある。

「気が強いからピッチャー向きとか、小難しいピッチャーの理論とかいろいろありますが、僕から言わせてもらえばそんなの関係ないです。ひとつだけ言えるのは、ある一定のところに集中できるか。集中力です。他の人より集中力が高くないとピッチャーはできません」

こうきっぱりと断言する神谷。本当に生きた球を投げれば少々甘いコースに行っても打たれるものではない。球が生きるも死ぬも集中力次第ということだ。だからこそ〝一球入魂〟という言葉がある。

「栽先生は、追い込んだ後の変化球を嫌うんです。バッター理論なんです。追い込んだら、センターから右へ狙い打ちするバッターに対し、一五〇キロ以上のボールを持っていたら押してもいいけど、バッターのタイミングは右打ちだから変化球のような遅いボールを投げるなと。僕は速球派じゃないのに、それを考えて指示していたのか。変化球打ちがうまい高校生はめったにいない。だから僕のようなピッチャーは変化球で三振を取りたいという理想があるし、真っすぐならば空振りよりも見送り、キャッチャー視点だと逆を突いて見送り三振が理想的なんです。栽先生は何を求めてピッチャーを教えていたのか、今でもわからないところです。沖縄水産のピッチャーは自己能力だけで投げていたと思います」

栽はピッチャーをうまく育てきれないと水面下では言われていた。かつてはピッチャーを育てるなら興南の比屋根、バッターなら沖水の栽、と評価が分かれていたのも事実だ。

キャッチャーの中村寿は、捕手目線で栽を語る。

「栽先生は、ピッチャーに必要な技術は教えきれてないと思います。栽先生が伝えたかったのは、エースはひとりでいい。エースが完投してチームを支えろ。どっちかというと精神論、気持ちが強くないとピッチャーは務まらない。肩が痛くても投げろと。栽先生が『治っただろ』と言えば『はい』としか言えない。それくらいの気持ちが大事なんだよ、と伝えたかったのかもしれないです」

栽が伝えたかったエース論を、キャッチャーの中村寿は肯定も否定もしなかった。

決勝戦前のミーティングで栽は言った。

「天理には歯が立たない。この試合は沖縄県民だけじゃなく全国が見ている。10対0といった恥ずかしい試合だけはするな」

さすがに天理だけは違うと思っていたが、決勝まで勝ち進んだという自信と誇りが選手たちを大きく成長させた。

一九九〇年準優勝の沖縄水産バッテリー神谷、中村によると、この決勝の天理戦には三つのポイントがあった。この三つのポイントとはターニングポイントではなく、普段ならあり得ないことが起こった時点を意味する。

まずひとつめ。初回、ヒットで出塁した二年生屋良景太をバントで送り、2アウト二塁。ここで四番・神谷がセンター前ヒット、俊足屋良が好スタートを切っておりバックホーム返球をみても楽々還れたケースだったが、三塁コーチャーがストップをかける。

「普通だったら回している。回して1点入ってたら乱打線になっていたかもしれません。というのも社会人で同じ場面があったんです」

神谷が言うには、沖縄水産卒業後、沖縄電力に入り二〇〇〇年の都市対抗に初出場したとき、一回戦で同じ場面に遭遇した。ピッチャー安藤優也（現・阪神）を擁するトヨタ自動車と対戦し、初回沖縄電力の攻撃、2アウト二塁にランナー屋良、四番・神谷を迎えセンター前ヒットを放つ。今度は屋良が俊足を飛ばし、先制のホームを踏む。沖縄電力は強豪トヨタから先制点を上げたが、逆に浮き足立ち、その裏、トヨタに一挙6点を献上し、結局13対6の乱打戦で負けた。

「結果論ですが、ウチが天理に勝つには0対0のまま、終盤に1点取って勝つといったロースコアしかないと思ってましたから」

二つめ。四回の天理の先制点。

簡単に1アウトを取った後、三番打者にカーブが引っかかり過ぎて脇腹にデッドボール。1アウト一塁。そして四番を迎える。予定通りの攻めで2ボール1ストライク。キャッチャー中村寿はスライダーを要求。長打を喰わなければいいという場面だ。しかし、神谷は首を振った。

「僕はキャッチャーのサインに首を振ったことがない。ひとつ上の先輩からは『俺のサインに首を振るな』と言われ、ただ投げていた。一見リズムがいいように見えるけど、〝首を振るな〟という思いが頭のどこかに残り、自分のリズムで投げられない。自分の意志で首を振らないのと、首を振るなと言われたのとは気持ちの入り方が全然違う。あのとき欲が出て内野ゴロでゲッツーをとりたくて、シュートを投げた。なんかスライダーをおっつけられる気がして。あそこで首を振らないでスライダーを投げとけばどうなっていたか」

マウンドにいる者にしかわからない感覚がある。打者と対峙《たいじ》して第六感的なものが働いたのか、キャッチャーのサインに首を振ったことがない神谷が首を振った。裏目に出てしまったが、何かを感じたのは確かだ。

天理の四番はシュートを詰まりながらも右にもっていき二塁打。1アウト二、三塁であっさり犠牲フライで先制点。これが虎の子の1点となったのだ。

三つめ、沖縄県民なら誰でも知っている九回裏2アウトからのレフトへの大飛球。

九回裏1アウトから七番・大城剛がライト線を破る二塁打。これで1アウト二塁。次打者がサードゴロに倒れ、ラストバッター横峯孝之《よこみねたかゆき》。バットを一握りあまらせてバッターボックスに入る。2アウト二塁、真ん中高めやや外寄りの球を思い切り引っ張った打球は乾いた金属音を残し、レフトの左を襲うライナー性の当たり。「よし、同点!」。誰もが抜けた当たりと思ったそのとき、懸命に背走していたレフトが逆シングルでうまくワンハンドキャッチ。一塁側ベンチの沖縄水産メンバーは同点だと思ってガッツポーズのまま身を乗り出したところで、ゲームセット。「え!? 捕られた?」というような顔で沖縄水産メンバーはホームベースに整列する。

一見レフトのファインプレーのように見えるが、よくよく考えてみると2アウト二塁でなぜそこに守備位置をとっていたのか。普通なら同点ランナーを警戒し、外野は前進守備を敷くのがセオリー。浜風を考慮しての守備位置だったのか。この日、甲子園球場特有の浜風は吹いていない。セオリー通り前進守備をしいていたら間違いなく抜けた当たりだった。天理に神風が吹いたとしか思えない。

沖縄水産は準決勝までことごとく決まっていた送りバントが、天理の極端なバントシフトで二度封殺されているのだ。二度のバントを失敗したキャッチャーの中村寿は語る。

「四回も六回もランナーが俊足の（大野）倫なのにバント失敗しているんです。決勝戦で初めてプレッシャーになりました」

栽はゲームセットになった瞬間、三度手を叩き、ウンウンと頷《うなず》く。

「いいゲームだった」

泣きじゃくるメンバーを見て栽は言う。

「泣くな。こんないいゲームをして泣くんじゃない。立派なゲームだった」

嗚咽で顔がグシャグシャな選手たち。

栽は、ネット裏で天理のピッチャー南 竜次《みなみりゅうじ》（元・日本ハム）を見つけると、

「南くん、ありがとうな」

感謝の言葉をかけながら肩をポンポンと叩いた。

沖縄水産は初めての決勝戦進出で、堂々とした戦いを見せた。

どっちに転んでもおかしくない試合に見えたが、神の見えざる手は天理にかざされていたような気がしてならない。まだ沖縄に優勝旗は早いよ、と。

甲子園で六試合を戦い、通算72安打、36得点、打率三割五分六厘、犠打26、各部門で全四十九チーム中、一位の成績を残した。

栽は試合後のコメントで、

「甲子園には杖《つえ》をついてでも来るよ」

栽弘義四十九歳。目指す頂点はもうそこまできている。

第九章　悲劇の裏側

犠牲となった大野倫

栽が長年指導した中、甲子園で活躍した代表的なピッチャーと言えば、赤嶺賢勇、上原晃、大野倫の三人が挙げられる。それぞれ指導法は異なった。赤嶺賢勇は大事に、上原晃は自由に、そして大野は厳しく育てた。潜在能力的には大野が一番高かったかもしれない。一八四センチの上背から常時一四〇キロを超す剛速球。無限の可能性を持った大野が、甲子園という夢の舞台で投手生命を絶たれてしまったのだ。

一九九一年（平成三年）夏、県大会以前から痛めていた肘でチームのために甲子園決勝まで完投で投げ抜き、そして無惨にもぶっ壊れた。

中学時代から全国紙にも載るような逸材だった大野は、入学した時点で一四五キロ超のボールを投げていた。関係者から、順調に育てばゆくゆくは日本野球界を代表するピッチャーになるだろうと言われていた。期待の大きさは過去最大最高だった。入学した頃は、周囲が持ち上げて騒ぐためか明らかに天狗になっている様がわかった。

「入ってすぐの五月の北海道遠征にも連れて行ってもらったし、一年夏にベンチ入りし、いわゆるエリートの階段を歩んでいたので、多少天狗になっていたんでしょうね」

大野は未熟だった自分を戒めるように言う。

当時コーチだった宜保政則が一年生の大野と合宿所で寝食をともにし、毎日説教をする。鼻っ柱を見事に折ってから野球とは、チームとはなんたるものかを説き続け、洗脳していった。

大野は一年夏にすぐベンチ入りしているが、実はピッチングよりもバッティングを評価されてのベンチ入りであった。シートバッティングで三遊間を抜けるヒットを打ったときショートが一歩も動けなかったのを見て、栽が「すぐメンバーに入れろ」とコーチ陣に言ったほどバッティングにも光るものがあった。

中学野球で鳴らした四番ピッチャーのお山の大将たちがわんさか沖縄水産野球部に入ってきたが、皆、大野倫を見てたじろぎ、上には上がいることを思い知らされる。「なんじゃこいつは？」「これが同じ年なのかよ!?」。沖縄水産でエースを夢見た新入部員たちは、すぐさま別のポジションにコンバートしていく。みんなが思った。

「大野がいれば甲子園に行ける」

ピッチャー志望だった新入部員たちは落胆するどころか、大野を見て、甲子園出場どころかさらに途方もない夢さえ抱くようになった。それほど大野はみんなの希望だった。

「甲子園に行けなかったら、一生おまえを恨むからな」

三年最後の夏の県大会直前、仲間から突如浴びせられた言葉。大野倫にとって、今でも忘れられない一言である。

「この言葉を浴びせられたことは……、言おうか言うまいかためらいました」

大野は少し顔を強張らせながら、素直な気持ちを吐露してくれた。

「今思えば、言われてもある意味しょうがないと思います。普通の高校のようにワイワイガヤガヤ、チームワークを大切にして仲良くやる野球と違って、みんな高い志を持って沖縄水産に来て勝つことにこだわる、甲子園出場を義務付けられているチームでしたから。それだけみんな追い詰められていたんでしょう。さすがに三年間一緒にやっていた仲間から、一生恨む、と言われたときはヘコみましたけど」

分別ある大人になり、屈辱的な言葉を吐いた仲間の気持ちも頭では理解できる。しかしだ。弱冠十八歳の少年にとって、仲間からの〝一生恨む〟という言葉は凶器にも匹敵するもの。どんなに栽に殴られようが、どんなに先輩たちからケツバットをやられようが、どんなに孤立しようがどうにか耐えてこられたが、この冷酷な言葉だけは大野の心を深くえぐった。大野は人知れずトイレに行き、声を出さないようにして泣いた。涙が汗と交じり、頰をつたう。幾度となく、その言葉が鋭利な刃物のように襲いかかって来る。そして、一度傷つけられた言葉は一生記憶の中に居座り続ける。

大野とは別件の取材で何度も会ったことから、私はこの大野世代とは個人的に一番関わりを持つようになった。二ヵ月に一度大野世代が集まる飲み会にも何度か参加させてもらい、恥ずかしながらあたかも自分も沖縄水産のメンバーになったかのような錯覚を覚えたことがある。必然的に思い入れが強くなった分、この〝一生恨んでやる〟という言葉が気にかかるようになった。〝甲子園〟という同じ目標を掲げ、泥水をすすりながら仲間同士で頑張っているのに、なぜそんな言葉が出てしまったのか。若気の至りとして片付けるにしてもあまりにも酷だ。

大野たちの代にとって、前年度甲子園準優勝は多大なプレッシャーとなる。最低でも甲子園に出場することが絶対の条件。にもかかわらず県大会前の練習試合では大野が終盤につかまり逆転負けというパターンで連戦連敗。あまりにも不甲斐ない投球にメンバーたちは射るような目で大野を見る。このとき大野はメンバーたちの目が冷徹で無慈悲に見えたという。メンバーたちも必死だった。沖縄水産に入ったことはメンバーたちにとって甲子園に行くためのツールに過ぎない。大野世代のキャプテンである屋良景太の中学時代の恩師で現・沖縄水産監督の上原忠によれば、

「当時の沖縄水産に行くというのはある種のカケみたいなものです。全島から選りすぐった選手が集まってレギュラーになればいいですが、メンバー外ともなるとモチベーションというか、目的意識が見つからないまま過ごしてしまいかねない。子どもたちに

とって厳しいですよね」

当時は学力的に低かった沖縄水産では大学進学する者がほとんどなく、野球部と一部の者だけがスポーツ推薦で大学に行く程度。甲子園に行けば卒業後の進路の選択肢が広がるが、甲子園にも行けずメンバー入りもできないとなると必然的に選択肢は狭まる。沖縄水産に行くことはある意味人生をかけた選択でもあった。

そしてメンバーたちにとって入部当初に見た大野の球がどうしても忘れられなかった。一四〇キロを軽く超し、うなりをあげる球。こいつが三年になったらどれだけの球を投げるのだろうか、夢と希望を抱かずにはおられないほどの球を投げていた。だが、それも空虚に終わる。一年生であれだけの球を放っていたのに「サボっているのか」、そう思わざるを得ないほど高校三年の大野は普通の投手に成り下がっていた。やりきれない気持ちと虚しさでいっぱいだった。このとき大野はすでに肘痛を抱えており、みんなには心配させたくない思いでひた隠しにしていた。それぞれの思いのズレが生じ、精神的肉体的に追い詰められた者たちが目標のために我欲をぶつけあう。そしてひとりだけが一生心に残る傷を負った。すべては〝甲子園〟のため……。

私が大野倫を初めて取材したのは、今から九年前の二〇〇七年七月上旬。夏の沖縄県大会準決勝の試合が行われていた北谷球場近くのスターバックスで待ち合わせをした。麦わら帽子に短パン、サンダルと海の家のおっちゃんもどきで現れた大野を見て少なからず衝撃を覚える。だが、そんなことよりもっとショッキングな場面に遭遇したことを私は生涯忘れないだろう。

甲子園で自分の腕を潰してまで投げ、ピッチャーができなくなったことにまったく悔いはないと断言する大野倫の偽らざる気持ちは一体なんなのか。これを知りたいという一心だけで、私は何もかも捨てて沖縄に移住した。栽監督の本心、そして本当の大野倫を知りたいがために。

すべては、九年前の取材で出合ったショッキングなシーンから始まったのだ……。


現在、九州共立大学・九州女子大学・九州女子短期大学の沖縄事務所所長である大野は元プロ野球選手の匂いも感じさせず、長身でスーツを着こなす姿はエリート商社マンのような出で立《いた》ち。取材をしてもひとつひとつ懇切丁寧に答えてくれる生真面目さ。だが、甲子園決勝戦のことになると「あまりよく覚えていない」の一点張りでとたんに口が重くなる。決勝戦のＤＶＤも一度も見たことがないという。すべては苦しかった肘痛による呪縛なのか。大野にとってあの夏は県大会から甲子園決勝にかけてたったひとりで肘痛と闘っていた記憶しかない。

高校三年の五月以降は痛めた肘と毎日相談しながら野球をやっていた。肘が動かないから寝返りがうてない。無理矢理動かそうとすると激痛が走り、それで目が覚める。朝起きれば肘がまったく動かない状態。徐々に慣らして動くようになってから練習に臨む。こうした状態を一ヵ月ほど繰り返していると、痛みが当たり前となってくる。

「五回を過ぎると握力がなくなり、抑えがまったく効かなくなるんです。栽先生は大会のときは痛み止めの注射を打ってくれたんですけど、甲子園に行ってからは打ってくれなかったんです。痛みを感じずにボロボロになるまで投げるよりは、痛みを感じて工夫して投げたほうが肘に負担が少ないだろうと」

大野は県大会準々決勝から痛み止めの注射を打って試合に臨む。痛みの感覚は残っているが、ビキッという全身に突き刺さる激痛はなく、思い切り腕が振れた。全盛期の70パーセントの状態にしか戻らなかったが、それでも準々決勝が与勝7対0、準決勝が那覇商業5対1、決勝が豊見城南6対2と三試合完投し、義務付けられていた甲子園出場を決めることができた。

ここでひとつの疑問が湧き起こる。沖縄水産野球部で栽や先輩たちの過酷な指導やシゴキに三年間一緒に耐えてきた仲間なのに、なぜ彼らに肘の痛みを言わなかったのか。大野の同期のほぼ全員に大野の肘痛のことを聞いて回ると、甲子園の準々決勝あたりから肘が痛いのは知っていたが、まさかあそこまで痛みがあったとは思わなかった、と口を揃えて言う。釈然としない。寮や甲子園の宿舎で同部屋だった女房役のキャッチャー平野伸一にしても、

「あいつ、痛みを隠してましたから。夜中、寝てて呻《うめ》くんですよ。う〜、う〜って。辛いんだろうなと思いました。それでも痛いとは絶対言わなかった」

その言葉を聞いて愕然とした。肘の痛みを隠していたから知らなかった!? 寮生活で同じ釜の飯を食っている仲間の異変に気付かないことなんてあるのか？ 大野倫とナインとの間に深い溝ができていたにせよ、それでも異変に気付くだろう。真相を確かめるためには、大野に直接聞くしかなかった。

——肘痛のせいでまともなピッチングができないことでナインとの間に確執があったのか。

この質問を向けた直後、大野が突然「ちょっと待ってください」と言い残したまま顔を下に向けた。そのままじっとしている。去来した感情を吐き出さないように身体全体で耐えているように見えた。僅か三十秒ほどだが、このときほど永い沈黙の時間を感じたことはなかった。この大野の姿があまりに衝撃的であり、私の中でも何かが弾けた。雑然としたスターバックス内の無機質なノイズの中で、人知れず熱いものがこみ上げ締めつけられる思いになった。今までアスリート、文化人、タレントなど多岐にわたるジャンルの人間を取材し、中には自分の言葉に酔いしれて涙を流す人もいたが、大野の様子はそんなものと違う。突然襲ってきた秘めたる思いを制御するために大野は下を向いたのだ。その思いとは、哀切、痛恨、無念、自責……、一つの単語では絶対に表現できないほど、大野が受けた傷は今なおダメージとして心に残っている。

「はい、大丈夫です」

唐突に大野は顔を上げ、再び周りの空気と同化するように普通に話し始めた。

「正直、僕と野手陣との間に溝はできてましたね。他の野手陣も勝って当たり前というプレッシャーを持ちながら野球をやっていましたから。負けたら当然、矛先は僕に向けられます。『おまえ、なんで打たれるんだ』って。夏の大会に入るまで毎週練習試合が組まれ、毎試合一本調子で投げて打たれ、チーム内に鬱憤が溜まり、夏の大会直前になっても一向に調子が上がらない。皆が勝ちたいという強い思いがあるからこそ、叱咤があったんだと思う」

引っ張られた気持ちを抑えながら質問を続けた。

——なぜ、肘痛のことをみんなに言わなかったのか？

「逃げ道を作りたくなかったんです。練習試合でボコボコに打たれてチーム内から批難され、実は肘が痛いんだって言ったら言い訳じみて格好悪いじゃないですか。変なプライドというか、言ったところで何の解決にもならないし」

答える直前に下を向いていたことなどなかったかのように、大野はつとめて冷静に答えた。肘痛が軽いとか重いとかそんな状態が問題なのではないことは自分が一番わかっている。肘痛のことを言えば、チームが空中分解するのは目に見えている。勝つために自分が投げる。幼い頃からプロ志望である大野は、ピッチャーは高校で見切りをつけ、甲子園で投げて終わることができれば本望だと考えたのだ。大野はすべてひとりで背負い、最初から甲子園で潰れる覚悟だった。

沖縄は全国一早く夏の大会が始まり、全国一早く出場校が決まる。この年は七月二十二日に決勝戦が行われ、大野はこの翌日から甲子園初戦の前々日八月六日まで一度もブルペンに入っていない。練習中、栽が「大野はどこだ？」と叫んでも、ロードワークに出たりしてうまく逃げ回っていた。とにかく少しでも肘を休ませたかった。

甲子園一回戦対北照《ほくしょう》（南北海道）に4対3で辛勝すると二回戦まで一週間空いたため、佐賀の有名な整体師のところへ一泊二日で治療しに行く。戻って来た大野は栽から「どうだった？」と聞かれると、ケロッとした顔で「良くなりました」と答える。実は全然良くなっていなかった。この時点ですでに剝離骨折しており、整体で骨がくっつくわけがない。それでも余計な心配をかけたくなく、「良くなりました」と言うしかなかった。

二回戦以降から栽自らが大野の肘をマッサージする。固くなった肘を揉《も》みほぐす。ときには踵《かかと》で踏みつけてほぐす。栽の「揉めば治る」という戦後の生兵法でのマッサージだ。うめき声ひとつあげずに大野は栽のマッサージに耐えていた。選手たちはこの光景をしっかり見ており、「（大野）倫の肘の骨折は、栽先生が踏んだときに折れたんじゃねえのか」と彼らに思わせるほど、大野の顔は苦痛でゆがむ。宿舎では電気針、お灸《きゅう》、玄米シップなど良かれと思うことはすべて試し、さらに整体師、鍼師《はりし》が入れ替わり立ち替わり来ては大野の肘を見る。だが時すでに遅し。肘痛は極限に達していた。痛みのせいで箸がうまく持てず食事中にポロポロとご飯をこぼしたりする。顔を洗うときも片手でしか洗うことができない。肘痛を考慮してか、大野の食事だけ疲労を溜めやすく酸化しやすい肉等を避け野菜を中心とした献立。さすがに野菜だけでは腹がもたない大野は、後輩にサンドイッチ等を買いに行かせ、なんとかエネルギーを補給する。一戦一戦勝つごとに勢いを増すメンバーがワイワイ賑わっている中、少しでも身体を休めるため大野ひとりが部屋で横になって寝ている。宿舎ではこんな生活が三週間近く続いた。

プロ注目の本格派として常時一四〇キロ超の伸びのあるストレートが、一二〇キロ前後まで落ち、手元でおじぎをし（ボールの軌道が沈むこと）変化球とストレートの違いがわからない。ランナーを背負わないときでもセットポジションで投げたり、フォームを早く始動したりと球威がない分、タイミングで幻惑させようと必死だった。

「肘がある程度曲がっていたので腕が巻き込める変化球は楽なんです。むしろストレートは腕を真っすぐ振るため肘の部分に衝撃が強くきて脳天までズキンと響くんです」

準々決勝の柳川（福岡）戦でついに大野の肘は破壊された。それ以降は、痛みの感覚は麻痺し、朦朧《もうろう》とした状態で野球をやっていた。

地獄の寮生活

「おまえたちは弱いから。最悪のチームだ。適当にやって引退しなさい」

栽は発奮させるつもりで言ってきたが、半分本音も入っていた。

「馬は育てりゃ駿馬《しゅんめ》になるが、牛は育てたって馬にはならんのだよ」

栽の口癖でもあった。

大野世代の干支《えと》が丑《うし》年、おまけに長男が多いということでしっかりものでまとまりやすい傾向があった。ただ丑だけにのんびりしていた。栽は太っていた具志川《ぐしかわ》出身の野原毅を「具志川の牛」、伊江島《いえじま》出身の知念信行を「伊江島の牛」と呼ぶなど、前年の準優勝チームとはうって変わってスパルタ方式で選手を指導した。

栽は基本、甲子園期間中においては怒らずニコニコしているのが習慣になっている。選手たちを萎縮させずに伸び伸びとプレーさせるためだ。だが、大野世代に限っては違った。

一回戦対北照に4対3で勝った後、宿舎でのミーティングで栽が爆発した。

「きさまら、九回に3点追い上げられやがって。勝ったからといって許されると思うなよ。俺が許しても百三十万人の沖縄県民は許さんぞ！」

普段の練習後と同じような叱咤の連続だった。これだけでは終わらない。

二回戦の対戦相手が明徳義塾に決まり記者から「明徳義塾《めいとくぎじゅく》戦どうですか？」という質問に、レフトの仲村雅仁が「まあ、勝てないですね。一回戦勝ったんで別に負けても大丈夫です」と軽く答えてしまったのが栽の耳に入ってしまった。食事の前に選手全員が跪《ひざまず》かされた。

「おまえら全員帰れ！」

宿舎中に鳴り響くほどの怒気を含んだ声を上げた。温厚で知られる神里勝信部長も「おまえたちだけだぞ、甲子園で栽先生が怒るのは」と呆れ果てた。

キャプテンの屋良は、高校二年時に準優勝メンバーとして甲子園決勝戦までを経験したのを生かし、どうプレーするのが一番いいのか考えた。勝とう勝とうという気持ちだけで勝てるのか、何でも気持ちだけで通用するのか。自問自答を繰り返した。そして、ある結論に達する。

「とにかく笑顔で野球をやろうぜ」

こう言いながらキャプテンとしてメンバーを鼓舞し続けた。普段やっていることを出せるように笑顔で野球をする。笑みを絶やさずにプレーすることを心がけたのだ。

栽は、今まで内地のチームに負けたくないという一心だけで野球をやってきた沖縄の子たちが、白い歯を見せてノビノビやる姿に変貌したのを見て「沖縄もここまできたんだな」と感慨深く思う。余裕を持って見下ろして戦えるまでになったことに、栽は嬉しさを感じたのだ。

沖縄水産が常勝軍団となった大きな要因としてあげられるのが、まず練習環境。両翼九八メートル、中堅一二〇メートルのメイングラウンド。さらに両翼九〇メートルのサブグラウンド。六人の投手が同時使用できるブルペン、多種多様な器具を備えたウエイトトレーニングルームなど、沖縄はもとより全国トップクラスの施設を有している。公立高校では非常に稀な環境である。

メイングラウンドもさることながらこのサブグラウンドで数々の試練が与えられてきた。過酷な練習もそうだが、なんといっても上級生からの指導が入るミーティングがサブグラウンドでよく行われていた。

「おらおら動くなよ、うりゃー」

上級生が尻を目がけて思い切りバットを振る。ノックバットでフルスイングするため、少しでも動くと腰に当たり余計に危ない。じっと動かずにケツバットを待っている数秒は、とてつもない恐怖心に襲われる。頬を殴られるほうがどれだけましか。さらにケツバットを三連発、四連発されると吐きそうなほどの苦しみを味わう。ボクシングでいうと、顔面へヒットしたパンチは天国へ昇るような気分になるが、ボディブローはまるで地獄のような苦しみを味わうのと酷似している。

沖縄水産の寮生活の話はさらに過激である。メチャクチャというより、今だったら事件になりかねない話ばかり。昔の寮生活とはたいがいそういうものだが、沖縄水産は特に凄い。誰もが寮のことを〝刑務所〟と言い換えるほど、苦く辛い思い出しか出てこない。

二十一時まではミーティングでケツバット、飛び蹴りと何でもし放題。先輩から「階段下にぶら下がれ」と言われ、ぶら下がった足下にはガビョウの海。「苦しかったら手を離してもいいぞ」。手を離せるわけがない。シゴキというよりもはやイジメに近い。また、寮内では金品の盗難が相次ぎ、不審な下級生はすぐ疑われ、疑いが晴れるまで殴られる。

二十三時から夜中の二時までは先輩のパシリとマッサージ。そんなのは序の口。たまに変態じみた先輩がいると、「よし、しゃぶれ！」と股間に顔を近づけさせられ、寸前まで行って「すいません」と拒否するとぶん殴られる。また寮の廊下を意味もなく全裸で歩く者がいたりと、まるでサファリパークのような光景。野獣がユニフォームを着て野球をやっているのが沖縄水産だった。

こうした過酷な寮生活の中で、唯一解放される時間が授業中。先輩から逃れられる楽園の時であり、放課後の練習に備えて睡眠をとる。先生も寝ている野球部員を見て見ぬふりをする。下級生は寮内で睡眠時間をしっかり確保できないため、授業中に寝るしかないのだった。

決勝戦対時限爆弾

「アメリカのジェット機、落ちないかな～」

高校三年夏の沖縄県大会、大野倫は奥武山球場に向かうとき、空を見上げながら毎日そんなことばかり考えていた。マウンドに上がるのが怖かったからだ。

決勝戦前の甲子園球場は午後十二時五十分に満員通知が出され、内外野の通路もアルプス席の最上段も立ち見で溢れかえっている。

一塁側のブルペンでは、少し顔を強張らせながら大野が投げている。その傍らで、右手にバットを持った栽がじっと見ている。「みんな見てるからな」と言いたげな表情を浮かべながら、ときおりスタンドを見渡す。

沖縄水産対大阪桐蔭の決勝戦、午後一時一分、試合開始のサイレンが鳴る。

この試合の焦点は、大野が大阪桐蔭打線を何点で抑えられるか。投手戦になることなどメンバーは最初から考えておらず、沖縄水産が勝つには打ち勝つしかないと思っていた。

大野は準決勝の鹿児島実業戦後、記者団に「大阪桐蔭打線を7点くらいに抑えたい」と言い「そんなに取られると思ってるの」と笑いを誘っている。冗談を言える余裕などなかった。大野の肘は、まるで時限爆弾のように刻々と〝その時〟を待っているかのようだった。

一回表、沖縄水産三者凡退の後、その裏大阪桐蔭の攻撃。

マウンドには一八四センチの大野倫。顔にはもはや精気が感じられず、目はうつろで口元は半開き、死人のような形相。痛みの限界を越え、朦朧としている感じだ。投球練習をみても痛々しい様子がヒシヒシと伝わる。

先頭打者にいきなり二塁打を打たれ、2アウト三塁で今大会2本のホームランを放ち、プロ注目の大会屈指の強打者四番・萩原誠（元・阪神）を迎える。

「大野くんは肘がもうボロボロでしたから、正直見てて気の毒でした。でも勝負ですから。球が遅い分、打ち損じて引っ掛けないよう丁寧に右方向へと意識を持っていきましたね。それ反則やろというくらい打ちやすかった」

2ボール1ストライクからのやや外よりのストレートを逆らわずフルスイング。風にも乗り、ライトラッキーゾーンに入る、自身今大会3本目のホームラン。

マウンドの大野は腰に両手を当てながらライト方向をしばらく見つめている。

「ショックとかいうより、痛みでボーッとしてあまり覚えていないんですよね」

五万五千人で埋めつくされたスタンドからの大歓声。大野はホームランを打たれたことよりも右肘の痛みのほうが気になっていた。

大阪桐蔭2点先制。

このホームランで沖水メンバーには「おいおい、今日は何点取られるんだぁ」と興味本位に似た感情が湧き起こる。

三回表、沖水野球が爆発した回である。二回に1点を返した沖縄水産の勢いは止まらない。

1アウト二塁で三番・具志川和成が外へ逃げるスライダーをきれいにセンター前に返しタイムリー。続く四番・大野もセンター前で、二塁走者の具志川が巨体を揺らして果敢に激走。三塁コーチャーは手を回す。センターからのバックホームは三塁側に少しそれたがワンバウンドでいいボールが返ったところに〝ブレーキの壊れたダンプカー〟の異名をとる全日本プロレスで活躍したスタン・ハンセンばりのタックルでキャッチャーを吹っ飛ばす。あまりの衝撃で目がうつろなキャッチャーはこぼしたボールを慌てて拾いにいこうとするが、もつれる間に具志川が右足でボールを蹴飛ばし、悠々ホームイン。この後も連打が続き、結局沖縄水産は2アウトからの5連打で一挙5点を取り、6対2と逆転する。

「このホームインはファイト溢れるプレーでしたね、と言われますが、ここでアウトになったら雰囲気が崩れるので必死でした。甲子園に行ってから調子が良くなくて、僕の甲子園は一回戦の北照戦の4打席で終わりなんです」

大野世代にはベンチ外の選手も含めて全員に話を聞いた。その中で具志川ひとりだけが「あの夏は苦い夏でした」と言う。ホームランも打っているのに、あの夏の甲子園にはいい思い出がないと言うのだ。

具志川は一回戦北照戦で2安打を放つが最終打席に「初球から手を出すな。放らせろ」というベンチの指示を無視し、初球に手を出し凡打。「おまえはいつまでたっても俺の言うことが聞けないな」という栽の叱咤でテンションが下がり、そのまま調子を落としてしまった。

二回戦の明徳義塾戦ではチャンスに2打席2三振。

「三番下ろすし、試合には使わんからな」。無情にも栽から言い放たれる。

みんなが勝利で喜んでいる中、ひとり具志川は悔しくて隠れて涙を流していた。すると栽が泣いている具志川を見つけ、

「おまえはここでもそういうことをするのか。勝ってみんなが喜んでいる雰囲気を考えてやれ」

耳元で叱りつけた。具志川は余計に涙が止まらなくなった。

準決勝の鹿児島実業戦では2打席目に三振をし、ベンチに戻ってヘルメットを片付けていると、「死んでしまえ！　俺が我慢して使っているのに全部ブチ壊してくれた。このままでは大学の推薦もできない」。栽の逆鱗《げきりん》に触れ、怒りの声が飛ぶ。

「鹿児島実業の三振後の打席でホームラン打つんですが、ホームインしてベンチの裏で水を飲んでいるときに栽先生が来て『よく打ってくれた』と抱きついてきたんです。これにはベンチのメンバーも感動してました。練習では思い切りできるんだけど、グラウンドに入ると固くなって心のどこかに自信のなさがあって、無理に笑ったりして、打席に立つのが怖かったのです。野球に対する試練を学んだ甲子園でした」

甲子園で準優勝し、ホームランまで打った男があの夏は最悪だったと平然と言う。表向きの栄光だけでは人の内面まで計ることはできない。栽が放った一言から具志川の調子はガタ落ちとなった。だからといって具志川は栽を恨んでいるわけではない。ただ、あの夏を苦い思い出のまま、心の中にそっと静かにしまって置いているのだった。

前年の一九九〇年決勝戦、沖縄水産対天理は0対1のまま、一度もリードせずに準優勝に終わった。試合内容としては天理との決勝戦のほうが緊迫した投手戦で惜しかったと誰もが言う。だが大阪桐蔭戦では大野たちはまがりなりにもリードをした。このときが、史上初めて沖縄勢が優勝に近づき、果てしない夢が広がった瞬間でもあった。

三回裏に大阪桐蔭2点、四回表に沖縄水産1点とそれぞれ追加点をあげ、7対4と沖縄水産3点リード。沖縄水産の地元糸満では台風の影響で出漁をやめた船が多かった。近くの漁協センターでは大型モニターを二台置き、怒濤の連打で逆転したときには約三ただろう。

そして五回裏、大阪桐蔭の猛攻が始まる。この攻撃により沖縄県民の夢は打ち砕かれ、一気に現実に引き戻された回でもある。

先頭打者のなんでもないセカンドゴロを吉田宗市が一塁ショートバウンドの悪送球。前の回、大阪桐蔭を三者凡退で抑え、この回も先頭打者をセカンドゴロに打ち取って大野にリズムが出て来るかと思った矢先のエラー。ここから流れが大きく変わる。

エラーでランナーを出した後、大野はバックネット上の後方にあるスコアボードをチラッと見た。「3点差か……」。ボードにはアウトカウントのランプが点灯していない。「捕ってたら1アウトだったのに……」。エラーを引きずっている感がある。

二番左バッターの元谷は三塁側に転がる絶妙なセーフティーバント。大野は懸命に駆け下りて一塁へ送球するも肘痛のせいか全力で投げられない。見るからに痛々しいような一塁送球。オールセーフ。誰の目から見ても肘の限界を感じさせるプレー。

ＮＨＫ解説者の達摩省一《だるませいいち》（故人）も大野の肘痛を我慢してのプレーを見てたまらず、「私も肩を痛めましたが、箸が持てないんです。肩が上がらないから箸が持てず、食べられないんです。大野君は肘ですが、同じだと思います」と自分の体験談を話す。

大阪桐蔭は手堅く三番・井上大に送りバントをさせるが、大野の好フィールディングで三塁アウト。続く四番・萩原にライト前に痛打され、これで1アウト満塁。

次は、三回戦対秋田戦で史上三人目のサイクルヒットを打った恐怖の五番・沢村。

栽はここですかさず伝令を出す。

背番号12の濱元盛史が小走りでマウンドへ上がる。マウンド上で大野を真ん中に内野陣が集まっている。苦しそうに顔を歪める大野を見るなり、

「ぬーそーが？（何をしてるんだ？）」

大野は濱元のあっけらかんとした言葉にちょっと驚いた。

「まぁ〜、なんか栽先生言ってたけど気にするな」

「………………」

「おまえら見てみろ、後ろ振り返ったらパンツ見えるぞ」

緊張を解きほぐそうと、面白いことを言ったつもりの濱元だったが、誰も笑わない。

一瞬の間があり、野手陣はしょうがねえなという顔で苦笑した。

バックホーム狙いのため前進守備を敷くが、沢村の鋭い振りはセンターオーバーの二塁打。ひとり還り、二人還り、そして中継が少しもたつく間に、一塁走者まで還って一挙3点が入り、7対7の同点。

両チーム7点以上の決勝戦は、一九五〇年（昭和二十五年）第三十二回夏の甲子園決

勝、松山東対鳴門の12対8以来であり、四十一年ぶりに記録を塗り替えている。

バックホームのカバーからマウンドに戻る際、大野は大きく口をふくらませて息を吐いた。そして苦笑いする。「ちぇ、やっぱ打たれたわ！」。心の中で呟くが不思議と悔しさがない。大野は今までたったひとりで戦っていたが、マウンドを見れば仲間たちが集まっている。ひとりじゃない。そう思うと悲壮感いっぱいの顔つきが一気に解《ほど》けた。

「決勝戦は正直、恥かかないかな、ボロ負けしないかな、と不安で仕方がなかった。五回裏の大阪桐蔭の集中打はレフトで守りながらいつ終わるのかな、と思っていました」

とレフトの仲村はしみじみ振り返る。

その後も大阪桐蔭の猛打が炸裂し、結局打者十人で6点取られ、10対7と逆転された。沖縄水産のメンバーたちには乱打戦という意識はない。一方的に打たれた感しかない。

栽は首をかしげながら濱元に言った。

「おい、おまえ何を伝えに行ったんだ？」

「はい、栽先生が言ったことを伝えました」

濱元はそそくさと三塁コーチャーズボックスへと逃げていった。逆転されてもメンバーの誰も気落ちしてなかった。むしろいつも通りだと、妙に落ち着いていた。

栽は、よくこの大野世代を二つ上の世代に準《なぞら》えていた。身体も大きい、技術もある。だが精神的に弱い。

「ミーティングを守れないチームは勝てない。言ったことを理解して行動に移せない。だから同じように県大会の準決勝で負けるよ」

栽は大野世代にあえて投げやりに言い放つ。だが、同じ過ちを繰り返してはいけない。栽は精神力を鍛えるために、まずチームの支柱であるピッチャー大野、キャッチャー平野、ショート仲程、センター屋良のセンターラインをことあるごとに鍛えた。彼らは殴ってもビクともしない性格だった。選手の特性を見極めて指導方法を変えたのだ。

七回表、沖縄水産が1点を返したところで大阪桐蔭はピッチャー交代を告げた。遂にエース和田友貴彦を引きずり下ろしたのだ。

「よっしゃー、エースを下ろした」

沖水メンバーは一気呵成《いっきかせい》に逆転を狙うが、すぐに消沈する。

「おいおい、反則やろ。代わったピッチャーのほうがエースより球が速いんかよ」

代わった二番手ピッチャーの背尾《せお》伊洋《よしひろ》（元・近鉄）は一四〇キロ台の快速球をビュンビュン投げ込み、沖縄水産のバットは空を切るばかりだった。大阪桐蔭のエース和田を攻略するのに精一杯だった沖縄水産は、八回表、仲程がヒットで出塁したもののなす術なく終わる。もはや得点をあげる力は残っていなかった。

アルプススタンドでは、ベンチに入れなかった九人の三年生が声を嗄《か》らして応援し、中には涙を流している者もいる。応援団長に任命された照屋（現・兼次）勇は、ゲタに沖縄水産特有の白のセーラー服を着込み、汗でずぶ濡《ぬ》れになりながらも最後まで力を振り絞って拳を振り上げていた。

「レギュラーとして甲子園に出て活躍する人はみんな辛いことを乗り越えている。自分がグラウンドに出られなかったのは確かに悔しい。なぜその人からレギュラーを取れないのか、なぜ大会にレギュラーとして出してもらえないのか。頑張って頑張ってやっているのに認められない。自分で頑張っているともっとアピールすればよかったのか。頑張り過ぎて頭がおかしくなりそうだった」

照屋の悲痛な叫びは、偽りのない本音である。ベンチ外だから頑張っていないとは誰も思っていない。栽は痛いほど補欠の気持ちをわかっていて大切にした。自身が中京大で一度も打撃練習できないまま退部して、その辛さを味わっているからだ。

夏の県大会を優勝し甲子園出場が決まったすぐ後、学校に戻ると、栽は体育館裏でレギュラーメンバーとベンチ外メンバーを向き合うように整列させた。

「おまえたちの優勝は、このメンバーのおかげだ」

ベンチ入りメンバーは、優勝メダルをベンチ外メンバーそれぞれの首にかけた。栽の粋な計らいである。

甲子園出場が決まると、ベンチ外メンバーはたいてい自練（自動車教習所のこと。沖縄特有の呼び方）に通ったりして、練習に出てこなくなることが多い。

ある雨の日、ベンチ外メンバーの選手たちは練習に出ずに寮内でファミコンをしたりして、くつろいでいた。その夜、キャプテンの屋良が緊張した面持ちで部屋に来た。

「なんで練習にこないんだ？」

「俺たち、トレーニングして何になるの？」

「おまえ、言ったな。俺たちはおまえたちを甲子園に行かすために頑張っていたのに。おまえら、甲子園に行くな！」

屋良は珍しく声を荒げ、そのまま勢いよく部屋を出て行ってしまった。

ベンチ外メンバーの選手たちは屋良の言葉がしばらく頭から離れなかった。そして一人ひとり屋良のところへ行って謝った。それ以降、ベンチ外メンバーが率先して練習に来て、バッティングピッチャーをやったり、ティーバッティングを手伝ったりし、チームがひとつにまとまった。

高校野球において、ベンチ入りメンバーとベンチ外メンバーとの間には目に見えない大きな隔たりがある。それは後の進学就職等に影響してくるからだ。栽がスカウトする人数は十～十二人。スカウトした選手は余程のことがない限りベンチ入りから外れることがない。だが大野世代では二人の選手がベンチ入りから外された。

末吉朝勝。三年春の大会まで背番号10を付けていたが、肩の手術をしたため夏はベンチ入りを外れる。外された瞬間から、末吉はベンチ入りメンバーと一線を引く。一緒にいてはいけないと勝手に自制したのだ。自分の気持ちがきちんと整理できないまま、もやもやした感情が残った。手術していなければ、怪我していなければ、と後ろばかり見ていた。

「夏の県大会で優勝したとき、なんか知らないけどボロボロと涙が出てきたんです。入学してからの辛い練習、怪我したこと、メンバーから外れたこと、いろいろなことが頭をよぎるんです。一緒にやっていたメンバーが甲子園に行けるとなって号泣。そこで吹っ切れました。甲子園で裏方として頑張ろうと思いました。もし、甲子園に行ってなかったら気持ちの整理はできてなかったかもしれません」

レギュラーまで手が届きそうな位置にいたのに、怪我のため一転してベンチ外。今でも、手術をしなければベンチ入りし甲子園でも何試合か出ていたと堂々と言う。未練は恥ではない。後悔、未練があるからこそ、人は強くなれる。末吉に教えられた気がした。

知念直人も栽がじきじきにスカウトした選手。だが入部後すぐに栽の知り合いから「一〇九キロのバーベルをあげてみろ」と言われ、無理にバーベルをあげようとして腰を痛めてしまった。それからは三年間まともにプレーできずにいた。

最後の夏のベンチ入り発表前に知念だけ栽に呼ばれた。

「今からメンバー発表するけど、おまえは外れている。中学まで行っておまえを呼んだのにメンバーに入れてあげられなくて申し訳ない」

栽は頭を下げ謝った。知念は堰《せき》を切ったようにボロボロと涙を落とした。

知念は毎年夏が始まると、決まった夢を見る。甲子園の大舞台でホームランを打ったり、キャッチャーで活躍している自分がいる。至福の喜びを感じる時である。だが夢から覚めると一転して現実に引き戻される。夢を見て流した嬉し涙が悔し涙へと変わる。このときほど虚しく辛いことはない。

「周りからは『怪我がなかったら、レギュラーだったよ』と言われるのが嫌だった。もし生まれ変わったらみんなは二度と沖水の練習はやりたくないと言うが、自分はまた沖縄水産に行きたい。怪我せずプレーして結果を知りたい」

キャッチャーとして鳴りもの入りで入部してすぐの四月上旬に腰を痛め、そこで知念の高校野球は終わったも同然だった。高校野球をまともにやっていない知念こそ、未練、無念さは計り知れない。それでも腐らず、三年間頑張った姿を栽はしっかり見ていた。

知念は卒業後、琉球石油に入社。新人研修を受けているとき人事部の担当者が極秘で教えてくれた。「実はな、栽先生がおまえの入社のために『お願いします』と何度も来ては頭を下げてたんだぞ」。知念は、自分のような補欠のために栽が頭を下げてくれたことを思うと、少々辛くても簡単に会社を辞められないと思って、歯を喰いしばって働いた。

沖縄水産野球部には作業班というものがある。フェンスを作ったり、畑仕事をしたり、栽が新しく建てる家の土台作りや造園、植木、ペンキ塗りなどを補欠のメンバーにやらせる。経費削減の部分もあるが野球以外の作業の中でも学ぶことができると実証したかったのだ。

「優先順位を決めて段取りよくやるんだぞ。いつかはレギュラーを見返す気持ちでやれ」

栽が自らお手本となってやる。選手たちに一からモノを作る大切さ、楽しさを学ばせたかった。大工、造園、ペンキ塗り、玄人顔負けの選手も生まれた。

補欠に就職先を紹介するのは、設計、土建といった技術職が多かった。いつかは独立して一国一城の主になれという願望もあったはずだ。

栽に対する思いはレギュラーよりベンチ外のメンバーのほうが、ある意味強いかもしれない。

「補欠の俺たちのために道筋を作ってくれ、最後まで面倒みてくれたことに心から感謝している」

背番号が貰えず、スタンドで応援するメンバーたちの総意である。

試合は8対13の5点差のまま九回表、すでに2アウトランナーなし。八回裏から守備についた二年生の玉城進一が3ボール2ストライクからファウルで粘る。バッターボックスをいったん外し、大きく一呼吸してからスタンスを構え直した。

ベンチの栽は、人懐っこい笑顔で大きく頷くだけだ。

キャッチャー平野は九回裏の守備に備えてプロテクターをつけてベンチ内を鼓舞している。

控えの金城秀太郎は目を真っ赤に腫らし、涙をためながら声を出している。

十五人のメンバーがそれぞれの思いで、ベンチ前列で立って最後の檄を飛ばす。

大野だけがベンチ右側の端の最前列で両手を腰に当てて静かに立っている。何を祈るわけでもなく、大阪桐蔭のピッチャー背尾が踏みしめているマウンド一帯を見つめている。

鈍い金属音はゴロとなってショートへ転がる。ショートから一塁に送られ試合終了。

「終わった……」

大野は整列する前に片手で帽子を取り、額の汗を腕で拭った。

ゲームセットのサイレンが、すべての戦いの終わりを告げた。

「後ろ姿を寂しそうにするな。沖縄の人たちが見ているんだぞ」

栽はメンバーたちに最後の檄を飛ばした。

栽へのオマージュ

≪いつか監督を殺してやる。毎日、それぱっかり考えていました。一日として監督を恨まない日はなかった》(『Jリーグからの風』)

大野が本当にこんなことを言ったのかどうかを確かめるために、この衝撃的な文面を見せ、本人に直接問いただした。栽に酷使され腕を潰されたことを今でも恨んでいるのかどうかを。

「この本ですか。このように書かれているとは知っていましたが、初めて本を見ました。こんなこと言っていないですから」

大野はじっと文章に目をやったかと思うと、急に机を蹴飛ばしそうな勢いで激昂した。

「ヒドいなこれ！　今だったら大変なことになりますよ」

マスコミは、ときに事実よりも市井にインパクトを与えることを優先し、歪曲《わいきょく》して伝えることがある。大野の肘が壊れ、投手を断念せざるを得なくなったのはすべて監督である栽の起用が原因であり、大野と栽との確執をなんとか表面化させたい。そのために執筆者はいろいろな手法を駆使して大野の口から栽監督への批判を引き出し、それを強烈なインパクトを与えるようアレンジして掲載したのだ。

「この本のことで学校関係者やOBからも相当事情を聴取されました。『本当にそんなことを言ったのか？』と。でも栽先生は何も言わなかったみたいなんです。『大野はそんなことを言う奴ではない』と信じてくれたんです」

栽は大野の性格を誰よりも熟知していた。中学時代から文武両道で、入学当初は自己中心的であったが度重なる怪我から聞く耳を持つようになり、エースの自覚が芽生えた。軽はずみな発言はせず、きちんと物事を熟考してから行動に移すのが大野の特徴だ。

「栽先生に『大丈夫です、行けます』と言ったのは僕ですから。痛いそぶりを見せたら代えられるかもしれないと思って、絶対痛いそぶりを見せなかったんです。沖縄水産で野球をやるうえでは、勝つ野球をしなくてはならない。高校を卒業した後のことまで考えている余裕などなかった。今勝たないと大変なことになるという危機的状況でやってましたから。たかが野球に命をかける心境で投げてました」

大袈裟《おおげさ》でもなんでもない。高校球児にとって高校三年の夏は格別な思いがある。栽から登板を強制されることは一切なく、あくまでも自分の意志でマウンドにあがった。大野にとってピッチャーをやるのはこの甲子園が最後だと決めていたからこそ、マウンドを誰にも譲りたくなかった。自分の人生を自分で決められる人は少ない。だが大野は十八歳にして自分で決めたのだ。

「栽先生が最後まで投げさせてくれたことは本当に感謝しています。逆に降ろされていたら、肘が壊れたうえに中途半端になってしまい、それこそ遺恨が残ったかもしれませんん」

大野は普段にも増して力強くはっきりと言った。

一九九一年の決勝戦前夜、宝月旅館の一室で栽は長男・琢と二人きりでつまみを食べながら飲んでいた。そのとき琢がおもむろに聞いた。

「明日の先発は誰？」

「大野に決まってるだろ」

栽は迷わず答えた。

「先発大野と聞いたとき、『え？　ここまで来て勝つ気ないの？　ゲームを作らないつもり？』と即座に思いましたね」

琢はそう言って、一九九〇、九一年の決勝戦をこう評した。一九九〇年は勝てる試合、一九九一年は勝てない試合。

栽のことを実のオヤジ以上に慕っていた沖縄水産高校野球部元監督の宜保政則が、栽の思いを代弁するかのように言った。

「栽先生というのは、このピッチャーと思ったらこのピッチャーと死にたいのよ。栽先生はいつもどんなに厳しいことを言おうとも、一番最高の場面になると人間に戻る。勝負師になりきれない。この子で俺はいいんだと。試合が終わってから、あそこで代えとけばよかった、とか周りはどうのこうの言ってたけど、栽先生は大野と心中と決めていた。いつも言うさ、心中するのはひとりしかいないって。背番号1をあげた子と心中するのよ。負けるときは誰に投げさせても負ける、そこにひとつの信念がある」

決勝戦を前にして栽は勝負師になれず、ひとりの人間に戻った。控えのピッチャーはいないわけではなかった。投げさせようと思えば投げさせられた。だが栽はエースナンバーを託した大野と心中すると決意した以上、もはや甲子園で優勝という栄光は頭になかった。あったのは、なんとか無事に投げ切ってくれという思いだけだった。

ファーストの具志川があの決勝戦での大野の姿をこう評した。

「大野がここまで頑張っているんだから代えてあげてもいいんじゃないか、とみんなが思ったはずです。もし自分が代われたら投げて打たれても自分が批難を浴びればいい、じゃないんです。もういいだろと思わせないのが倫の姿だった。どんだけ打たれてもマウンドにいたいという倫のオーラはメンバー全員が感じていた。あれは誰にもマネできない」

高校三年の夏が特別であることは栽も十二分にわかっている。疲労困憊の大野が「大丈夫です。行けます」と懇願するかのように言う。栽は逡巡した。肘が限界に来ていることもわかっている。指導者として大野の未来を考えたら、投げさせないことが一番だ。だが、ここまで来れたのは大野がいたからこそだ。高校三年間、狂ったように大野をシゴキまくった。他校の監督までもが「そこまでやったら壊れますよ」と言っても、「壊れたらそれまでだ。チームのためにこいつが本物になってくれなきゃ、勝てないんだ」栽は、大野が入ったときから大野に懸けたのだ。その思いは大野も感じてくれている。勝ち負けは別として決勝戦で悔いのない戦いをするためには大野が投げる必要があった。大野がいてこそのチームだからだ。栽は腹をくって大野を決勝戦のマウンドに送りだした。

大野の未来を潰したと栽に批判が集まったが、未来は他人が決めるのではない。大野の未来は大野が決める。あの決勝戦、大野を送りだしたことは指導者として失格かもしれないが、ひとりの人間として栽は信念に基づいた行動と自負しているはずだ。栽にとっても一世一代の覚悟だったのだから……。

その後、大野は九州共立大を経て、バッターとして一九九五年、巨人からドラフト五位に指名される。二〇〇〇年、大野が巨人からダイエーにトレードされたとき、栽は近しい友人にこう漏らした。

「大野はバッターなんかじゃない。ピッチャーなんだ。でも、俺は大野を潰してしまった……」

栽は悔やんでいた。悔やんで悔やんで悔やみきっていた。あの決勝戦で指導者になりきれなかったことを。そのために大野を潰してしまったことを。

若者の希望の光を奪った罪を十二分に感じ、カルマとして背負っていくことを栽は覚悟していたのだった。

エピローグ

栄光へと登りつめた歓喜は、ほんの一瞬で終わる。あとは奈落の底にゆっくり下るか速く下るかだけだ。一九九〇、九一年（平成二、三年）と二年連続甲子園準優勝、栽の高校野球指導者人生の中で最も光り輝いていた時期でもあった。だが栽にとってこの準優勝はある意味屈辱でもあった。あと一勝の重み、準優勝と優勝の間にはとてつもない距離があることを身に染みて感じたからだ。この一勝を積み上げるためには何が必要なのか。この時点では栽にはまだわからなかった。

「まず準優勝だ。準優勝があって優勝だ」。池田の蔦監督が沖縄に来たときにかけてくれた言葉をふと思い出した。ここまで長い道のりだった。優勝旗はもう目の前まで来ている。屈辱を胸に秘めながらも確かな手応えと誇りを胸に那覇空港に降り立った。

「ようやったー」「沖縄水産最強だ」「次は優勝だ」

沖縄水産準優勝メンバーを空港で出迎えた二千人余の沖縄県民は、すでに次の甲子園大会で沖縄水産が優勝することを期待している。県民のボルテージは最高潮。この瞬間、栽は時代の寵児になった。

二年連続甲子園準優勝ということでセンバツも期待されたが、新チームは秋季大会ベスト4であっけなく敗れる。夏の甲子園で決勝まで行くと新チームの指導がたいてい遅くなる。甲子園優勝、準優勝チームの監督は、それぞれ全日本選抜チームの監督、コーチとして日米親善高校野球大会に参加せねばならない。栽もアメリカとの日米親善高校野球大会で全日本選抜チームのコーチとして二年連続同行し、さらに国体のチームの監督まで務めたため、必然的に新チームをみる時間が少なくなる。準備不足は否めなく、秋季大会は早々と敗退してしまった。

そして翌年夏、今年こそは甲子園優勝と県民の期待が高まる中、事件は起こってしまった。

暴力事件により夏の県大会を出場辞退。夏の大会一回戦はシードだったため、二回戦知念高校との対戦を控えた一週間前の一九九二年七月六日に出場辞退会見を行い、沖縄全土に衝撃が走った。

暴力事件とは、日頃の二年生の練習態度に腹を立てた三年生部員八人が、練習終了後にサブグラウンドに残っていた二年生二十五人を集めて尻をバットで数回殴った。いわ

“高校ジャパン” のコーチとして90年、91年と２年連続、日米親善高校野球大会に参加

ゆるケツバット事件だ。

この事件をきっかけに沖縄水産が凋落《ちょうらく》していったと見る者が多い。

飲酒やタバコ、他校との暴力沙汰の事件ならわかるが、実際のところ、ケツバットなんてどこのチームでもやっている。強豪校、名門校は今でも上下関係は厳しく、昔に近いようなシゴキをやっているところもあるが、絶対それは表沙汰にならない。監督、学校、父兄が三位一体になっているからだ。

なぜこのようなことが起こってしまったのか。このケツバット事件の真相を暴くということではなく、加害者として報道された三年生が、実は一番の被害者でもあり、高校野球最後の夏を出場辞退という形で終わってしまった悔しさ、そして指導者として栽が独りで煩悶《はんもん》した姿等をわかってもらうためにも、臭いものに蓋をせずあえて掘り起こしてみた。

一九九二年七月二十四日号『週刊ポスト』で四ページにわたって栽は独占インタビューを受けている。こういう不祥事だからこそ寡黙を貫かずにあえて表に出るのが、栽の理念でもある。

インタビューの部分を抜粋する。

《百人以上もいる部員を簡単に指導、教育できるなんて思ってはいません。私は酒が好きな方ですが、飲む場所も必ず決まったところしか行かないですよ。何かあったらすぐ寮に戻れるようにしておかなきゃならん生活ですから。それでも、子どもたちには子どもたちだけの世界というのがありますからね。指導力不足といわれれば、それまでですけど……。結局は、いい先輩を見て、いい後輩が育つはずなんです。だから……やっぱり納得ができないですよね、処罰の意味はわかっていても。理に従って、心で拒む、という心境ですよ……》

栽はこれで二度目の出場停止による謹慎。一度目は一九八三年（昭和五十八年）一月に自らが新聞折込広告に出たことでアマ規定に抵触して一年間謹慎。このときとは意味合いが違う。選手たちが起こしてしまった暴力事件による出場停止だ。自分が謹慎になるのはどうでもいい。なぜ起こってしまったのか。選手たちを預かっている以上、全責任は監督にある。責任を取って謹慎なり辞職するのは簡単だ。だが、戦わずして敗退することになった三年生たちへの責任はどうしたらいいのか。栽は悩み苦しんだ。

事の発端は、大会前に二年生の数名が寮から脱走し練習にこなかったことにある。そのため三年生は連帯責任として残りの二年生を説教し、ケツバットをやった。これが暴力事件の真相である。しかし、これがすべてではない。この事件は長年蓄積されたものが噴出したに過ぎなかった。

問題はなぜケツバットをやったかではなく、なぜ出場停止になるような問題に発展してしまったのかだ。

キャプテンの小川勝司と主力の玉城進一は、前年の準優勝メンバーに二年生でベンチ入りし、甲子園を経験している。小川によると、

「僕たち二人は甲子園を経験しているので、同級生たちとは正直気持ちの差はあると思います。甲子園の決勝の舞台まで行って天国を味わい、次の年、三年最後の夏は出場停止という地獄を味わっています。同級生は加害者になっているため、誰が告発したとわかっても今更出場できるわけじゃないんで、もうほっといてくれという感じです」

選手たちが出場停止を知らされたのは、記者会見の前日。夕方寮の前に集められ、神里勝信部長が三年生に向かって「おまえら何かやったのか？」と問いただした後、すぐに父母たちを校内のフロアに集め出場辞退の説明をするが、突然のことで父母たちは事態をよく呑み込めず狼狽《ろうばい》したり、泣き出す親もいた。

「出場辞退がきまったとき、当事者である同級生たちは事の重大さがわかってて何も声が出ませんでした。それよりも問題だったのは親たちです。親としては、ここまで頑張らせたのになんでだと納得できない。実際、問題を起こしたのは僕らなので、親に『申し訳ありませんでした』と土下座しました」（キャプテン小川）

「『辞退することになりました』と親の前で説明され、解散してからのことはあまり覚えていません。ただ夜の十一時のニュースに流れてて『本当に辞退するんだ』とやっと実感した次第です。当時は悪い事をしたと思ってなかったですから……。今思うと、二

つ上と一つ上が二年連続甲子園準優勝ということで、僕らの代は栽先生と距離があったと思います。相談することがなかった」（宮城勝也）

高校野球において上下関係の厳しさは当たり前。監督、コーチが「たるんどる」と言えば、上級生が下級生になんらかのシゴキを与えるのは日常茶飯事であった。

当時、部長だった神里にケツバット事件のことを聞いてみた。

「高野連になんらかの形で通報があったらしく、学校側としては辞退するしかありませんでした。やられた当事者が野球部を辞めると言い出したので、絶対辞めないよう説得にいきました。当時は野球部を辞めると学校まで辞めてしまう子が多かったんです。三年生のところには一軒一軒謝りにいきました」

神里はケツバット事件の話になると少し伏し目がちになり、選手の不祥事はすべて我々教師たちの指導が足りなかったせいだと強調して言う。栽も目の届かない所で起こったことは自分たちの責任として謝るしかないという姿勢で、三年生の父母の家に謝りに行った。

このケツバット事件では、密告者がいるということになって当然犯人探しが始まった。当時の被害者である二年生部員にも話を聞くことができた。

「僕が密告したことになっているようですが、僕じゃありません」

こうきっぱり否定したのは沖縄県議会議員の新垣《しんがき》新《あらた》。

「取材を受けるにあたって、この話題になることは覚悟していました。もう二十年以上前のことですから……」と言いながら、ゆっくりと口を開いてくれた。

「先輩からのミーティングがあまりに酷かったんで、同期四十名で立ち向かおうと計画していたのですが、どこかで漏れて失敗し十七、八名が脱走しちゃったんです。僕も一緒に逃げたんですけど、途中で帰ってきました。そして栽先生に呼ばれて『先輩たちにシゴキされるのが嫌で逃げたんだろ。おまえたち辞めなさい』と言われ、辞めるしかないと思いました。神里部長が自宅まで毎日来て説得され『逃げている同級生を一緒に探してくれないか』と懇願されました。後日、栽先生が『ちゃんと謝罪したい』と言い、親の所へ来て『もう一回戻って来てくれないか』と頭を下げ、『シゴキと暴力は違うんですが、エスカレートしすぎての行為はすべて私の責任です』と親の前で言ってくれたんです」

　実は、水面下においてタバコやオートバイ等の問題で沖縄水産は高野連側から数回にわたる警告があったとされる。そして、どういった経路かわからないが高野連にこのケツバット事件の通報があった。通常なら厳重注意ということで処分を免れたかもしれないが、今までの累積警告により出場停止は必至だ。そのため学校側は処分が下される前に辞退する選択をとった、というのがおおまかな真相である。

「今でも申し訳ないと思うのは、三年生たちが最後の夏に出場できなかったことです」

新垣は潤んだ目で訴えかけるように言う。すでに二十年以上前の事件で世間での記憶はとっくに風化しているが、渦中にいた選手たちはいまだ心に引っかかりが残っている。それは一生完全には癒えることはないのだろう。

二年連続甲子園準優勝の沖縄水産が翌年ケツバット事件で出場辞退となり、内地の各マスコミも学校に来てハイエナのように取材する。密告者の疑いをかけられた新垣にも取材陣が殺到し、家にまで押し寄せた。一切だんまりを決めていたが、このときばかりは自殺まで考えたという。

高校野球はすでにクラブ活動の枠を大きく超えたものになり、沖縄水産にとって野球部が活躍すればするほど入学者数が増える。沖縄水産イコール野球部という認識になってしまうほど、野球部は大きな存在になってしまった。

アマチュアスポーツ界ではよく行き過ぎた指導があったと問題視するが、行き過ぎない指導で勝てるなら、みんなそうしている。勝つために指導に熱がこもり、行き過ぎてしまう。暴力行為という単語に皆過敏に反応するが、指導者が殴るのとケンカで殴るのとでは根本的に意味合いが違うのをなぜわからないのだろうか。

「体罰」と聞くと理不尽な暴力を思い浮かべる人たちが多数いる。ここで体罰は是か否かを論じるつもりはない。だがこれだけは聞いて欲しい。過去のプロ野球の名選手、現在のスタープレーヤーたちも高校時代に確かに厳しい体罰を受けたが、今やそれも懐かしい思い出であり、人間的に成長させてくれたと口々に言う。

殴ることで一四〇キロのボールが投げられるわけではない。ケツバットでインコース打ちがうまくなるわけでもない。アナクロニズム的な指導法が現代の子どもたちに通用しないことも百も承知だ。しかし、だ。人間が人間を教育するには学者が提示した理論や理屈は通用しない。あるのは信念と情熱である。高校生はまだまだ未熟だ。その高校生が間違った方向を向いているのなら、大人が身体を張って教えなければならない。何度も何度も言ってわからない場合は、痛みを与えなければいけないときだってある。それが暴力というのだろうか。

日本学生野球憲章が施行された一九五〇年以来、高野連は「野球は教育の一環」と謳い続けている。高校野球をスポーツと捉えず教育の一環というのであれば、不祥事を掘り返して出場辞退させることが真の教育と言えるのだろうか。そろそろ高野連のお偉方も言葉の意味を履き違えていることを認めてほしいものだ。

高校野球の監督は保護者から大事な息子を預かり、親になり代わって指導する。愛があるからこそ、ときには痛みも与える。それを大事件のように大騒ぎしてしまう世の中。情報社会の弊害なのだろうか、人間は、一体何が正しくて何が間違っているかがわからなくなっている。殴られたらなんでもかんでも暴力と騒ぎ立てるのは愚の骨頂だ。騒ぎ立てれば立てるほど解決の糸口は小さくなり、そこには必ず傷つく者がいるということを忘れてはならない。

「謹慎一年間は充電期間ではなく放電期間でした」

栽は新聞紙上で謹慎のことをこう語っていたことがある。この一年間の謹慎期間は栽にとってあまりに長かった。周りからは骨休みのいい機会だと慰められたが、どれだけ本を読んでも頭に全然入ってこない。なんとか気を紛らわそうと、料理好きの栽は朝からたくさんの弁当を作り、体育教官室の他の先生たちに振る舞う。こんなことを毎日のようにやっていた。

栽の謹慎中、沖縄水産ではより学内を活性化するために総合学科を創設しようと試みる動きがあった。沖縄水産に教頭として赴任してきた新崎直昌は、総合学科創設について栽にいろいろと相談した。

「これはやってみる価値がある。失敗してもいいからやってみろ」

栽は新崎の背中をポンと押してやった。

新崎は、栽が大学卒業後に小禄高校へ赴任したときの二期生であり、いわば元教え子だ。栽は教え子が教職員となって沖縄水産に来たことをたいそう喜んだ。そのためか新崎の相談にはなにかと親身になった。新崎が職員会議等で議事進行がうまくいかなかったときには、

「おまえは教職員にお願いする立場なんだから、カッカせずに言葉遣いに気をつけて冷静に対応しろ」

と常に叱咤激励をした。

ケツバット事件で出場停止になった一九九二年の夏の甲子園大会では、甲子園史に残る大事件が勃発した。星稜高校の松井秀喜に対する五打席連続敬遠。栽はこの敬遠について報道関係者から質問を受け、「敬遠するのもありだと思う」とサラリと答えた。勝つための作戦に卑怯もへったくれもない。明徳義塾の馬淵監督を擁護したというわけではなく、勝負師としての意見を言ったまでだった。


一九九五年の夏、沖縄水産は四年ぶりに甲子園に出場した。

「出られなかった一年間と来られなかった二年間。精神的に取り戻すのが大変だった」

何度も辞めようと思い、栽の高校野球指導者生活の中で最も苦しかった時期でもある。県大会決勝戦で美里《みさと》を4対1で破り甲子園出場が決まった後、栽は選手一人ひとりに握手を求めた。今までこんなシーンを見たことがないと関係者は言った。よほどこの数年間の忸怩たる思いがあったのだろう。

栽の魅力は、ウチナンチューには珍しい大胆な行動力と鋭い感性。カメラ、絵、車、陶芸、建築と多彩な趣味を持っていた栽はいろいろな分野に興味を示し、ものすごい勢いで知識と感覚を養っていった。三十年以上付き合いのある陶芸家の島武己《しまたけみ》は、栽について独特の視点で語ってくれた。

「自然の地形を利用したものに興味を持っていたようです。栽先生は自然の重要性から学びあげるものを私から聞きたかったんじゃないかな。新しい感性は自然から学び、感じたことをすぐ実行すること。瞬間瞬間に対応する能力、スポーツには特に要求されるんじゃないですか。勝負師というより山師的な部分があって、勝つだけがすべてじゃないという方だった。そういう部分では内地の監督とはちょっと違っていたのかもしれない」

　感性が似た者同士、わかりあえる部分が多々あった。栽は島と会っているときが一番穏やかだったのかもしれない。

　栽はマスコミに対し良好な関係を保っていたが、内地のマスコミに対してひとつだけ不信感を抱いていたことがあった。

『沖縄に優勝旗が来んうちは、戦後は終わらん』

　一九八八年ベスト4あたりから栽の代表的な言葉として、甲子園に出場すれば各スポーツ紙に掲載されるようになる。沖縄戦後、二十七年間アメリカの統治下にあった沖縄と戦争をなにかと関連づけて報道したがるマスコミは、この言葉を格好なキャッチとして乱用するが、栽は甲子園と戦争を関連付ける言葉など一度も発していない。

「甲子園で優勝すれば戦後が終わるなんて一言も言っておらん。野球は野球。戦争を体験している自分が一番わかる。戦争と野球を結びつけたら、野球に対しても沖縄に対しても失礼だ！」

発してもいない言葉が勝手に一人歩きし、栽が憤然たる気持ちになるのも致し方ない。一九九五年に甲子園出場が決まったときも報道陣の質問は戦後五十年の話題に集中するが、栽は静かな口調で言った。

「あなたたちがそういうふうに特別な意味づけをするから、せわしなくなるんです」

悲惨な戦争を体験している栽だからこその言葉だった。

栽の中で心血を注いでやってきた高校野球に対し、ひとつの区切りがあったのも確かだ。それは一九九八年の甲子園、松坂大輔擁する横浜高校が春夏連覇した年である。超高校級投手と言われた新垣渚（現・ヤクルト）を筆頭に、身体能力の高い選手が勢揃いしていた。能力だけをみれば沖縄水産史上ナンバーワン。全国制覇を本気で狙って意気揚々と甲子園に乗り込んだが、一回戦埼玉栄《さいたまさかえ》と対戦し大島裕行（元・西武）に逆転2ランを打たれ、あっけなく4対5で敗退。さすがの栽も期待が大きかった分、この敗戦は堪えた。

地元放送局ＲＢＣの土方《ひじかた》浄《きよし》アナウンサーが栽の思い出を訥々《とつとつ》と語ってくれた。

「しばらくしてから『新垣渚のときはどうして勝てなかったんですか？』と質問すると、

ムッとした顔でいろいろと説明するのですが、最終的に『監督の力が足りなかったからでしょう』。それだけこのチームに懸けていたんだと思います。ここから沖縄は第二世代の監督たちが自信をつけ、台頭してきましたから。一九九八年は沖縄高校野球の転換期だったんじゃないでしょうか」

結局、この一九九八年が栽にとって最後の甲子園となった。

土方浄アナウンサーがプロデューサーとして一九九一年秋に制作した番組『大野77 3球　検証・栽野球』の中で栽はこう述べている。

《沖縄だからという意識は全然ない。沖縄という意識があったら野球は変わってたんじゃないかな。何も変わらないと思ってきたし、変わるのは離れている離島で練習試合ができないくらいのもんだという……、その分を監督がどうするかという風に、他の監督、他府県の監督よりはね、お互いにチーム同士が磨き合う部分が少ないので監督自身の力をあげていくことによって補う》

栽は沖縄だからと意識しないと強く言うが、逆を言えば必要以上に沖縄にこだわり続けてきた。かつては東北の監督が地域的なハンディキャップの不満を口にしていたのと対照的に、愚痴ひとつこぼさず野球に打ち込んできた。地域的、歴史的なものに巻き込まれては技術の進歩はない、というのが栽の信念だった。

「今思うと環境の変化に対応するのが遅れたのと、常勝監督になってしまって周りを見切れないというのがあったのではないかと思います。自分が上に立っていいときと立っていけないときのメリハリをつけずに沖縄野球をガムシャラに引っ張っていき、勝っているときはいいけれど負けたときには誰も手助けしてくれない……厳しいですよね」

あれだけの功績を残した栽が晩年、枯れていく様がなんとも切なく物悲しく映ったと、一九九〇年準優勝投手神谷善治は言う。

栽の恩師である滝正男は晩年の栽について振り返る。

「毎年夏前に沖縄水産へ練習を見に行ってたんですが、二〇〇四年あたりから練習中にもかかわらず、『先生、ちょっと飯食べにいきましょう』『これから練習じゃないのか』『いや、今年もダメです』とそんなやり取りがあった。昔だったらなによりも練習を優先していたのが、情熱が薄れてきたなぁと思いましたね」

晩年の栽の人間関係についても、周りの人々は首を傾《かし》げていた。オープンな性格なため有象無象の輩たちがまとわりついても歓迎し、その代償として長年親身になっていた人たちが離れていってしまったことも、栽が気力を落とした要因になっている。

常勝沖縄水産が、一九九八年を最後に甲子園出場から遠のき、それから五年後の二〇〇三年の年末に栽が各年代の代表者に集合をかけた。異例のことである。

「今、沖縄水産が低迷してヘルメットを購入する金もない。今までＯＢ会からお金を貰ったことはなかったが、なんとかＯＢ会の方で寄付という形でお願いできないだろうか」

栽は神妙な顔をしながら頭を下げた。

「栽先生が頭を下げたのを初めて見ました。そして、何かあったらと栽先生の携帯番号を自ら教えてくれたんです」

一九九〇年準優勝キャッチャー中村寿は、いつでもどこでも豪胆だった栽が寄る年波には勝てない姿に感慨深くなったという。

年々、「ミーティングが通らない（言葉が通じない）」とぼやくようになった。一九九〇、九一年の二年連続甲子園準優勝のときでさえも、〝ひらがな野球〟と称してミーティングでも平易な言葉で話すように努めていた栽。

晩年、人からよく「もし行けるのならどこの高校に行きたいですか」と聞かれ、栽は間髪いれずに「首里高校」と答えた。石嶺球場という専用グラウンドを持ち、沖縄で初めて甲子園に出場したあの名門沖縄県立首里高校である。

「田舎の子は難しい。都会の子はいろいろな情報が入るから反応が速いし、言葉が通じる」

時代とともに子どもたちの感性が短いサイクルで移り変わり、栽も時代に応じてスタイルを変えるしかなかった。だが指導者が今まで培ってきたスタイルを変えることは勇気がいる。高齢になればなるほど、感性のギャップを埋める術がわからなくなるからだ。

六十歳の還暦となり教員としては定年を迎えるが、監督として指導は続けていた。勇退し、後継者に譲ることもできたのだが、甲子園通算勝利二十九勝、どうしてもあと一勝したいとこだわった。このこだわりがあったからこそ、ここまで来られたのも確かだ。

二〇〇七年三月十三日、突如体調が急変し、翌日そのまま入院。MRIで検査したところ心臓に動脈瘤《どうみやくりゆう》があり肺に出血していたため、すぐに緊急手術となった。夜八時から翌朝十時半までの十四時間半に及ぶ大手術は成功したものの、二週間もICU（集中治療室）に入ったままだった。三月下旬に一般病棟に移ったが、四月下旬に再び意識が混濁、そして五月八日午前十時三十七分、肺炎のため亡くなった。

享年六十五歳。

壮絶に燃え尽きた人生だった。

物心ついたときからガムシャラに生きた。沖縄戦後の混乱期をブルドーザーのように駆け抜けた。十八歳のとき内地の大学へ行き、そこで沖縄との格差を肌で感じ愕然とする。それ以来、沖縄の未来を憂い、自分には何ができるか考えた。そして出た答えが〝高校野球〟だった。

沖縄戦ですべてを失った沖縄は日本から見捨てられ、アメリカ施政下のもと二十七年間もずっと虐げられてきた。明確な希望を持てず、日本人なのかどうかもわからないまま漫然と生きていた沖縄人の心に変化を与えるためには劇薬が必要だと思ったのだ。負け犬根性を払拭するためには内地を見返すしかない。その手だてとして日本中が熱狂的に盛り上がる高校野球で、沖縄の高校が内地の高校を倒す。栽はこう考えた。そのためにもまず、内地の最先端の練習方法やトレーニング方法をいち早く取り入れ、さらに温和で優しい沖縄人気質をスパルタ指導によって勝負強い貪欲な気質へと変貌させる。あまりの突飛な行動のため、栽は周りから疎んじられ非難の矢面に立たされた。それでも頑として自分の信念を貫き通す。そのおかげで敵だらけになってしまったが、そうでもしなければ敗戦後の荒廃した沖縄を変えることはできなかった。誰かが一心不乱に猪突《ちょとつ》猛進《もうしん》で突き進むしかなかったのだ。

「今からの高校野球は〝貧しさ〟を教えろ。〝豊かさ〟は俺が作ったから、あとは〝貧しさ〟だ」

次世代を担う指導者たちにこれ見よがしに説教をした。

「早喰いして死んだ人を聞いたことがない。すぐ飯を喰ってグラウンドに出て来い」

少しでも飯を食べるのが遅ければ激昂した。

「野球は九割決まっている。残りの一割は応用。だから繰り返し練習するんだ」

どの世代の選手たちにも口酸っぱく言い続けた。

亡くなる九ヵ月前の二〇〇六年八月、真夏のサブグラウンドで、栽自らトラクターに乗り、一心不乱にグラウンド整備をしていた。作業が終わると、真っ赤に日焼けした栽が馴染みの居酒屋で泡盛を飲みながら、「俺には時間がないんだ」「急がなきゃダメなんだ」とブツブツ呟いていたという。今思うと、自分の死期を悟っていたのかもしれない。

栽はどんなに豊かになろうとも道具に恵まれなかった時代を片時も忘れなかった。戦後、余り木で作ったすぐ折れるバット、米軍のテントを縫い合わせた濃緑色のグラブ、糸がほつれたボロボロのボール、それでも一生懸命ボールを追いかけ、ひたむきに野球に打ち込んだ。

子どもたちに一から教えるために、入院する前日まで糸がほつれたティー用の球を黙々と縫っていた。

栽は静かに言った。

「ボール縫いから始める」

これが指導者としての最後の言葉だった。

文庫版あとがき

今から二年前だ。

一本の電話があった。

「この間、上梓された『沖縄を変えた男』を映画化しませんか？」

はじめ素人向けのドッキリだと思った。「この間って、本を出してから二年たってるって！」そう思いながらテレビ局の会議室にひとりでいた私は少し辺りをキョロキョロした後、わざと適当なリアクションをとった。まさに勘違い何様野郎だ。ましてや飲み仲間の高山創一プロデューサーからの電話だったため、余計に冗談に思えた。

映画は沖縄オールキャストで構成され、主演の栽弘義役には沖縄出身の芸人ガレッジセールのゴリ。似ている部分と言えば名前がともにアニマル系な所ぐらいだと思ったがいざ演技に入ると、鉄拳制裁するときの迫力、佇《たたず》まいがまさに栽弘義そのものだった。

当たり前だが、いつもひとりで取材してひとりで書くため孤独に慣れ、誰にも気兼ねせずマイペースで、それが最高の環境だと思っていた。しかし、自分が書いた本が原作となり大勢の人が関わって制作する映画に少しだけ携わったことで、人々が持つパワーをもろに受け、ある意味羨ましく感じた。数の論理だけではないことを知った。その集約されたパワーの源が、栽弘義なんだとあらためて思ったものだ。

人間はコンプレックスをバネに成長するもの。栽にも大きなコンプレックスがあった。顔じゃなく低い身長だ。野球選手として大成するにはあと10センチは必要だと思った中学生時代の栽は、なんとか身長を伸ばしたくて思い悩んでいると、とある雑誌の広告が目に入った。〝背を伸す機械〟。よく見るとお馴染みのモニターの声が載っている。「これで五ヵ月間に12センチも伸び、しかも座高1センチ脚11センチの割で伸びたのでスタイルもよくなり数年来の悩みも解消して人生に希望が持てるようになった（岐阜の伊藤隆君二十才）」。これは「ＴＫ式身長機」と呼ばれたもので、首と足首をベルトで固定して自力で牽引《けんいん》する。昭和三十年代に各雑誌の通販広告に載っていたものだ。

栽は早速購入して、毎日のように試すが一向に背が伸びる気配がない。栽は機械のせいにするのではなく自身の体質のせいだと思い、栄養学や医学の本を読みあさり、そこから波及していろいろな分野の本を読むようになったと言われる。

栽は指導者になってからも教え子に言い続けていたことがあった。

「野球人は野球から学ぼうとするからダメなんだ。野球以外からたくさん学ぶことがある。野球だけから学ぶには限界がある」

栽は、スーパーカーやロレックスの時計といった世界一流のモノの仕組みや構造を知ることが大事であると口を酸っぱくして言っていた。分野を問わずいろいろと情報収集し、至る所にアンテナを立ててすぐ行動する。人間的魅力もさることながら、ウチナンチューには珍しい行動力、決断力の早さに教え子たちは畏敬の念を抱いたに違いない。

沖縄の男性は一般的にシャイと言われ、飲み会の席でもなかなか女性に積極的にアプローチできない。タイやフィリピンのような熱帯地方はなぜか男が怠け、女がよく働く仕組みになっている。沖縄も然りで、戦後の復興はまさしく女性、おばあたちが頑張ってきたから成し遂げられたのである。そういう理由もあってか、沖縄の男性は女性に頭が上がらないところが少しだけある。

だが栽は違った。沖縄男性の地位向上を目指していたわけではないが、男子たるもの毅然とした態度で臨む。だからなのか、二度の離婚、三度の結婚というなかなか真似できない経歴も残す。

今は面白いおじさんとしか認識されていないが、沖縄が生んだ最高のアスリートと言えば、世界王座防衛一三回、世界王座6連続KO防衛と日本人最高の記録を持つ元ボクシング世界チャンピオン具志堅用高《ぐしけんようこう》。内地に対してコンプレックスしか持てなかった沖縄人にとって、具志堅が脚光を浴びる度に沖縄全島は歓喜の涙に咽《むせ》ぶ。その反面、複雑な思いをしたウチナンチューもいた。「ちょっちゅね〜」という沖縄訛りをギャグとして笑われることでアイデンティティーを否定されたと思い、悔しくてたまらなかったという。県民は、具志堅用高というヒーローを褒め讃えながら、沖縄人ゆえに笑い者にされないかと内心冷や冷やしていた。同様なことが、栽弘義にも言えた。栽弘義の功績は沖縄県民の誰もが認めるが、私生活の奔放さがあまり褒められたものではないため、アンタッチャブルな存在として誰も触れることはなかった。だからなのか、この評伝を書いたときには内容云々ではなく、出版したことに対しいろいろな人から賛辞を受けた。

栽はとにかく敵が多かった。言い方を代えれば、必要以上に敵を作ってきた。この混沌とした世の中、隙あらばと誰かが誰かの足を引っ張る。競争社会と言ってしまえばそれまでだが、情けの欠片《かけら》もなく人を貶《おとし》める。どんないい人であっても敵はできてしまう。人間誰しも敵ができるのは嫌なものだ。だからといって敵を減らそうと躍起になるのは得策ではない。時間も労力もかかる。敵を減らすのではなく味方を増やせばよいだけだ。

敵を作らない生き方もいいが、たとえ一〇〇万人の敵がいようとも、たったひとりでも自分を心底愛してくれる人がいるほうがどんなに幸せなことか。栽の高校野球での功績は誰に批判されることなく大きな評価を得て当然のものだ。だが私はその功績よりも〝栽のためなら死ねる〟と言えるほど身も心も捧げた教え子たちの思いの強さのほうが、より価値があると思える。

人に何かを伝えるためにはパワーが必要。そのパワーが人から間違った解釈をされたり、ハレーションを起こして知らず知らず人を傷つけてしまい、その結果、憎悪が生まれたりすることもある。沖縄の中では栽が放つパワーは異質だっただけに、皆が困惑し動転した。人から後ろ指をさされても突き進み、沖縄人がもっている底力を見せてくれたことはまぎれもない事実である。

たったひとりで全身に矢を受け、傷つき、そして志半ばで倒れた。すべては、子どもたちのため、沖縄のために、憂い、嘆き、憤怒した。

はたして、それがウチナンチュー栽弘義の宿命だったのか。

残された者の使命とは。

沖縄の夏はまだまだ終わらない……。

二〇一六年八月

松永多佳倫

栽 弘義監督 略歴

1941年5月11日、沖縄県糸満市生まれ。
糸満高校ー中京大学卒。64年、小禄高校に赴任し、高校野球指導者の道へ。71年豊見城高校に赴任し、75年センバツ大会で甲子園初出場（ベスト8）を果たすと、76年から78年まで甲子園に6季連続出場（夏は3年連続ベスト8）。

80年から沖縄水産高校を率いて同校を甲子園常連校に育て上げ、88年夏ベスト4、90、91年は2年連続準優勝に導くなど、沖縄の高校野球を全国レベルに引き上げた。98年夏の出場を最後に甲子園から遠ざかり、07年5月に現役監督のまま65歳で死去した。

甲子園には、通算17回出場（ほかに部長登録で春1回出場）
●豊見城高校では6回出場（春3回、夏3回）、
7勝6敗（ほかに部長登録大会で2勝1敗）
●沖縄水産高校では、11回出場（春3回、夏8回）、20勝11敗
甲子園通算27勝17敗（ほかに部長登録大会で2勝1敗）

解　説

ゴリ（ガレッジセール）

「役者を思いっきり殴ってください」

打ち合わせで、本書を原作にした映画『沖縄を変えた男』の岸本司監督にこう言われた。

「大丈夫ですか？　俺も力は弱い方ではないと思うんですけど……」

暴力が激しかったことでも知られる栽監督をできるだけリアルに描きたい、もちろん女好きなところも含めて、とのことだった。沖縄の英雄の裏の部分をここまで表現することにご家族も了承したのに決意を感じた。いい意味でも悪い意味でも「人間　栽弘義」を描いて欲しかったんだと思う。

甲子園の顔しか知らない僕らからしてみれば、あの「タヌキのような愛くるしい表情」に少しも怖さを感じなかった。喋《しやべ》り口調も丁寧で、練習もほのぼのやっているイメージだった。

だが実際に栽監督から教わった元野球部の選手は、

「暴力はこんなもんじゃない。もちろん平手なんて優しいものじゃなくグーだし、馬乗りになって殴ったり蹴ったり。栽監督の側にいるだけでいつも吐きそうでした」

と、言っていた。

確かに暴力による教え方は間違っているのかもしれないが、あの当時の沖縄水産高校はヤンキー校。そんなやんちゃな選手たちに言うことを聞かせ、全国で戦える能力にまで持っていくには、暴力は必要悪だったのかもしれない。

しかし、台本にはかなりの暴力シーンがある。「連続で何度も殴る」とか書いてある。とにかくちょっとしたことですぐ殴るというシーンのオンパレードだった。

これからなんの恨みもない役者さんたちを何度も殴りつける日々が始まる。クランクインを想像しただけで、気が重かった。まだ殴る方で良かったけど……（それはそれで良くないか？）。

殴っている僕の手も痛かったが、殴られる役者はもっとたまったもんじゃなかっただろう。岸本監督から、「グーだと顔が腫れるので、平手で」という指示が出たが、それでも僕のフルスイングは痛いに決まってる。

NGを出して、「もう一度いきましょう」なんてとてもできる空気じゃない。僕は短期間でこんなに人を叩いたのは初めてだというぐらい殴った。殴りすぎて手のひらが腫れ、小刻みに震えていた。撮影中、暴力シーンの現場は、特に緊張感が走った。周りのスタッフもNGを出さないように集中している。他の役者陣もセリフをとちらないように何度も反復練習する。

そんなみんなの思いが一つになり、全ての暴力シーンは一発オッケー。現場に安堵《あんど》の空気が流れる。

そんな時、岸本監督からまさかの「今のシーン、もう一度、別のアングルからも撮りたいなー」という無邪気な地獄のオファーが提案されたことが一度あった。現場は凍りついたが、殴られる演者の新本奨《にいもとすすむ》君は「大丈夫ですよ！　僕、もう一回いけますよ！」と受け入れるしかない返事を吐く。新本君が空元気で言っているのは一目瞭然だが、その言葉を鵜呑《うの》みにして喜ぶ岸本監督は「では少し時間くださーい。カメラのアングル探しまーす」と楽しそうにカメラマンと打ち合わせを始める。

でもその時に僕は見逃さなかった。快諾した後の、新本君が一瞬見せた絶望の表情を……。

栽監督を演じるにあたって、僕が現場で特に注意していたことは「他の役者さんと喋らない」ということだった。栽監督と選手との間の緊張感を保つために、クランクアップまで仲良くなってはいけないと、食事の時もみんなと離れて一人で食べ続けた。食事中遠くから聞こえる役者たちの笑い声が羨ましかった。できれば参加したかった。特に多くの役者が沖縄吉本の後輩だったので馴染《なじ》みもある。それでもやはり行かなかった……。栽監督の威厳を保つために。

でもその状況が続くと、さすがに一人だけ仲間外れにされているような気分になり始めた（自分で始めたことだけど）。しかし役者のみなさんも、その思いを感じてくれたのか、普段から僕にはあまり話しかけないように努めてくれた。努めてくれていたと思う（もしもただ嫌われていただけだったらどうしよう……）。そのお互いの「関わらない関係」をクランクアップの最後まで持続することができたので、映画の中の「キーン」と張り詰めた緊張感がしっかりとスクリーンから伝わった。「寂しい思いして良かったぁー！　もう一人で泣かない！」としみじみと感じた。

「伝説の栽監督を演じて欲しい」とオファーが来た瞬間は、嬉《うれ》しいという気持ちよりも「なぜ俺に？」という気持ちの方が先だった。顔も体型も似てないし、そもそも俺サッカー部だったし……。

でも「この役をこなせるのはゴリさんしか思いつかなかったんです」と、岸本監督に言われた時はとても嬉しかった。あの「沖縄を変えた栽監督」を演じられるなんて思いもよらなかったから。

しかし、この光栄なキャスティングは、すぐにプレッシャーに変わった。なぜなら

「栽監督に野球を教わった選手」、つまり「実際の栽監督を知っている選手」が沖縄には山ほどいるからだ。そして、甲子園で名を馳せた栽監督ファンが、未《いま》だに全国に沢山いる。その人たちから、僕が演じた栽監督を観《み》た時に「ゴリは失敗だったな。他の役者の方が良かったかも」などと不満を言われたらどうしようという不安が襲ってきた。

そのプレッシャーを少しでも心から追い出すために、すぐに映画の原作となる単行本『沖縄を変えた男』を読んだ。

栽監督が沖縄水産高校で野球を教えている練習風景の映像を何度も見て、プロデューサーや岸本監督、そして栽監督の実の娘さんに栽監督の人柄や父親としての顔、女性関係のモテ度なども色々聞いた。元沖水野球部の人たちからは練習の時の厳しさや、怒った時の恐ろしさなどを細かく教えてもらった。

僕の役作りが栽監督にどこまで近付けたのか？

正直、映画を観た人それぞれの感想は違うと思うが、元沖水野球部のシウマ君から撮影現場で「今の立ち姿、栽監督そっくりでしたよ」と言われた時は心から嬉しかった。心の重りが少しだけ軽くなった瞬間だった。

実際の栽監督はどんな人間だったのか。僕が演じながら感じていたのは、とにかく「孤独」ということだった。栽監督を演じれば演じるほど、僕は孤独を感じるようになった。あの当時の栽監督は何を思っていたのか？　今となってはもう聞くことはできない。弱小の沖縄野球を全国レベル、甲子園で勝てる強さにまで引き上げるのは並大抵の努力じゃ無理だと思う。そこまでの実績が過去にあるなら、選手たちも付いて行きやすいが、初めての道を作るのはどの世界も一番辛《つら》い。特に先頭を切って走る人は体力も精神力も必要になってくる。全国の頂点に立つために行われた数々の「血の決断」は演じていても胃が締め付けられた。

特に、才能のある一年生のために、三年の選手を退部に追いやるシーンは演技でも心が痛んだ。三年生一人一人にも青春があり、甲子園を目指す自由と権利があるはずなのに、その若者の夢をあっさりと奪う……。普通の人間の精神状況でできることではない。僕なら一生、罪悪感を引きずるかもしれない。

でも栽監督は、決めたんだと思う。周りにどう思われようが、嫌われようが甲子園に命をかけると。

甘え場所が必要だったのもうなずける。女性に癒されないと今にも壊れてしまいそうな精神状況。才能の無い選手を冷徹にクビにし、選手を何度も殴り、恨まれることの連続。人に好かれないことほど孤独なものはない。僕ならもたない。できれば人に好かれたい。

しかし栽監督は、「自分の人生を沖縄に捧《ささ》げる」ことを選んだ。「沖縄県民も全国でやれるんだ」という道を敷き、その希望を見せることによって、次の世代に続いていくことを願った。

だから恨みや孤独を引き受ける決心をした。

今や甲子園の上位常連校、沖縄。試合があると仕事を休む人も出るほど沖縄県民の誇りのスポーツだ。

「沖縄だってやれるんだ。全国と渡り合っていけるんだ」

それを教えてくれた沖縄の偉人「栽弘義」。

沖縄に対して一番愛情が深かった人は、一番愛情が欲しかった人なのかもしれない。

（ごり　芸人）

集英社文庫

沖縄《おきなわ》を変《か》えた男《おとこ》 栽弘義《さいひろよし》――高校《こうこう》野球《やきゅう》に捧《ささ》げた生涯《しょうがい》

2016年8月25日 第1刷
2017年6月6日 第4刷

定価はカバーに表示してあります。

著　者　松永《まつなが》多《た》佳《か》倫《りん》

発行者　村田登志江

発行所　株式会社 集英社
東京都千代田区一ツ橋2-5-10　〒101-8050
電話　【編集部】03-3230-6095
【読者係】03-3230-6080
【販売部】03-3230-6393(書店専用)

印　刷　株式会社 廣済堂

製　本　株式会社 廣済堂

フォーマットデザイン　アリヤマデザインストア　　マークデザイン　居山浩二

ISBN978-4-08-745480-2 C0195